上教心理学教材系列

Psychological Development and Education

浙江师范大学研究生重点课程建设项目和重点教材建设项目

心理发展与教育

刘万伦　贾　磊 / 主编

上海教育出版社
SHANGHAI EDUCATIONAL
PUBLISHING HOUSE

前　言

教材作为知识的载体,是教师的教和学生的学的重要资源和活动中介,也是教师进行教学改革和课程开发的重要内容。编写一本好的教材,对于学生的学习效率提高和未来发展都具有重要意义。目前我国的本科生课程大多配有相应的教材,而研究生课程基本没有相应的教材。有人认为研究生不应该有统一的教材,那样会限制学生的学习;也有人认为研究生主要通过查阅文献资料来学习,根本不需要教材。可见,研究生教材建设一直是一个充满争议的问题,同时也缺少关注。本教材的编写出版是研究生教材建设的一次有益尝试。我们认为,编写一本适合研究生学习的教材,除了能够为研究生提供系统的结构性知识,还能够指导研究生如何运用知识解决实际问题,这对于研究生的学习是非常必要的。

"心理发展与教育"是教师教育类专业研究生的必修课程,它对于未来教师根据学生的心理发展特点和学习规律进行教学设计,促进学生的学习与发展具有重要意义。随着教师教育类专业的发展和教师专业化建设要求的提高,"心理发展与教育"的教材开发也显得日益必要。目前,国内高校为教师教育类专业研究生推荐的参考教材多为适合本科生使用的《教育心理学》或《发展与教育心理学》,这类教材对研究生来说内容层次偏低,确定性的知识偏多,缺少研究性和应用性。为此,开发一本既有利于学生教学实践能力提升,又有利于学生自我探索、讨论和合作学习的学习材料是非常必要的。我们在设计和编写本教材时努力满足上述要求。本教材体现了以下三个特点。

第一,内容系统、丰富、深入。全书内容主要包括发展心理和教育心理两部分。这些章节内容既相对独立又关系密切,心理发展、学习与教学三者有机结合在一起。例如:在介绍儿童心理发展特点的同时,特别强调如何根据儿童的心理发展特点进行教育,以促进儿童的心理发展;在介绍学习理论时,强调如何根据学习规律设计教学,以帮助学生更好地学习。这样对内容进行整合,旨在使教师感到教之有据,使学生感到学之有用。此外,本教材内容相对于我国较为普遍使用的《教育心理学》或《发展与教育心理学》教材,在内容上有适当的加深和丰富,以满足研究生学习的需要。例如:关于儿童认知发展理论,本教材增加了新皮亚杰主义,这有助于读者更深入地理解皮亚杰和维果茨基的认知发展理论及其影响;在人格发展理论中,除了介绍弗洛伊德和埃里克森的人格发展理论之外,还增加了奥尔波特和卡特尔的人格发展理论;在道德发展理论中,除了介绍皮亚杰和科尔伯格的道德认知发展理论外,增加了吉利根的关怀道德发展理论和霍夫曼的道德移情发展理论;等等。

第二,突出研究性。为了更适合研究生学习,本教材在内容设计和思考题设计中都突出了研究性。首先,在内容设计上,增加了相关理论的比较和评价的内容,这些内容难度很大,学生必须吃透理论才能够很好地回答问题,同时,学生还必须在学习过程中查阅文献资料,深入思考,才能够较全面地进行比较和评价。如关于儿童认知发展理论,要求学生比较和评价皮亚杰和维果茨基的认知发展理论,学生仅靠教材中对皮亚杰和维果茨基认知发展理论的介绍很难回答好问题,必须查阅文献,学习关于皮亚杰与维果茨基理论的比较的文章后,才能够较好地回答这一问题。如要求学生对科尔伯格道德认知发展理论进行评价,学生必须在比较科尔伯格与皮亚杰道德认知发展理论、科尔伯格与吉利根的道德发展理论的基础上,才能够准确评价科尔伯格道德认知发展理论的优势与不足。其他如"比较弗洛伊德与埃里克森的人格发展理论""比较巴甫洛夫与斯金纳的条件反射理论""比较桑代克与苛勒的学习理论""比较布鲁纳与奥苏伯尔的学习理论并说明它们的教育意义"等问题都有一定难度,需要学生带着研究的态度去思考。其次,本教材每一章都设计了思考题和推荐阅读材料,要求学生思考和回答一些难度较大的问题。同时,这些思考题和推荐阅读材料也有助于教师在教学设计时有意识地运用讨论、辩论、自学指导、合作学习、自主学习等方法,促进教学改革,也使得本课程教学更符合研究生学习的特点。

第三,增强实用性。本教材用作教师教育类专业的研究生课程教学,在大量介绍发展心理学与学习心理学理论的同时,非常重视理论与实践的结合。无论是发展心理学理论还是学习心理学理论,本教材在介绍每种理论之后,都探讨了该理论对教育教学的意义。这也表明本教材努力做到帮助学生将理论运用于教育教学实践。同时,这样做也表明本教材并不是简单地把发展心理学与教育心理学合并在一起,而是将两者有机融合。

本教材由浙江师范大学心理学院刘万伦教授和贾磊博士共同主编,浙江师范大学心理发展与教育教学团队集体编写。各章分工如下:第一章和第二章,刘万伦教授;第三章,褚晓伟博士;第四章,贾磊博士;第五章,贾磊博士和刘万伦教授;第六章,陈建勇博士;第七章,谢芳博士;第八章,刘万伦教授;第九章,刘万伦教授和李华云博士。在完成初稿后,两位主编进行了统稿,统一了全书的体例和风格,最后由刘万伦教授终审定稿。

本教材在编写过程中借鉴、参考和引用了国内外大量文献,在此谨向有关编著者和出版者表示深切的谢意。在本教材成稿过程中,我们得到了浙江师范大学研究生院和心理学院领导的大力支持,获得了浙江师范大学研究生教材建设基金的资助,同时也得到了上海教育出版社谢冬华主任的支持和帮助,在此一并致谢。

由于水平有限和时间紧迫,虽已尽力,但错误和疏漏恐在所难免。诚恳地欢迎同行专家和读者提出宝贵意见和建议,以便进一步修改和完善。

浙江师范大学

刘万伦

2023 年 8 月

目　录

第一章

心理发展与教育概述

【学习目标】
1. 掌握心理发展与教育的概念和内容体系。
2. 掌握心理发展的影响因素。
3. 掌握心理发展的基本特征及其教育启示。
4. 掌握教师的角色心理、职业素养。
5. 掌握教师的专业化发展。

　　教师是学生学习和发展的引路人，是塑造学生心灵的工程师。教师的素质直接影响学生的发展。因此，一名合格的教师既要知道学生的心理发展特征，又要知道如何运用心理学知识来引导学生，促进学生的发展。"心理发展与教育"正是这样一门课程，它能帮助在职教师或未来教师了解学生的心理发展特点，学习儿童心理发展的理论，掌握学习理论和学生学习的特点，知道如何促进学生的认知发展和社会性发展以及学生的知识迁移。也正因如此，"心理发展与教育"才能够成为师范专业和教师教育的必修课程，所有在职教师或未来教师都应该学习这门课程。学习和掌握"心理发展与教育"课程内容，首先要认识这门课程，并了解它对于学生发展和教师成长的意义。本章将首先介绍心理发展的概念、影响因素、基本特征及其教育启示，然后阐述教育心理的概念、主要内容和研究历史，最后探讨教师的角色心理、职业素养和专业发展。

第一节　心理发展概述

每个人都会经历由不成熟到成熟的发展过程,不仅身体发展是这样的,心理发展也是这样的。其实,我们对自己的心理发展了解得并不多。因此,希望大家带着下列问题进入本节的学习:个体心理是如何发展变化的? 在个体心理发展过程中,遗传与环境是如何作用于个体心理的? 个体的心理发展有哪些规律或特征可循? 教育者应该如何根据心理发展的特征来促进个体的心理发展?

一、心理发展的概念

心理发展(psychological development)的概念有广义和狭义之分。广义的心理发展包含三个方面:一是动物种系进化过程中的心理发展,即人类的心理发展;二是指作为同一种族或民族的心理发展,即民族心理发展;三是指个体从生到死整个过程的心理发展,即个体心理发展。狭义的心理发展就是指个体心理发展。

我们通常所说的心理发展是指个体心理发展。个体心理发展是指个体的心理在一生中随年龄增长而发生的变化。对于个体心理发展,我们可以从四个方面来理解:(1)个体心理发展不是线性的,不是一直随年龄的增长而提高,而是呈现增长、停滞和衰退的过程;(2)个体心理发展不是指儿童心理发展,而是指人的整个一生的心理发展,被称为毕生发展或人生全程发展;(3)个体心理发展不仅仅是认知发展,还包括情感发展、人格发展、社会性发展、道德发展等,是指人的心理的多方面的、多层次的发展;(4)个体心理发展并不是按照固有的发展轨迹前进的,会因受到生理因素与社会因素的交互影响而存在不稳定性和个体差异性。

二、心理发展的研究历程

德国生理学家和实验心理学家普莱尔(William Thierry Preyer,1841—1897)对自己孩子从出生到 3 岁每天进行系统观察,于 1882 年将观察结果整理出版一部完整的儿童心理学著作《儿童心理》,这标志着儿童心理学的诞生。

美国心理学家霍尔(Granville Stanley Hall,1844—1924)非常重视对儿童发

展的研究。他多次举办这类演讲并进行这方面的研究。1904 年,霍尔出版了《青少年:它的心理学及其与生理学、人类学、社会学、性、犯罪、宗教和教育的关系》,将心理发展研究由儿童扩展到青少年。他还创办了《教育研究》杂志(后改为《发生心理学杂志》),发表发展心理学方面的研究成果,成为发展心理学的先驱者之一。

瑞士儿童心理学家皮亚杰(Jean Piaget,1896—1980)从生物学的研究视角出发,通过对自己孩子进行临床观察和实验,提出儿童认知发展阶段理论,对后来的发展心理学研究产生了巨大影响。

美国新精神分析心理学家埃里克森(Erik Hombuxger Erikson,1902—1994)摒弃了弗洛伊德古典精神分析理论中的本能论和性欲观,强调文化和社会因素在个体人格发展中的作用,提出心理社会发展阶段理论,并把心理发展的研究从儿童期延伸到人生全程。

1925 年,陈鹤琴出版了我国第一本儿童心理学专著《儿童心理之研究》。新中国成立初期,我国的发展心理学主要是学习和介绍苏联的发展心理学理论和研究成果,同时根据马克思主义的原理和方法改造以前的发展心理学,产生一批新的研究成果。1962 年朱智贤编写的《儿童心理学》内部印发使用,各师范院校教育系也相继开设发展心理学课程。然而,"十年动乱"使整个心理学研究被迫中断。拨乱反正以后,发展心理学的研究工作得到恢复和发展,研究队伍不断壮大,研究范围也不断扩大。1980 年,人民教育出版社正式出版了朱智贤编写的《儿童心理学》。此后,我国儿童心理学工作者不断努力,陆续出版了一些译著、专著和教材,发表了一些发展心理学的研究成果,发展心理学得到了迅速发展。

三、心理发展的影响因素

个体心理发展究竟是先天遗传的结果,还是后天环境影响的结果呢?这个问题涉及心理发展影响因素的讨论,同时也是历史上从未间断过的天性与教养之争,或遗传与环境之争。目前关于心理发展的影响因素,不同学者有不同的划分方式,有的将之分为主观因素和客观因素,有的将之分为内在因素和外在因素,有的将之分为先天因素和后天因素,有的将之分为遗传因素和环境因素,有的将之分为生物因素和社会因素,等等。这里按照主客观因素的划分,将心理发展的影响因素分为客观因素和主观因素,其中客观因素包括生物因素和社会因素,主观因素主要是指个体的需要、态度、自我意识等心理因素。

(一) 生物因素

影响心理发展的生物因素既可能是先天因素,也可能是后天因素,先天因素包括遗传和胎儿期的发育等因素,后天因素包括胎儿出生以后的成熟、发育、疾病与损伤等因素。这里主要阐述遗传和成熟对个体心理发展的影响。

1. 遗传

遗传(heredity)是保持生物性状的最普遍现象,是指亲代的某些生物特征通过基因传递给子代的现象。遗传的生物特征主要是指那些与生俱来的生理解剖特征,包括身体的构造、形态、感官和神经系统的特征,这些特征也叫遗传素质。基因是遗传物质的基本单位,主要成分是脱氧核糖核酸(DNA)。遗传为儿童心理发展提供了物质前提和基础。遗传对儿童心理发展的作用不仅表现在最初的生长上,也制约着此后的生长发育过程。

在人类心理与行为的发展方面,英国遗传学家高尔顿(Francis Galton,1822—1911)认为遗传在心理发展中起着决定作用,儿童的心理与品性在生殖细胞的基因中就已经决定了。他采用名人家谱调查法,选择了977位英国的政治家、法官、军官、文学家、科学家和艺术家等名人,调查他们的亲属中有多少人也是名人。结果发现,这些名人的亲属中有332人也同样出名,而在977位普通人的对照组中,他们的亲属只有1位名人。高尔顿认为,两组群体出名人比例如此悬殊,可以证明能力是由遗传决定的。

为了检验遗传的作用力,特赖恩(Robert Tryon)根据走迷津能力的高低将一群白鼠分为聪明鼠和愚笨鼠,然后选择其中的聪明公鼠与聪明母鼠配对、繁殖,愚笨公鼠与愚笨母鼠配对、繁殖,再对子代白鼠走迷津能力进行考察、筛选、配对。结果到第八代,就发现聪明组与愚笨组的表现差异极为明显:聪明组白鼠进入盲路的次数要大大低于愚笨组白鼠。这说明遗传确实对动物的行为能力具有重大的作用。

虽然遗传对个体心理发展起着非常重要的影响,但是遗传决定论是错误的。高尔顿的遗传观受到质疑,因为他忽视了名人家庭环境与普通人家庭环境的不同。美国心理学家霍尔(Granville Stanley Hall,1844—1924)的复演说也含有遗传决定论的思想,他认为"一两的遗传胜过一吨的教育",这样就片面夸大了遗传的作用。现在一般认为,遗传只是为个体心理发展提供了发展的可能性,这种可能性要变成现实,还需要环境和教育的作用。

具体来说,遗传对个体心理发展的影响表现在四个方面:(1)遗传为个体心理发展提供了物质基础,缺少这个基础,个体的某些心理就不能得到发展。如唐氏综合征患者和苯丙酮尿症患者因染色体或基因异常而导致智力低下。(2)遗传奠定了心理发展个体差异的最初基础。行为遗传学研究表明,遗传关系越近,智力的相关程度就越高。遗传模式的差异性决定了心理活动所依据的物质本体的差异性,从而导致心理机能的差异性。新生儿由于遗传上的差异,就表现出明显的行为差异和心理活动差异。(3)遗传对个体在不同年龄阶段和心理发展不同方面的影响是不同的。一般认为,年龄越小受遗传的影响越大,随着年龄增长遗传的作用会越来越小;越是低级的心理机能受遗传的影响越大,越是高级的心理机能受社会文化和环境的影响越大。此外,一些特殊能力受遗传的影响更大些,如一些有成就的画家、音乐家、运动员可能比普通人具有更好的遗传素质。(4)遗传制约着个体心理发展的整个过程和各个方面。遗传不仅为个体心理发展提供最初的自然基础,也制约着此后的心理发展。此外,遗传对个体心理发展的影响也是全方位的,不仅影响感知觉、情绪等低级心理机能的发展,而且还影响语言、智力、社会性等高级心理机能的发展。

总之,遗传为个体心理发展提供了自然的物质前提和可能,奠定了进一步发展的基础。但是,遗传不能单独对个体心理发展起作用,它总是与环境交织在一起,共同影响着个体的心理发展。

2. 成熟

这里的成熟(maturation)主要是指生理的成熟,是指身体结构和机能随着年龄增长而发育的程度和水平。成熟与遗传关系密切,成熟以遗传为基础,成熟的过程要服从遗传的成长程序。与遗传对个体心理发展的作用相似,成熟制约着个体心理的发展顺序、发展速度与水平以及发展差异性。

首先,成熟为个体心理发展提供物质前提。成熟使个体心理活动的出现或发展处于准备状态。如果儿童的某种身体结构和机能达到一定的成熟水平,适时给予适当刺激,就会使相应的心理得以产生或发展;如果没有达到成熟给予的准备状态,这时的刺激训练就没有效果。美国心理学家格塞尔(Arnold Gessell,1880—1961)做过一个著名的双生子爬梯实验,来说明成熟对发展的作用。他让双生子 T 和 C 在不同的年龄开始学习爬梯。T 从出生后第 48 周起开始接受爬梯训练,每天练习 10 分钟,连续训练 6 周;接着 C 开始接受同样的训练

（即从第53周起开始受训），结果仅练习2周就赶上T的水平。格塞尔根据这一实验结果提出心理发展的成熟论，认为发展依赖于成熟提供的准备状态。

其次，生理成熟的顺序制约着心理发展的顺序。成熟对儿童身体生长发育顺序的影响非常明显。婴幼儿的生长发育顺序是，从头到脚，从中轴到边缘，即首尾方向和近远方向。动作发展的顺序是，先会抬头，后会翻身，再会坐、会爬，最后才会走路。体内各大系统的发展顺序是，神经系统最早，骨骼肌肉系统次之，生殖系统最晚成熟。儿童不同感觉系统的发展也是有顺序的，听觉系统在出生前就开始发展，视觉到出生后才发展。所有这些生理发育和成熟的顺序都影响或制约着儿童心理发展的顺序。儿童心理机能的发展按照由低级到高级的顺序进行，这是与大脑皮质各相应区域成熟的顺序有关的。

最后，生理成熟的个体差异是心理发展个体差异的生理基础。如有的孩子说话比较早，是因为其发音器官和大脑皮质语言运动区发育成熟较早；有的孩子智力早熟，是因为其大脑皮质相应区域成熟较早；某些儿童很早就表现出音乐、绘画、运动等特殊才能，这与他们的生理成熟密切相关；通常女孩比男孩说话早，是因为女孩发育或成熟更早些。

与遗传的作用一样，成熟只是为个体心理发展提供物质前提，并不决定个体的心理发展。成熟决定论或成熟势力说是错误的。成熟与环境也是交互作用的，合适的环境和教育在一定程度上还会促进个体的成熟和发展。

（二）社会因素

人是社会性动物，人出生后就生活在社会环境中，会受到各种社会因素的影响。遗传和成熟等生物因素只是为个体心理发展提供物质前提和可能性。在这个前提下，可能性能否变成现实，主要受社会因素影响。在影响心理发展的社会因素中，首先是家庭因素，其次是学校因素，最后是社区、社会文化等其他社会因素，它们共同影响个体心理发展。

1. 家庭因素

孩子出生后就生活在家庭中，家庭环境对孩子的影响是巨大的。就影响力和影响广度而言，任何环境因素都比不上家庭。家庭是儿童最早接触且持续时间最长的环境，它对儿童心理发展有着广泛而深远的影响。早期研究表明，婴幼儿如果缺乏必要的家庭教育和关照，其心理会不健康。美国心理学家哈洛（Harry F. Harlow，1905—1981）与他的同事通过剥夺动物早期经验的实验来推断早期生活经验可能对人类心理发展的影响。他把刚出生的恒河猴隔离在特制的房间里,满足其成长所需的物质条件,如提供充足的食物和水,但不让它与人和其他猴子接触。结果发现,隔离时间长的恒河猴,会出现心理上的失调。与其他处于正常环境的小猴相比,隔离猴显示出许多异常的行为模式,如自己咬自己,两手紧握,做出表示害怕的怪相,走路身子摇晃,喜欢独自蜷缩在角落里,还有许多刻板动作。墨森(Paul H. Mussen,1922—2000)等心理学家通过收集孤儿院儿童心理发展的资料,探讨了早期生活经验对儿童心理发展的影响。在孤儿院里,一个照料者往往要照看许多孩子,而且照料者经常更换,因此生活在其中的儿童接受到的社会刺激很少,也很少有机会与其他儿童建立关系。墨森等人认为这些儿童与一般儿童存在三方面的差异:孤儿院儿童显著爱闹事(如脾气暴躁,欺诈偷窃,毁坏财物,踢打他人);更依赖大人(需要别人关注,要求不必要的帮助);更散漫和多动。生活在孤儿院的儿童往往缺乏认知和社会性刺激,也缺乏应答性反应,因而造成情绪与社会性方面的缺陷,并一直持续到成年期。

影响心理发展的家庭因素很多,如家庭结构、家庭气氛、家庭经济状况、父母教养方式、父母文化水平等。不同的家庭结构对儿童心理发展的影响是不同的。在三代同堂的大家庭里,儿童不仅会受到父母的关爱,还会受到祖父母的关爱,而且由于父辈与祖父辈的教养态度和教养方式可能不同,所以儿童可能会接收到不同的信息以及接受到不同的教养方式,这对儿童的影响是不同的。在三口之家里,因为儿童是独生子女,父母一般比较宠爱,儿童会受到特殊对待。在单亲家庭和离异家庭里,父母的爱通常是不全的,这会让儿童觉得自己的家与别人的家有些不一样,儿童得到的关注也是不同的,儿童可能会较早地体会到一些不幸,在心里留下阴影。其实,在不同的家庭结构中,家庭气氛也是不同的。家庭气氛对儿童的心理也会产生重大影响。在和睦的家庭里,儿童往往会形成良好的性格,而在不和谐的家庭里,儿童的性格也会慢慢变得乖戾或扭曲。家庭经济状况对儿童的心理也会产生一定影响。在较为富裕的家庭,儿童往往容易在心理上产生优越感,这样的家庭也更有条件让儿童接受更好的教育。而在较为拮据的家庭里,儿童会较早地体会到生活的艰辛,较早地领会到父母的辛苦。对儿童心理发展产生最重要影响的,应该是父母教养方式。家庭教育对儿童的心理发展是积极的还是消极的,主要不是由家庭结构、家庭气氛、家庭经济状况等因素决定的,而是由父母教养方式决定的。无论是否独生子女,无论什么样的家庭结构,只要父母教养方式是科学的,符合儿童心理发展的需求,就会产生积极结果。心理学家把父母教养方式分为四种类型:民主型教养方式、溺爱型教养方式、忽视型(放纵型)教养方式和专制型(独断型)教养方式。在民主型教养方式下的儿童可能会形成诸如主动、大方、善于交际等积极的心理品质,而其他三种教养方式可能对儿童的心理产生一些消极影响。父母文化水平也会对儿童心理产生一定影响,因为父母文化水平影响他们的教育态度和方式,进而影响儿童的心理发展。

　　总之,家庭因素对儿童心理发展的影响是巨大的,儿童在家庭中会受到长期的、有目的的和潜移默化的影响。值得注意的是,儿童不是完全消极被动地接受家庭环境的影响,儿童也有主观能动性。应该说,儿童是在与父母和其他成员之间的互动过程中接受影响的。例如,父母和儿童如果能在教养和被教养过程中彼此感受到幸福和快乐,儿童就倾向于合作,父母也会更多地表扬和鼓励儿童,较少地唠叨和责骂儿童。如果父母把抚养孩子作为一种负担,那么父母可能经常会批评、指责或惩罚孩子,孩子在父母那里较少地体验到温暖。因此,家庭是一个复杂的系统,儿童在这个系统里与环境和他人的互动中得到成长。

　　2. 学校因素

　　学校属于教育因素,一般对学生心理发展会产生正向作用。学校对学生心理发展产生影响的因素主要有:教师的素质和教育方式,学校的条件和文化,同伴关系等。通常情况下,教师受过正规的师范教育,掌握了教育规律和方法、技巧,了解学生的心理特点,能够根据学生的心理发展特点进行教育,会促进学生的心理发展。但是,也不排除极少数教师因个人素质和性格问题而采取不正确的方式对待学生,甚至出现虐待学生的现象。教师的教育方式对学生的心理发展影响是很大的。如果教育方式符合学生的心理发展特点,学生喜欢并积极参与,那么对学生的心理发展是有利的,反之则可能是无效的,甚至是有害的。在学校,学习是主导活动,学生通过课堂教学和课外活动获取知识,体验情感,与同伴交往。此外,学校的环境条件对学生心理也会产生一定的影响。如果学校的教育设备齐全,环境布置优雅、美观,符合美学和学生心理特点,拥有充裕的活动场所和设施,那么学生就会感觉到充实、快乐。目前很多学校都重视校园文化建设,有自己的口号、校训、画报栏、富有特色的教育理念等,这些文化环境都会影响学生的心理发展。值得注意的是,同伴关系对学生的社会性发展影响很大。如果同伴关系和谐,学生共同合作,获得快乐,体验到交往的乐趣,满足交往的需要,对学生心理及其以后的人际交往都会产生积极影响,反之,则会造成不利影响。

3. 其他社会因素

这里的其他社会因素是指除家庭和学校之外的社会环境因素,主要指社区环境、社会制度、社会文化、大众传媒等因素。其他社会因素对个体心理发展的影响可能是积极的,也可能是消极的。就社区环境的影响来看,大的方面有社区文化环境建设、社区风气、社区绿化环境、社区卫生保健设施和体育设施等,小的方面有与邻居的关系、与社区同伴的交往等。这些因素都会直接或间接地影响到个体的心理发展。相对于社区环境,社会制度和社会文化属于宏观环境因素,它们对个体心理发展起着潜移默化的作用。此外,社会制度和社会文化还通过人与人的交往和大众传媒的传播而影响个体的心理发展。尤其是儿童,他们通过电影、电视、网络接受社会文化影响的机会和时间越来越多,因而受影响的程度也越来越高。而当前社会给儿童提供的优秀动画片、文艺作品并不多,许多电影、电视剧、广告、游戏甚至动画片中都包含一些消极的东西,而儿童的分辨力很低,又善于模仿,因此家长和教师要注意为儿童选择合适的有积极教育意义的作品,使儿童获得正能量。然而,由于儿童不是生活在单一的环境中,他们总是会受到外界各种各样的影响,家长和教师要注意教育和培养儿童正确对待外界影响的能力,让儿童在真实的社会环境中(而不是在"温室中")自由、茁壮地成长。

家庭、学校及其他社会因素犹如三驾马车,如果三者的作用方向一致,就会促进儿童的发展;如果三者的作用方向不一致甚至相反,影响力就会相互抵消,不利于儿童的发展。

其实,遗传与环境对心理发展的作用并不是孤立的,而是相互依存、相互渗透的。单纯由遗传决定或环境决定的心理发展几乎是不存在的。首先,正常的心理活动必须具备正常的生理基础和遗传素质。遗传是心理发展的必要物质前提,并奠定了个体心理发展差异的先天基础,规定了发展的高低限度,但不能限定发展的过程以及达到的水平。其次,在遗传规定的范围内,儿童的发展水平是由环境决定的。但是,环境对某种心理特征或行为的发生发展所起的作用,往往有赖于这种特征或行为的遗传基础。最后,遗传与环境对心理发展的相对作用在个体发展的不同阶段和不同领域产生的作用都不一样:在发展的低级阶段,一些较简单的初级心理机能(如感知、动作、基本言语等)受遗传的制约作用较大;而较复杂的高级心理机能(如抽象思维能力、情感等)则更多地受环境的影响。

（三）个体主观因素

影响个体心理发展的生物因素和社会因素等都属于客观因素。除了客观因素,影响个体心理发展的还有个体主观因素。因为个体不是消极被动地接受外部环境的影响,而是积极能动地选择甚至改造外界环境的影响。随着年龄的增长,个体的独立意识增强,个体在接受外界环境影响的同时,也有自己的意愿和想法,会选择或改造环境以满足自己的需要,即个体主观因素在心理发展中起着能动作用。

个体主观因素包括个体的需要、兴趣、态度、情感、性格、自我意识、理想、信念和价值观等,这些主观因素在心理发展中起着重要作用。例如,需要是一种积极应对外部环境的反映形式。儿童先天具有探究外部世界的愿望,这种探究愿望是儿童心理发展的基本动力源泉。儿童在与周围环境相互作用的过程中会遇到各种困难,即与环境产生了不平衡,因此会产生心理冲突。为了解决冲突,儿童必须通过改变环境或自身来与环境取得平衡。这种改变促进了儿童的发展。可见,个体的心理不是消极地受到生物因素和社会因素的影响,不是按照固定的、人为设置的轨迹发展,而是积极能动地与生理因素、社会因素互动,动态地发展着。

四、心理发展的基本特征及其教育启示

个体心理受到遗传、成熟、家庭、学校、社会等多方面因素影响,在发展过程中会表现出多样的特征。从总体来看,心理发展表现出连续性与阶段性、普遍性与特殊性、稳定性与可变性、主动性与被动性、顺序性与不可逆性、不平衡性与个体差异性等特征。

（一）心理发展的连续性与阶段性

心理发展的连续性观点强调发展只有量的积累,即一小步、一小步渐进的过程,不存在什么阶段(见图 1-1)。例如,孩子说出第一个单词,看上去似乎是突然的非连续性发生,实际上是日复一日成长和练习的结果。青春期的巨大身心变化,看似突然的蜕变,其实也是经历了几年的逐渐量变过程。这种观

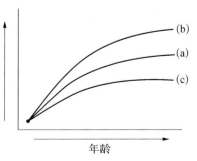

图 1-1   心理发展的连续模型

点一般由强调环境的发展心理学家持有,如行为主义和社会学习理论倾向的发展心理学家都持这种观点。

心理发展的阶段性观点则更倾向于发展是有阶段的,是跳跃式的,以产生新的行为模式的形式展开(见图1-2)。在发展的特定时期,个体的思想、情绪、行为均发生质的变化,儿童与成人具有极大的不同。这种观点一般由强调遗传的发展心理学家持有,如成熟论、皮亚杰的发生认识论、弗洛伊德和埃里克森的人格发展理论倾向的发展心理学家都持这种观点。

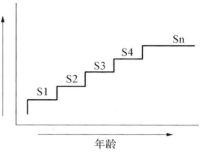

图1-2 心理发展的阶段模型

辩证的观点认为,心理发展是连续性与阶段性的统一。心理活动与世界上其他事物的发展一样,当某些代表新质要素的量积累到一定程度时,新质就代替了旧质而处于优势地位,量变引起质变,新的阶段开始形成。也就是说,发展既是连续性的,又是阶段性的;前一阶段是后一阶段出现的基础,后一阶段又是前一阶段的延伸;旧质中孕育着新质,新质中又包含着旧质,但每个阶段占优势的特质是主导该阶段的本质特征。

心理发展的连续性提示我们要持续不断地给予儿童以教育与支持,以促进儿童心理不断发展;心理发展的阶段性要求我们根据儿童心理发展的年龄特征进行教育,不能太超前,也不能滞后。

(二)心理发展的普遍性与特殊性

心理发展是遵循普遍规律的,还是具有特殊性?持普遍性观点的发展心理学家试图揭示心理发展的普遍模式,如儿童的动作是如何发展的,认知是怎样发展的,语言是如何发展变化的,情绪是如何发展变化的,人格是怎样形成的,并认为这种普遍模式能够反映生活在不同社会文化背景下的儿童共同发展的过程。还有发展心理学家认为,个体心理不同领域的发展遵循着相似的发展模式(被称为领域普遍性)。例如,皮亚杰认为,儿童的道德发展与思维发展的模式是相似的。而持阶段论的心理学家也认为,任何地方和文化下的儿童都遵循着同样的发展顺序,因为儿童有着相似的大脑和躯体,而且生活在令人兴奋的环境中。

与此同时,一些发展心理学家也开始越来越关注不同成长环境下的儿童心理发展的特殊性,以及心理不同领域发展的特殊性(被称为领域特殊性)。例如,在西方个人主义文化背景下成长的儿童与在东方集体主义文化背景下成长的儿童,在性格特征、思维方式、情绪体验与表达、道德认同等方面都有明显的差异。而同一个体在动作发展、认知发展、人格发展、情绪发展等方面也可能遵循不同的发展模式。

心理发展的普遍模式为我们构建了个体心理成长的基本框架,使得教育有规可循。而心理发展的特殊性要求我们在教育中必须实施差异性教育和因势利导。个体心理发展是普遍性与特殊性的统一。

(三) 心理发展的稳定性与可变性

早期智力测验分数高的儿童,长大后是不是一定也高?早期因体验与父母分离而常焦虑的儿童,长大后会不会依然有较高的焦虑感?幼年攻击性强的儿童,长大后是否依然攻击性强?这些问题都涉及心理发展的特征是不是相对稳定的问题。若回答是肯定的,就意味着早期的行为可以预示以后的行为,早年的经历是建立人类终身行为模式的基础;若回答是否定的,则说明儿童的心理和行为发展是可变的。目前关于这方面的研究结果并不一致。

研究者中有的强调有机体的可变性和适应性,有的强调稳定性和一致性。这取决于研究的具体内容和研究对象所处的年龄阶段。有些行为特征可能更稳定,而有些行为特征可能更具有可塑性。例如,在儿童早期、中期好攻击的人,到青少年和成年时期,多数往往仍然是爱挑衅的人。但是,利他行为在各个时期的表现就可能不一样。

心理发展的稳定性使得教育具有可预见性和预防性;心理发展的可变性为教育功能的发挥提供空间和可能,也为教育塑造和矫正提供信心和决心。

(四) 心理发展的主动性与被动性

心理发展应该按照个体自身条件和要求主动地发展,还是按照父母、教师等人的期望和要求发展?无论是理论工作者还是实践工作者,一般不会明确说儿童是消极被动的个体,但在实际中,他们却往往这样认为。具体表现有四种情况:(1) 从教育者的需要和想象出发,把知识硬性地塞给儿童;(2) 不考虑调动儿童自身的积极性,只强调外部的奖励和惩罚;(3) 教学上强调注入式,不重视启发式和诱导式;(4) 不尊重儿童的兴趣、爱好和个性特点,不把孩子看作独立的个体,过分强调听话和服从等。

在发展心理学理论中,无论是环境论、遗传论还是成熟论,都未把儿童当作能动的主体,儿童要么受外部环境驱使,要么被内部生物因素规定,唯独忽视儿童的自我力量。而人本主义心理学家则强调将人看作一个主动的个体,要求尊重人的主体性,认为人是有独特气质、性格、兴趣、爱好,有探究性的独立个体。重视开发个体的优势领域,充分发挥个体自身的积极性和主动性,发挥人的潜能,促进人格的完善和自我价值的实现。

心理发展的被动性说明了生物因素和社会因素等客观因素在个体心理发展中的作用,心理发展的主动性则提示个体要充分发挥自身的主观能动性。

(五)心理发展的顺序性与不可逆性

一般情况下,心理发展具有一定的顺序性和不可逆性,其先后顺序既不能逾越,也不可逆向发展。如个体动作的发展就遵循由上到下、由内到外、由粗到细的发展规律;儿童言语的发展由口头言语到书面言语,由外部言语到内部言语;皮亚杰将儿童认知发展的顺序划定为感知运动阶段、前运算阶段、具体运算阶段和形式运算阶段(详见本书第二章第二节)。这种顺序性和不可逆性在某种程度上体现出基因在环境影响下不断把遗传程序编码显现出来的过程。也有研究表明,个体心理发展有时会出现固着甚至倒退现象。

心理发展的顺序性要求教育要循序渐进,不能揠苗助长,心理发展的不可逆性要求教育既要依据个体的天性和自然发展规律给予充分的营养,又不能指望个体发展会"从头再来",因为个体的成长不可能"返老还童",对于教育的失误也没有"后悔药"可吃。

(六)心理发展的不平衡性与个体差异性

个体从出生到成熟并不总是按相同的速度直线发展,而体现出多元化特点,心理发展具有不平衡性:不同系统在发展速度、起始时间、达到成熟水平方面不同;同一机能系统特性在发展的不同年龄阶段有不同的发展速率。从总的发展趋势来看,3岁前的幼儿期出现第一个加速发展期,然后是儿童期的平稳发展,到青春发育期又出现第二个加速发展期,然后又是平稳发展,成年期有一个高原平缓的发展阶段,到老年期又开始下降。

心理发展的不平衡性典型地表现在心理发展的关键期。心理学家所讲的关键期,是指人或动物的某些行为与能力的发展有一定的时间窗口,如在这窗口期给予适当的良性刺激,会促使其行为与能力得到更好发展;反之,则会阻碍发展甚至导致行为与能力的缺失。一般认为有四个领域的研究可以证实关键期的存在:恒河猴的社会性发展,鸟类的印刻,人类语言的习得,以及哺乳动物的双眼视觉。

哈洛等人将刚出生的恒河猴关在不锈钢房间里,房间光线充足,温度适宜,空气畅通,无噪声,提供水和食物提供,干净卫生,但这些都由遥控完成,猴子被完全隔离,没有任何社会接触。隔离6个月后,被隔离的猴子被放出来与其他没有被隔离过的猴子一起生活,结果发现它们表现出极大的不适应,它们害怕其他猴子,蜷缩着,摇来晃去,咬自己,甚至对玩耍的邀请表现出高度攻击性。这一结果说明,出生后6个月可能是恒河猴社会性发展的关键期。

奥地利习性学家劳伦兹(Konrad Z. Lorenz,1903—1989)在研究小动物习性时发现印刻现象,即小鹅、小鸭等会将在出生后第一眼看到的对象(包括动物、人)当作自己的母亲,并对其产生偏好和跟随行为。如果刚出生时,就把这些小动物与其母亲等分开,它们就不会出现跟随行为。小动物的其他行为也有类似情况。这说明动物某些行为的形成有一个关键时机,错过了这个时机,有关行为就不能形成。劳伦兹将这种现象叫作印刻(imprinting),印刻发生的时期就叫作关键期。关键期的基本特征是某些行为或能力只发生在生命中一个固定的短暂时期,如小鸭的跟随行为典型地出现在出生后的24个小时内,超过这一时间,印刻现象就不再明显。

关于人类心理发展的关键期问题,目前还存在一些争论。有研究者认为,如果缺失关键期内的有效刺激,会导致认知、语言、社会交往等方面的能力低下,而且难以通过教育与训练得到改进。如印度发现的狼孩卡马拉,由于从小离开人类社会,在狼群中生活了8年,错过了学习语言和数字的关键期,虽然后来回到人间并经过教育与训练,但到17岁时她仅知道一些简单的数字概念,学会50个词语,只能讲简单的话。美国加利福尼亚大学学者对现代野孩的研究,也说明错过关键期内的有效教育,对儿童心理发展产生的伤害是难以弥补的。

也有观点认为,个体在关键期内只是比较容易接受某些刺激的影响,容易进行某些形式的学习。在这个时期之后,这种心理功能产生与发展的可能性依然存在,只是可能性比较小,形成和发展比较困难。例如,一个人在10岁这一关键期内掌握一项动作技能,只要经过较少练习且容易保持这种技能,如果在10岁后开始学习,他仍然能出色掌握这项动作技能,只是他必须进行更多练习,付出更大代价。

不同心理发展的关键期是不同的,有的早一些,有的晚一些。如口语发展的关键期在1—3岁,书面语发展的关键期在4—5岁,形象视觉发展的关键期在

0—4 岁,智力发展的关键期在 0—6 岁,音乐学习的关键期在 5 岁以前,掌握数概念的关键期在 5 岁左右,而掌握动作技能的关键期较晚,大约在 10 岁前。此外,关键期并不是突然开始和中止的,而是逐渐发展并达到高峰,然后慢慢消退。

针对心理发展的不平衡性,教育要抓住心理发展的关键期进行适时教育;针对心理发展的个体差异性,教育要因材施教。

第二节　教育心理概述

要成为一名优秀教师,仅仅了解心理发展的规律是不够的,还必须了解教育心理的规律,学会在教育教学中自觉地运用教育心理的规律,以促进学生的心理发展。可见,教育心理与心理发展是不可分的。为了更好地促进学生的心理发展,教师必须掌握教育心理的规律。本节简要介绍教育心理的概念与内容,以及教育心理的研究历史,后面将有专章分别介绍学习理论及其教学应用。

一、教育心理的概念与内容

教育心理是教育心理学的研究对象,教育心理学是探讨在教育情境下学与教的心理规律的科学。其中,学习理论、学习规律及其应用是教育心理学的主要内容。教育心理学就是要运用学习理论、学习规律去指导学生更有效地学习,将学到的知识迁移到其他领域,并能运用所学的知识去解决实际问题。不同的理论具有不同的特点和优势,分别适用于学生学习与发展的不同方面。行为主义学习理论认为,学习的实质是建立刺激与反应之间的联结,运用强化的原理可以形成和改变学生的行为,这对塑造学生行为和矫正不良行为具有重要的指导意义;社会学习理论强调观察学习和替代强化在社会行为习得中的意义,弥补了行为主义理论的不足,指出了人类学习的另一条重要途径(本书第六章系统地介绍了行为主义学习理论和社会学习理论)。认知学习理论揭示了学习过程的内在心理机制,指出学习过程是新旧知识相互作用的过程,是信息加工的过程,学习的结果是认知结构得以组织和重构,认知学习理论对于了解学生的学习过程、学习策略,帮助学生改善学习方法具有重要意义(本书第七章系统介绍了认知学习理论)。人本主义学习理论指出个性化教育、有意义学习对于学生的人格发展、潜能开发和自我实现的重要意义(本书第八章系统地介绍了人本主义学习理论)。建构主义学习理论强调学习的过程是学习者主动建构的过程,这对于发挥学生的主体积极性、尊重学生的主体地位、改变灌输式的教育方式具有重要意义(本书第九章系统地介绍了建构主义学习理论)。这些学习理论和学习规律都是学生学习和教师教学必须遵循的。因此,学习理论、学习规律及其应用是教育心理学的核心内容。

二、教育心理的研究历史

美国教育心理学家桑代克(Edward Lee Thorndike,1874—1949)用量化的方法研究和解决学习问题,成为教育心理学的奠基人。他从1896年开始用实验研究动物学习,后来又研究人类的学习与测量。他在1903年出版了《教育心理学》一书,1913年扩展为三卷本的《教育心理学》(包括《人的本性》《学习心理》和《工作疲劳,个性差异及其原因》)。这是世界上公认的系统而科学的教育心理学著作,成为教育心理学独立的标志。

其他心理学家,如詹姆斯(William James,1842—1910)(极力主张将心理学原理运用于教育教学实践)、鲍德温(James Mark Baldwin,1861—1934)(重视个体认知发展、人格和社会性发展以及种系发展的研究)、卡特尔(James McKeen Cattell,1860—1944)(注重个体差异和心理测量方面的研究)、杜威(John Dewey,1859—1952)(强调"以儿童为中心""从做中学"等)都极力主张根据儿童心理发展特点进行教育,将心理学原理运用于儿童教育中。

20世纪20年代到50年代末,西方教育心理学家开展大量实验研究,同时吸收了心理测验方面的研究成果,促进了教育心理学理论的发展。这一时期最主要的研究领域是学习理论。20世纪60年代后,随着认知心理学的兴起,西方发展与教育心理学的研究由行为范式转向认知范式,并开始注重将学习理论与课堂实践结合起来。20世纪七八十年代开始,人本主义心理学、建构主义学习理论重新强调以学生为中心,强调儿童学习的主动性和创造性,强调知识的主体建构,促进了教育心理学理论的发展。

苏联心理学家强调将发展心理学与教育心理学相结合。20世纪二三十年代,西方儿童心理学和教育心理学被介绍到苏联,引发苏联心理学家对教育心理学的研究对象、任务、方法等问题的讨论。当时影响较大的心理学家有维果茨基、布隆斯基、鲁宾斯坦、聂恰耶夫等人。维果茨基在《教育心理学》一书中反对把普通心理学的研究成果简单地移到教育心理学中,强调儿童发展过程中教育、教学的主导作用,提出儿童发展的历史文化观和内化说。到 20 世纪 40 年代至 50 年代末,苏联的教育心理学研究获得长足发展。比较重视结合儿童心理发展、教育与教学实践进行综合研究,探讨如何运用儿童心理学知识来组织教学过程,探讨在教育与活动中儿童的心理发展与变化,并运用马克思主义思想来指导发展与教育心理学理论研究,反对西方心理学简单地把动物学习的原理运用到人类的学习中。60 年代以后,苏联心理学家不仅注重将教育心理学问题与学校教学实践相结合,而且重视对教育心理学的理论问题进行探讨。赞科夫(Занков Леонид Владимирович,1901—1977)的"教学与发展"实验研究成果、加里培林的活动学习理论以及彼得诺夫斯基的《年龄与教育心理学》(1972)、加梅佐的《年龄与教育心理学》(1984)等都很著名。将发展心理学研究与教育心理学研究相结合是苏联心理学研究的一大特点。

虽然教育心理学思想在我国源远流长,但是把教育心理学作为一门系统的科学进行研究却很晚。在 20 世纪 50 年代之前,我国主要是翻译西方的著作,介绍西方心理学的理论和研究方法。我国出版的第一本教育心理学著作是房东岳 1908 年翻译的日本学者小原又一著的《教育实用心理学》。1924 年,廖世承编写了我国第一本《教育心理学》教科书。还有一些学者结合我国教育实际对儿童心理、学科心理、教育与心理测量等方面进行了研究,为我国教育心理学的产生与发展做了开创性的工作。

20 世纪 50 年代初期,我国的教育心理学主要学习和介绍苏联的教育心理学理论和研究成果,同时根据马克思主义的原理和方法对以前的教育心理学加以改造。1963 年潘菽主编的《教育心理学》内部印发使用,各师范院校教育系也相继开设了教育心理学课程。1980 年,人民教育出版社正式出版了潘菽主编的《教育心理学》。此后,我国教育心理学工作者不断努力,陆续出版了一些译著、专著和教材,发表了一些教育心理学的研究成果,使教育心理学得到迅速发展。在吸收国外先进研究成果的基础上,结合我国教育教学实际,开展教育心理学的理论和应用研究,为我国教育心理学的发展作出应有的贡献。

第三节　教师心理概述

教育教学的过程既是教师对学生施加影响的过程,也是教师自身发展的过程。在知识经济和信息化时代,知识更新加快,教师为了能够更好地适应学生的发展和时代的变革,就必须不断地学习和充实自己。因此,作为教师,除了要了解学生心理发展特征以及掌握学习与教学规律,还要了解教师心理。本节将系统地介绍教师角色心理和教师心理特征,并重点论述如何促进自我成长,成为一名优秀的人民教师。

一、教师角色心理
(一)教师的多重角色

角色本来是指演员在舞台上依照剧本扮演的某一特定人物,后被引入社会学、心理学等研究领域。1934年,美国社会学家米德(George Herbert Mead,1863—1931)首先将角色这一概念引入社会学,以阐述个体在社会中的身份及其行为。因此,角色实际上是个体在特定社会关系中的身份以及由此规定的行为规范和行为模式的总和。任何一个角色都有明显的社会规定性,承担或扮演一定的角色就表明个人要尽相应的义务和责任,而同一个体在不同社会关系中,在不同状态下,可能要扮演多重角色。

教师是接受一定社会的委托、以教书育人为己任的专业人员。教师作为一个特殊的社会角色,生活在错综复杂的社会关系中,不可避免地拥有多种社会身份,社会必然赋予他们不同的期望。教师角色是指由教师的社会地位决定的,并为社会所期望的行为模式。教师角色代表教师个体在社会团体中的地位和身份,同时也包含社会期望教师个体表现出的行为模式。

教师具有多重角色。社会对教师期望的多重性,学校教育活动的多样性,尤其是教育对象需求的多样性,决定了教师角色的多重性。

1. 知识传授者的角色

在学生、家长及其他社会成员的心目中,知识传授者的角色通常被认为是教师的首要角色,这也是传统上对教师角色的认定。"师者,传道授业解惑也",就是对教师知识传授这一角色的定位。在当今社会,家长、学生和学校对教师的要求较高,教师扮演好这一角色是天职,是无条件的。教师必须具有渊博的知识和足够的能力才能满足家长和学生的期望。在新的教育理念下,教师要想出色地完成这一角色任务,首先必须成为教学活动的设计者,包括对教学目标、教学内容、教学方法、教学评价手段等的设计;其次,要成为教学活动的执行者,包括传授、示范、启发、引导、答疑等具体教学行为;再次,教师要成为教学过程的监控者,包括对自己课堂教学活动是否符合教学目标的监控和学生在课堂上的注意力、对教学内容的理解程度、课堂行为等的监控;最后,教师还要成为教学效果的评价者,包括对教师教的效果的评价和对学生学的效果的评价。因此,知识传授者的角色不只是简单地传授新知识,还要完成多项任务。

2. 育人者的角色

教师的基本任务是教书育人,因此育人也是教师的重要工作。教师要通过言传身教对学生进行政治、思想、道德品质等方面的教育,使学生成为有远大理想、正确人生观和价值观的社会主义接班人。教师对学生进行思想品德教育主要通过言传、身教两种途径。言传,包括课堂教学中对学生进行道德概念和原理的讲解、政治思想的灌输、世界观和价值观的引领、道德认知能力的提升以及课下对学生道德行为的引导,等等。身教,即教师通过身体力行,为学生树立榜样,用行动和人格感染学生、引领学生。中国古代非常强调"身教重于言教",孔子所说的"其身正不令而行,其身不正虽令不从"就是对身教重要性的最精辟阐述。教师必须严于律己,加强道德修养。教师不仅要有很强的道德认知能力和判断能力,以及高尚的道德情操、良好的道德行为习惯,还要有很强的责任心和社会责任感。因此,教师要想很好地完成育人的重任,把学生培养成为高尚的人,自己首先必须是一个高尚的人。

3. 学生心理健康维护者的角色

现在的教师不仅要教书育人,还要维护学生的心理健康。随着学生身体的快速发育,独立意识的增强,再加上社会竞争带来的压力的增大,许多学生在学习、情绪、人际交往、社会适应、升学就业等方面存在问题。教师有责任帮助他们解决这些问题。为此,教师不能仅扮演管理者和领导者的角色,还要扮演学生心理健康维护者、辅助者的角色。这就要求教师成为学生的知心朋友,与学生交心谈心,随时倾听学生的呼声和意见,了解学生产生心理问题的原因,并及时给予疏导,提高他们自我调节的能力。如果是家庭因素导致学生出现心理问题,教师要及时与家长沟通,做家长的工作,改善亲子关系,改变引发心理问题的诱因,从而从根本上解决问题。如果是同伴交往方面的问题,教师需要与交往双方谈心,了解问题成因,清除交往障碍,协调双方关系,重建友谊。总之,教师要成功地成为学生心理健康的维护者,就要细心观察,真心关切,耐心倾听,一心一意地帮助学生,做学生的知心朋友和心理成长的导师。

4. 组织者、管理者和领导者的角色

学生在学校里学习不单是个人的活动，更多的是集体活动，如课堂教学活动、课外活动等大多是集体活动。在学生的集体活动中，教师要善于组织和领导，发挥集体的作用，因为集体本身也是重要的教育力量和手段。教师如何发挥集体的作用，对于集体活动的效果有很大影响。美国心理学家利皮特(Ronald O. Lippitt，1914—1986)和怀特(Ralph K. White)通过研究发现，在不同领导方式下学生的反应方式是不同的。他们把教师的领导方式概括为民主型、强硬专制型、仁慈专制型、放任自流型。在这四种领导方式下，学生的典型反应是有明显不同的，其中民主型领导方式下学生的表现最好。

教师作为集体的组织者、管理者和领导者，要注重发挥集体的作用，加强对班集体的建设：(1)要形成合理、明确的班集体规范，使之成为每个学生行动的准则；(2)要合理运用学生群体中非正式规范的积极作用；(3)要开展丰富多彩的活动，强化集体的规范；(4)要善于利用小组合作与竞争的优势；(5)注重发挥班集体核心人物的权威和示范作用。

5. 社会代言人和父母代理人的角色

对社会来说，教师是社会的代言人，是学生的引路人，承担着把学生培养成合格的社会公民的义务。其实，学生接受教育的过程也是社会化的过程。教师作为社会的代言人，享有社会赋予的教育未成年人的权利，承担着把未成年人教育成为合格的社会公民的义务。他们按照社会对一个合格社会公民的要求，根据教育目的、既定的教育内容，对学生实施有计划、有组织的教育。学生在这种教育下逐渐掌握作为合格的社会公民应具备的知识、技能和道德规范等。

对学生家长来说，他们将子女送进学校，交给教师，希望教师能够代替自己教育孩子，也希望孩子在教师的指导下能够有所作为，获得更好的发展。对学生来说，他们常常把老师看成父母的化身，尤其是受到中国传统文化中"一日为师，终身为父"思想的影响，往往会认同教师作为"父母代理人"的角色。有的家长甚至当着孩子的面要求教师代为教育和管理自己的孩子，而绝大多数教师也都乐意认同并接受。教师作为"父母代理人"在中国似乎是天经地义的事。

对教师来说，他们一般愿意充当学生的"代理父母"，承担对学生的教育与培养责任，因为这也与教育目的及自己的职责相一致。教师如果能够像父母一样对待学生，充满爱心，让学生感受到父母般的爱，就有利于学生的成长。当然,并非所有的学生都能遇到父母般关爱自己的教师,或者说,并不是所有的教师都能成功地扮演父母代理人的角色。

6.反思者、研究者的角色

教师成为反思者、研究者是 20 世纪后期的一大教育思潮。在我国 21 世纪初期掀起的新一轮基础教育课程改革中,也提出"教师成为研究者"的新理念。教师不断反思,进行行动研究,可以有效解决教育过程中的难题,并不断总结和积累教育经验,从而促进自己不断成长。因此,教师成为反思者、研究者,不仅是教育本身对教师的要求,而且还是教师自身成长的需要。随着我国基础教育新课程改革的不断深入,教师成为研究者已经深入人心,许多教师认识到行动研究的重要性,开始在教育实践中对遇到的难题进行研究,并积极地申报课题。各级教育行政机构和科研管理部门也鼓励教师从事教育研究,并为教师从事教育研究提供机会和指导。

(二)教师的角色冲突

角色冲突是指因角色期望不一致而引发的个人心理或情感上的矛盾和冲突。教师的角色期望是指社会上其他人对教师角色行为的规范要求,这些期望来自学生、家长、社会舆论等各个方面,这些角色期望对教师的行为或心理会产生明显的影响,而当这些期望不一致时,便会产生角色冲突。教师的角色冲突包括教师的角色内冲突和教师的角色间冲突。

1.教师的角色内冲突

教师的角色内冲突是指教师不能协调并存的角色期望,或者对其角色期望有竞争时产生的角色冲突。它包括由不同角色期望引起的角色冲突和由角色自身局限性引起的角色冲突。

教师的第一种角色内冲突主要由来自三个方面的不同角色期望引起。

首先是来自校外的不同角色期望引起的角色冲突,如社会、国家、家长等对教师提出各种不同要求引起的角色冲突。国家要求教师注重学生的全面发展,社会要求教师培养出合格的社会公民,家长则期望教师提高孩子的学习成绩以便孩子能够考上重点学校。这些期望往往使得教师无所适从,产生角色冲突。

其次是来自校内各方面的不同角色期望引起的角色冲突。学校中不同身份的人对教师角色的期望也是不同的。如学校领导、学生对教师的期望往往是不同的,学校领导期望教师既能够成为教育、教学活动的实施者,又能够成为组织者、管理者和领导者,还能够成为学校与家长的联系人、沟通人以及学生心理健康的维护者,或者说希望教师成为全能者。而学生希望教师是知识的传播者、行为的榜样和交往中的朋友。然而,教师仅仅是教师,不是全能者,不能够满足学校和学生的所有需要,内心常常处于痛苦状态。

最后是来自社会评价和教师自我评价的角色冲突。一方面,国家和社会对教师的工作价值给予较高的评价和社会地位,教师对自己的工作价值一般也有一个较高的估价,而且有较强的自尊;另一方面,教师在实际工作中没有得到应该得到的尊重、经济待遇和社会地位,因而导致教师在社会生活中常常产生不公平感和心理冲突。

教师的第二种角色内冲突主要由教师角色在两方面的自身局限性引起。

首先,在职业道德方面,教师角色要求教师忠诚于人民教育事业、热爱学生,而有些教师并不认同这一角色,他们既不热爱教育事业,也不热爱学生,但是他们又必须履行角色义务,于是就不可避免地产生角色冲突。这种冲突表现在不少教师虽然人在教师岗位上,但心并不全在学生身上,更不打算终生献身教育,由此出现对工作的敷衍、对领导的埋怨、对同事的冷漠和对学生的厌烦。

其次,在职业能力方面,教师角色要求教师有较高的能力和多方面的才能,能够应对教育教学过程中的任何问题,然而并不是每个教师都能够做到这点。许多教师,尤其是年轻教师,经常感到力不从心。如果教师因能力不足屡受挫折,就会引起教师的内心冲突和不安。

2. 教师的角色间冲突

教师的角色间冲突是指教师同时扮演多种角色,但又缺乏足够的时间和精力去满足这些角色的要求,从而产生的角色冲突。

其一,学生的权威和学生的朋友之间的冲突。国家和社会赋予教师的权利、义务以及教师自身的知识水平容易使教师高高在上,成为学生心目中的权威。然而,教师的这种职业权威让学生难以接近,会阻碍师生间的交往,不利于师生的互动。当代教育更是提倡师生之间建立新型平等的师生关系,要求教师成为学生的朋友。在实际教学过程和师生互动中,教师很难将两者统一起来。要求教师放弃职业权威,追求师生之间的平等和友谊,或者要求教师只维护职业权威而不与学生建立良好关系,都不是现行教育提倡的。大部分教师很难做到在不丧失职业权威的前提下成为学生的知心朋友,因此容易产生角色冲突。

　　其二,学生的领导者、管理者与学生的顺应者之间的冲突。教师的职业身份使得他拥有教学和管理班级的权利,成为班级和学生的领导者、管理者,而良好班集体的形成和学生的健康成长都有赖于教师的有效领导和管理。有效的领导者、管理者角色使得教师在教育教学过程中始终处于主导地位。但是,在现行教育理念中,要求教师以学生为主体,以学生为中心,顺应学生的需求,即教师在作为管理者时要严格要求和管理学生,在作为顺应者时要尊重学生、谅解和宽容学生。对很多教师来说,他们很难同时扮演好这两种角色,常常处于两难境地,从而带来角色冲突。

　　其三,教书育人者与父母代理人之间的冲突。教师的主要任务是教书育人,教师一般都能够扮演教书育人者的角色。而学生同时又希望教师像父母那样关心和照料自己,既可亲又可爱,获得安全感和依恋感。事实上,教师很难做到严慈有度,对学生的学习、生活都照顾到。生活中,我们常常见到有的教师能教好学生,但不能教好自己的孩子,可能就是因为他没有处理好教书育人者角色与父母角色的关系,没有处理好严格要求与关心爱护之间的关系。如果要求一位教师像父母关心孩子一样去关心每个学生,全班那么多学生,他想关心恐怕也关心不过来。

　　其四,学生发展的促进者与教师自我发展的促进者之间的冲突。教师要成为学生发展的促进者,这是教师的职责。而科学技术的快速发展,知识的不断更新,又要求教师要不断学习以满足教学需要。因此,当代教育要求教师既要成为学生发展的促进者,又要成为自我发展的促进者。然而,一个人的精力和时间是有限的,况且大多数中小学教师的教学任务都非常繁重,能够保质保量地完成教学任务就很不错了,即使想要去学习,恐怕也没有精力了,于是又有了学生发展的促进者与教师自我发展的促进者之间的冲突。

（三）教师角色冲突的调适

　　有冲突就应该及时调适。调适是为达成个体与个体、个体与团体、团体与团体之间的和谐关系而进行的努力。教师角色冲突的调适是指人为地缩小教师的角色差距,协调教师的期望角色、领悟角色与实践角色三者之间的关系,包括教师角色的自我调适与教师角色的社会调适。

　　1. 教师角色的自我调适

　　教师角色的自我调适主要指教师个人通过角色学习和主观努力,弄清角色期望的真正含义,提高自身的思想水平和角色技能,从而满足角色需要,完成角色任务。为了满足角色要求,教师必须不断学习,掌握职业技能,加强自我的内在修养,不断提高自己,从而达成教师角色心理的内化,形成与教师角色相吻合的品质,这是积极的角色自我调适,也是教师对角色的一种真正适应,能从根本上缓解角色心理冲突。此外,教师要学会放松心情、调整心态,以减少内心冲突;要学会自我减压、降低期望,以减小角色差异;要学会处理好不同角色间的关系,分清主次,把握重点;要学会合理安排时间和精力,把主要时间和精力放在主要的、重要的事情上。

2. 教师角色的社会调适

教师角色的社会调适是指调整社会为教师所提供的角色地位,提出新的符合社会实际和教师条件的角色期望,或改善条件以创造适合教师发展的角色环境。教师的角色冲突有很多是由他人、社会等外在因素造成的,需要通过改变这些外在因素以调适教师的角色冲突:一是各级教育行政部门和学校要通过实际行动提高教师的社会地位、优惠政策和劳动报酬;二是国家和社会要加强宣传,指导人们正确认识教师角色的特定职能,实事求是地、客观公正地对待教师角色,不给教师以过重的心理包袱,让教师能够愉快地履行其角色职能;三是教育管理者应该更相信教师的自我提升能力,放权给教师,让教师有教育教学的自主权,而不用条条框框去限制教师的角色行为,不用学生的成绩排名去评价教师的工作绩效,这样会有利于减轻教师的角色冲突。

二、教师心理特征

教师心理特征是指教师这一群体在教育教学过程中表现出来的心理特征,通常包括认知特征、情感特征、个性特征、社会性特征等。由于这部分内容较多,不宜全面分析,这里就简要分析教师的知识结构、能力结构、情感特征以及教师威信等方面内容。

(一) 教师的知识结构

随着时代的发展和课程的改革,教学内容和教学培养目标不断更新,教师需要掌握的知识越来越多。教师不仅要扮演"传道授业解惑"的角色,更是教学活动的"组织者、设计者、合作者"。为了满足教学和工作的需要,教师需要不断地学习,不断更新自己的知识结构。教师的知识结构一般可分为四个方面:本体性知识(学科专业知识)、条件性知识(教学法等方面的知识)、实践性知识(教学经验)、文化科学知识。

1. 本体性知识

教师的本体性知识是指教师所教的特定学科或专业等方面的知识,如语文知识、数学知识等。已有研究表明,教师的学科专业知识水平与其教学效果之间并非线性相关,丰富的学科知识仅仅是个体成为一位好教师的必要条件。从一般意义上说,教师的本体性知识可分为四个方面:(1)最基本的学科知识和技能。教师应对学科基础知识有广泛而准确的理解,熟练掌握本学科的基本概念和基本技能。当然掌握精深的学科知识有利于教师在教学过程中高瞻远瞩、高屋建瓴,为学生提供高层次的思维方式和宽广的视野。(2)相关学科的知识点与联系。教师要了解与所教学科相关的学科的知识点及其性质和逻辑关系,使得教不同学科的教师在教学上能够相互沟通、协作,在组织学生开展综合性活动时能够相互配合。(3)本学科的发展历史和趋势。教师需要了解本学科的发展历史和趋势,了解推动本学科发展的动因,了解本学科对社会、人类发展的价值以及在人类生活实践中的多种表现形态。(4)本学科的基本思想方法和思维方式。教师需要掌握所教学科的独特视角、层次及思维工具与方法,熟悉本学科科学家的创造性发现过程和成功原因,以及他们身上展现的科学精神和人格力量,这对于增强学生的精神力量和创造意识具有重要价值,其意义甚至超出学科知识本身能提供的。而这需要教师具有精深的专业知识。

2. 条件性知识

教师的条件性知识又称教育教学知识,即关于如何教的知识,是指教师知道在什么时候、为什么以及在何种条件下才能更好地运用知识经验开展教学活动的一类知识,主要是有关教育学、心理学、教学法等方面的知识。条件性知识是广大教师顺利进行教学的重要保障,是教师这一角色应具备的职业技能,对于提高教育教学质量、促进学生发展尤为重要。

3. 实践性知识

教师的实践性知识是指教师在教育教学实践中逐步积累的经验,是关于如何处理课堂情境中问题的知识及教育教学机智。实践性知识对于教师高效率、创造性地解决教育教学问题具有重要意义,也是专家型教师与新手教师最显著的差别。

4. 文化科学知识

由于学生获取知识的渠道很多,学生群体拥有的知识总量很大,教师要能够满足学生的求知欲,必须掌握大量的文化科学知识。

上述四种知识共同构成教师的知识结构体系,四者相互联系、相互制约。其中,本体性知识是教师知识结构的核心,条件性知识反映了教师知识结构的职业特色。本体性知识和文化科学知识是教学活动的实体部分,条件性知识和实践性知识对本体性知识的传授起到支撑作用。

(二) 教师的能力结构

教师的能力结构在这里主要指教师的教育教学能力结构。教师的教育教学能力是指教师成功进行教育教学活动必须具备的能力,是影响教育教学效果最直接、最基本的因素,可以概括为以下六个方面。

1. 教学能力

教学能力是教师应当具备的最基本的能力。教师要运用自己的专业知识以及教育学、心理学、教学法等方面的知识,根据学生的接受能力,进行教学设计,选择教学方法,实施教学活动,实现教学目标。教学能力是一个较为笼统的概念,具体包括教材处理能力、教学设计能力、教学操作能力、语言表达能力、教学监控能力等。

其一,教材处理能力。教学的第一个环节是备课,教学能力首先体现在对教材的处理上。教师要在全面把握教材的基础上,根据学生的认知水平确定教材的重难点,为选择教学方法和教学手段奠定基础。根据素质教育的新理念,教师还应拓宽自己的专业视野,拓展教材内容,激发学生的学习兴趣。教师还可以结合教材内容,挖掘教材中蕴含的情感因素、思想教育因素等,对学生实施情感教育和思想教育,从而达到促进学生全面发展的目标。

其二,教学设计能力。教师备课的过程其实也是教师进行教学设计的过程,备好课是上好课的前提,所以教学设计能力反映了教师对教学活动的整体把握水平。教学设计通常包括教学目标设计、教学内容设计、教学方法和手段设计、教学评价设计等。教学目标是一堂课的灵魂,是教学活动的出发点和归宿,是教学评价的依据。基础教育新课程改革提出"三维目标",即知识与技能目标、过程与方法目标、情感态度与价值观目标。在教学目标设计过程中,教师要考虑"三维目标"及其实施方法。教学内容设计是教师根据教材内容,以"三维目标"为指导来进行设计的,上面关于教材内容的处理其实就是教学内容设计。教学方法和手段设计要考虑到教学目标与任务、教学内容、学生年龄特征、学校教学条件、教师能力水平等多方面因素,根据实际条件和要求进行选择。教学内容和任务不同,选择的方法也不同;教师的教学水平和风格不同,选择的方法也不同,所谓的"教有定规无定法"就是这个意思。能够灵活地选择适合学生的教学方法是教师教学能力的一大体现。教学评价是根据教学目标来确定的,教学评价的内容就是评价教学目标是否达成。教学评价的方式可以是教师自己评价,可以是学校领导评价,也可以是学生评价。教学评价的结果为改进教学提供依据。

其三,教学操作能力。它是指教师具体实施教学活动的能力,体现在教师如何复习、导课、讲授新知识、使用教具、演示实验、组织讨论、安排课堂作业等一系列教学活动中。在这一系列教学活动中,将展现出教师在教学设计、教学策略、教学行为表现等方面的能力。

其四,语言表达能力。它是直接与教师的教学行为、教学活动实施相联系的,也直接关乎教学效果的好坏。清楚、有说服力地表达自己的思想,讲解教学内容是教师必备的基本能力。语言表达能力是教师要加强训练的一项基本功,也是教师职业能力的一大特点。教师职前及在职教育都非常重视培养教师的语言表达能力,对教师的语言提出较高的要求。教师的语言要准确、简明、生动、有感染力;要注意语音语调的变化,抑扬顿挫,并配上适当的面部表情和手势;等等。语言表达能力强的教师通常都被认为是教学能力强的教师。

其五,教学监控能力。它是指教师为了保证教学的成功,达到预期的教学目标,在教学的全过程中,将教学活动本身作为意识的对象,不断地对其进行积极主动的计划、检查、反馈、评价、调节和控制的能力。教学监控主要是对课堂教学过程进行监控和调节,包括对教师自己的教学行为、学生的课堂行为、教学进度、教学目标的完成情况等进行调节和控制,它是保证课堂教学质量的重要举措。有人把教学监控能力看作教学能力的核心。

2. 教育能力

教师被誉为"人类灵魂的工程师",这意味着教师是打开人类心灵的智者。开启学生的心灵是教师的职责,因此教师要具备较高的思想教育能力。思想教育一般比知识教育更难,因为学生一般愿意接受知识教育,但未必愿意接受思想教育。思想教育可以看成师生心灵的对话,它要求教师能够以情动人、以理服人。为此,教师不仅要掌握道德教育的方法,更要了解学生的内心世界。教师要根据学生思想品德形成的一般规律和影响学生思想品德形成的内外因素,晓之以理、动之以情、炼之以志、导之以行,对学生进行系统的、长期的教育和感化,通过监控与督导,使学生坚持好的行为,直到养成良好的行为习惯。也就是说,教师要想在教育过程中取得好的教育效果,就要根据不同的教育情境、不同的教育对象,创造性地采用不同的策略,实施因材施教。两千多年前的孔子已经能做到"求也退,故进之,由也兼人,故退之",我们今天的教师也应该能够做到因材施教。而要做到因材施教,首先要了解学生,知道学生是什么样的"材",然后才能确定施什么样的"教"。因此,教师平常要多与学生交往,建立良好的师生关系,是进行有效教育的前提。

3. 组织和管理能力

教师要具备一定的组织和管理能力,以使课堂教学、课外活动顺利进行。在课堂教学中,教师要维持教学秩序,安排学生小组活动,组织学生合作学习,等等,都需要一定的组织和管理能力。尤其是在小学低年级,由于小学生自我控制和自我管理能力较差,课堂上经常是乱哄哄的,更要求教师善于组织和管理课堂。在课外活动和班集体活动中,也要求教师具有较强的组织和管理能力。一个良好班集体的建设、团队建设,甚至是兴趣小组活动的组织,都要求教师具备良好的组织和管理能力。

4. 教育机智

教育机智是教师在教育教学情境中,特别是在出现意外情况时,快速反应、随机应变,及时采取恰当措施的综合能力。它是建立在一定的教育科学理论和教育实践基础上的教育经验的升华,也是教师机敏、高效、创造性处理问题的能力和艺术。教师的教育机智具有四个方面的特征:(1)快速反应,随机应变。也就是,教师能在纷繁复杂、瞬息万变的教学情境中,迅速判明情况,果断采取措施,有效解决问题。(2)掌握分寸,讲究实效。指教师要讲究教育的科学性和有效性,处理学生问题时要做到实事求是、判断恰当、结论合理,对学生的要求适当,使学生心服口服。(3)因材施教,扬长避短。教师要根据学生的实际情况,采取灵活的方法,处理好当前的问题,并能够从学生的实际需要和水平出发,因势利导,充分调动学生身上的积极因素,克服学生身上的消极因素。(4)个性化与创造性地解决问题。有经验的教师通常能够在意外情境中,审时度势,迅速作出决断,创造性地解决问题。教育机智体现出教师的教育风格,带有个性化的色彩,不同的教师在面对同样的问题情境时采取的方式方法可能不同,但是都可能有效地解决问题。不论在教学过程中,还是在教育过程、组织管理过程中,教育机智都可能会用到。

5. 教育研究能力

在当前不断变革的教育背景下,社会对教师提出了新的、更高的要求,要求教师由原来的教书匠转变为研究者,从经验型教师转变为研究型教师。在教育过程中,教师要善于发现问题,分析问题,并探讨如何去解决问题,这其实就是教育研究。比如,教师发现当前学生自学能力较差,对教师的依赖性较强,就思考如何提高学生的自学能力;教师发现许多学生缺乏内在的学习动机,于是思考如何调动学生的内在学习动机;等等。教师要研究这些问题,除了有研究的需要、动机和热情外,还必须具备一定的研究能力,包括发现问题、分析问题、选择方法、设计方案、收集数据资料、分析数据资料、撰写论文或研究报告等一套系统的能力。教师可以通过边教学边研究、与专家合作、去高校进修等方式提高自己的研究能力。

6. 自我发展能力

在知识更新日益加快的时代,教师只有成为自我成长的促进者,不断学习,不断地发展自己,丰富自己的知识与才干,才能满足学生日益增长的需求。为此,教师要具有自我发展的能力,通过自我观察、自我反思、自我评价、自我教育,达到自我成长、自我完善的目的。首先,教师要学会自我观察,勇于自我剖析,找出自己的弱点,然后虚心学习,向专家学习,向书本学习,向同事学习,向学生学习。只有不断学习,才能弥补自己的不足,才能使自己变得更强大。《学记》中记载的"教学相长"原理,其实也就是这个意思,它要求教师在学与教的过程中"知不足、知困",然后经过"自反"和学习,最后得以"自强"。自我发展的能力是教师不被时代淘汰的法宝。

(三) 教师的情感特征

教师的情感是丰富的,尤其是教师的职业情感更具特色,是构成教师行为的动力之一。教师的情感特征表现在一个字上——"爱",具体包括三个方面的内容,即爱岗、爱业、爱学生。其实,爱岗、爱业、爱学生既是教师情感特征的具体体现,也是教师职业道德的具体要求。

1. 爱岗

爱岗是一种职业道德,从事每种职业的人都应该爱岗,从事教育工作的教师更应该爱岗。因为教师从事的是培养人这样一份崇高的职业,是为未来社会的发展、文明和进步培养人才的职业,具有崇高的价值感和使命感。教师热爱这份工作,还因为教师的劳动对象和产品是人,是具有思想和情感的人,是能够与自己交流思想和情感的学生。教学的过程同时也是师生双方思想和情感交流的过程,它可以满足双方的需求。因此,教师更应该也更愿意爱岗。教师爱岗不仅表现在认真备课、上课和批改作业等具体工作上,而且还表现在爱他们所教的学科上,更重要的是体现在爱他们所教的学生上。教师爱工作、爱学科、爱学生是他们做好工作的前提。

2. 爱业

教师热爱教育事业,忠诚于教育事业,既是教师职业道德的要求,也是教师积极的道德情感、崇高的使命感和高尚情操的表现。爱岗和爱业是密切联系在一起的,爱岗才会爱业,爱业必须爱岗,爱业是爱岗的进一步深化。

有的教师对从事教育工作具有浓厚的兴趣,他们喜欢教书、喜欢学生。但是,忠诚于教育事业,把教育作为终生的工作,光靠兴趣还不够,更重要的是对教育的目的、从事教育事业的责任感和使命感有充分的认识,并树立为教育事业而献身的崇高理想和坚定信念。只有这样,才能不怕困难,克服各种挫折,完成培养合格人才的神圣使命,实现教育目标,实现人生的崇高理想。

3. 爱学生

爱学生是教师职业道德的核心,也是教师崇高情感的具体体现。爱岗、爱业最终都要落实到爱学生上。对学生真诚的爱,既是教师良好心理品质的表现,也是一种重要的教育力量。有研究表明,学生对教师情感态度方面的要求远远超过对知识获得的要求。教师对学生的爱是一种无形的教育力量,是其他教育因素不能代替的。

师爱是教师在教育活动中与学生发自内心的、诚挚的亲密情感。学生有依恋的需要,而教师是他们重要的依恋对象。师爱既是教师对学生积极肯定的情感,也是一种强大的教育力量和手段,是建立良好师生关系的感情基础。师爱是一种有距离式的关爱,即教师在关心学生的同时自觉、有意识地与学生保持适度的距离。适度的距离可以使教师客观据实地看待、评价学生的发展和学习情况,可以增进教育的公平性。

师爱在教育过程中的具体表现为四个方面:(1)了解和关爱学生。深入了解学生是爱的起点。教师把学生看作有个性特点、有志向、有独特性格的人,有助于教师去关心和爱护学生。关心和爱护学生是师爱最基本的方面,教师对学生的关爱既表现在学习和思想方面,也表现在课外活动和生活等各个方面。(2)尊重和信任学生。教师尊重和信任学生主要表现在三个方面:一是要尊重学生的差异。每个学生都有自己的个性特点,有其独特的成长背景和生活经历。教师要充分尊重学生的这些差异,公正、平等地对待每个学生。二是尊重学生的人格,学生在人格上与教师是平等的,教师不能利用地位和权势侮辱学生的人格和尊严。三是信任学生。教师要相信学生有自我认识、自我评价、自我发展的能力,给学生充分自由,让学生富有个性地发展。教师要为每个学生提供表现自己长处和获得成功的多种机会,最终促进每个学生在原有差异基础上富有个性地发展。(3)理解和同情学生。教师对学生的理解主要是对学生内心世界的理解。教师要从学生身心发展的特点和规律出发,设身处地为学生着想。教师对学生的同情是指教师对那些学习成绩落后,或者在智力、生理方面有缺陷的学生的关心和理解。教师的同情可以唤起他们的上进心、自信心和自尊心。(4)严格要求学生。教师对学生的爱伴随着对学生的期待,期待学生将来能成为对社会有用的人,而希望的实现需要教师的引导和对学生的严格要求,教师对学生的严格要求恰恰是师爱的强烈表现。只有"严"与"爱"相结合,才能教育出好学生。

教师对学生的爱应该是公正的、真诚的、无私的、有原则性的,但要避免三种不良倾向:(1)偏爱。教师不能只对那些成绩好、表现好或者长得乖巧的学生表现出关爱,而对那些成绩差的、表现不好的学生就不予关爱,甚至表现出厌烦。教师的爱应该是公正的、面向全体学生的,能够对"差生"表现出爱心,才是真正的师爱。(2)带有私心的爱。如果教师为了自己的利益去爱学生,则是不可取的,那样就玷污了师爱的崇高性。教师不能因为要提高班级的升学率而去关爱成绩好的学生,或者因想巴结某学生家长而去关爱该学生,或者出于其他任何自私的目的去关爱一个学生。师爱应该是真诚的、无私的、不带任何条件的。(3)溺爱。教师的爱不能是无原则的溺爱,如果学生做错事了也不管,无原则地讨好学生,那不是真正的师爱。真正的师爱是严慈相济,关注学生的健康发展。

(四)教师威信

1. 教师威信的概念

教师威信是指教师具有一种使学生感到尊敬而信服的精神感召力量,是教师对学生在心理上和行为上产生的一种崇高的影响力,是师生间的一种积极肯定的人际关系。

教师威信不同于教师威严。教师威信是学生对教师的信赖和尊敬,是学生的心理状态。教师威严是教师对学生的严厉态度,是教师的心理状态。学生对有威信的教师会亲而近之,而对威严的教师会敬而远之。有威信的教师是以其人格、能力、学识以及教育艺术等自然地对学生的心理和行为产生影响,使学生自愿主动地接受教诲。

2. 教师威信的形成

教师威信的形成依赖于主客观条件。党和国家对教师的重视和关怀,社会对教师劳动的尊重,以及教师崇高的职业声誉是有助于教师威信形成的客观条件,而教师自身的条件是威信形成的最根本因素。

教师威信形成的内在条件主要有四个方面:(1)崇高的思想品质、良好的心理品质和精湛的业务能力是教师获得威信的基本条件。教师崇高的思想品质集中表现在忠诚于人民教育事业,为培养下一代而勤勤恳恳地工作。他们对教育工作有高度的责任感、强烈的自豪感。工作中兢兢业业,不为名利,出色地完成教育教学工作,从而赢得学生的尊敬。言行一致和以身作则也是教师获得威信的重要品质。要求学生做到的,教师首先要做到,这样的教师才能使学生心悦诚服。教师良好的心理品质,如热情开朗、正直诚实、坚毅果断、耐心细致等良好的个性品质有利于教师威信的形成。而过硬的业务能力则是教师获得威信最重要的、最持久的作用力。通常,那些博学多识、教学技巧精湛、教学效果好的教师在学生中的威信最高。(2)教师给学生的第一印象对教师的威信形成有一定的影响。教师与学生的初次见面或者前几节课会给学生留下特别深刻的印象。给学生的第一印象好,学生对教师以后的言行会往好的方面解释;反之,第一印象不好,学生对教师则感到失望,教师的威信就不容易形成。(3)教师的仪表、作风和习惯,是教师威信形成的必要条件。教师的仪表指教师的穿着、情态、举止,它是教师精神面貌的体现。教师仪表端庄,衣着整洁美观,举止大方,会引起学生的尊重和好感。教师的作风和习惯是指教师在日常工作和生活中表现出来的比较稳定的行为方式。如有的教师对学生简单粗暴,对工作敷衍塞责,生活懒散、不讲卫生等,都会损害教师形象。这样的教师就很难在学生心目中形成较高威信。(4)师生的平等交往对教师威信形成有重要影响。教师威信是教师在长期与学生平等交往中形成的。在这个过程中,一方面师生关系处于亦师亦友的平等地位,学生容易产生亲师、近师、信师的心理效应;另一方面,教师主动关心学生、爱护学生,满足学生求知的需要,师生感情就会融洽,教师威信就能迅速在学生中建立起来。

3. 教师威信的作用

教师威信是一种无形的教育力量,是影响教育成效的重要条件,也是教师完成教育任务的推动力量。德国教育学家赫尔巴特(Johann Friedrich Herbart,1776—1841)曾说:"绝对必要的是教师要有极大的威信,除了这种威信外,学生不再重视其他任何意见。"学生对有威信教师教授的课,会认真学习,对其劝导会言听计从。

对于有威信的教师,教师期望效应也容易形成。教师期望效应是由美国心理学家罗森塔尔(Robert Rosenthal)和雅各布森(Lenore Jacobson)通过实验研究提出来的,是指教师根据对某一学生的了解而形成一定的期望,在这种期望的作用下,该学生的学习成绩和行为表现就会表现出符合这一期望的变化。他们在开学初对小学生进行了一个非言语智力测验,并告诉教师这个测验能预测学生的智力发展。研究者随机选取了其中20%的学生,然后将学生名单告诉教师,并称这些学生是有发展潜力的。当然,教师并不知道该测验并不能够预测智力的发展潜力,也不知道所选取的学生与测验分数无关。然后让教师进行正常教学,并在一学期后、一年后和两年后分别对学生进行重测。在前两次测验中,学生所在班级的教师有研究者提供的名单;在后一次测验中,学生被安排到教师没有被提供名单的新班级中。一年后,被指定为有发展潜力的学生和控制组的学生(没有被指定为有发展潜力者)之间出现智力上的显著差异,这种差异在一年级和二年级的学生身上表现得最为突出。在随后的一年中,这些年幼学生之间的差异逐渐减小,但是高年级学生之间的差异增大,被指定为有发展潜力的学生表现得最为优秀,而且这种差异在成绩中等的学生之间表现得比较明显。在各年级的阅读教学中,也发现相似的结果。罗森塔尔和雅各布森将实验中的这种现象称为皮格马利翁效应。他们认为,教师期望是一种自我实现的预言,因为学生的成绩最终反映了这种期望。后人也将其称为罗森塔尔效应。

教师威信和教师期望之所以能够发挥积极的作用,是因为:(1)学生确信教师讲授的真实性和指导的正确性,从而表现出掌握知识和遵从指导的主动性;(2)教师的要求可以较容易地转化为学生的需要,增强了学生改变自己的积极性;(3)教师的表扬和批评能唤起学生相应的情感体验,对他们的行为产生很大的推动作用,从而巩固优点、改正缺点;(4)学生把有威信的教师看作自己的榜样,产生处处向教师模仿的意向。可见,有威信的教师的教育力量是基于学生对教师的热爱、敬重之上的。教师的榜样越具体完善,学生模仿的可能性就越大,其教育成效就越显著。

三、教师成长

教师作为履行教育教学职责的专业人员,需要不断学习、不断成长,这也是教师专业化发展的要求。新教师通过不断实践、学习,掌握教育教学的技能和方法,积累教育教学的经验,慢慢地由新手教师发展到熟手教师,再成长为专家型教师,这是一个不断实践、学习和积累的过程。

(一)教师成长的过程

关于教师成长的过程,比较经典的有富勒(Frances Fuller)等人提出的三阶段说,以及伯利纳(David Charles Berliner)提出的五阶段说。

1. 富勒的三阶段说

富勒等人根据教师的需要和不同时期关注的焦点问题,把教师的成长划分为关注生存、关注情境和关注学生三个阶段。

新教师基本上都是处于关注生存阶段,他们非常关注自己的生存适应性,最担心的问题是:"学生喜欢我吗?""同事如何看我?""领导是否觉得我干得不错?"由于这种生存忧虑,有些新教师可能把大量的时间都花在如何与学生、同事搞好个人关系上,而不是关注学生在学习上的进步。造成这种情况的原因可能是教师过分看重领导、同事和学生的评价了。如果过分考虑关系,将不利于学生发展,也不利于新教师成长。

当教师感到自己完全能够生存时,便把关注的焦点投向提高学生的成绩上,即进入关注情境阶段。在此阶段,教师关心的是如何上好每一堂课,较为关心诸如班级的大小、时间的控制和备课是否充分等与教学情境有关的问题。传统教学评价也集中在关注情境这一阶段。

当教师顺利适应前面两个阶段后,成长的下一个目标便是关注学生。在关注学生阶段,教师将考虑学生的个体差异,认识到不同发展水平的学生有不同的需要,某些教学材料和方式不一定适合所有学生,因此教师应考虑如何因材施教。在教学实践中不难发现,不但新教师容易忽视学生的个体需要,就连一些有经验的教师也很少自觉关注学生差异,能否自觉关注学生是衡量一个教师是否成熟的重要标志。

2. 伯利纳的五阶段说

伯利纳根据知识经验的积累不同,指出教师的成长需要经历五个阶段:新手教师(1—2 年)、高级新手教师(3—4 年)、胜任教师(5—8 年)、业务精湛教师(8—10 年)和专家型教师(10 年以上)。

新手教师是指刚进入教学领域的教师,他们的任务是学习一般的教学原理、课程内容和教学方法等,熟悉课堂教学的步骤和各类教学情境,获得最初步的教学经验。经过一两年之后,他们变成高级新手教师,这时他们的理论知识与教学经验相融合,获得许多课堂教学活动的知识和案例,能够运用一些教学策略来提高教学效果,但是还不能自觉地控制和调节自己的教学行为,他们的课堂管理和教学行为还带有很大的偶然性和盲目性。教师从教五年后就逐步胜任教学要求了,这时他们已经明确自己的教学目标和内容,教学行为也更加自觉了,能够分清课堂教学活动中各类事件的主次,完成教学任务的自信心也提高了,但是他们的教学技能还不熟练,缺乏变通性,对于课堂上意外事件的处理还不够灵活。业务精湛的教师对课堂教学情境和学生的反应有敏锐的观察力,他们能够预见教学效果和学生的反应,能够从学生的表情中识别学生对课程内容的理解情况,并能够根据教学进程和学生反应及时调整自己的教学计划,有效地控制自己的教学活动。经过十年左右的磨炼,部分教师对教学活动中的每一个环节都非常熟悉,可以达到自动化水平,对课堂中教学事件的处理也有自己的特色,往往不是以分析、综合等逻辑思维方式有意识地选择策略,而是凭借直觉进行决策,并可以轻松地、顺畅地解决问题,这就是专家型水平的教师。

(二) 教师成长的途径

对教师的培养包括职前教育和在职培训。职前教育主要为未来教师提供教育教学所需要的基本知识和技能,在职培训主要在于提高在职教师的专业素养,为新手教师向专家型教师转变提供必需的教育理念、经验和技巧。这里所谈的教师成长主要是指在职教师的专业发展。通过上面对影响教师成长的因素的分析可知,教师成长与发展的途径主要有两个方面:一是学校;二是个人。学校为本校教师专业发展提供条件和机会,而个人努力和实践是最主要的途径。

1. 学校为教师成长提供的途径

其一,学校为教师外出培训提供条件和机会。教师成长在很大程度上依赖于学校为他们提供的条件和机会,如果学校愿意并能够为教师成长提供良好的条件,那么教师就有更多的机会接受培训。首先,学校对教师发展的重视程度直接影响到教师能够接受到培训的机会,学校应该看到教师的发展程度、水平状况直接影响到教学质量和学生的发展水平。可以说,教师的教学水平是学校发展的生命线,教师的发展关乎学校的发展,因此学校应重视教师的发展和对教师的培训。其次,学校要制定教师发展和培训的制度和方案,使教师培训制度化、规范化,从根本上保障教师接受培训的时间、经费和待遇等问题。

其二,专门的专业训练。对教师的培训除了可以用"送出去"的方式外,还可以用"请进来"的方式。"请进来"是指学校邀请教育教学方面的专家和学者来学校讲学,对教师进行专业训练。这些专家可以是高校的教育学、心理学、教学论方面的学者,也可以是教育行政部门和教育研究部门的专家,还可以是教学一线的高级教师、特级教师、教学名师等。专业训练包括教学设计、教材分析、课件制作等某一方面的专门训练,也包括课程建设、教学技能培训、教学研究等系统培训。如对教师进行课堂教学策略的训练,一般包括五个环节:每天进行回顾;有意义地呈现新材料;有效地指导课堂作业;布置家庭作业;每周、每月进行回顾。专家教师的教学经验和教学策略是可以教给新教师的。

学校可以聘请专家对新教师进行微格教学的专项训练。微格教学指以少数的学生为对象,在较短的时间内(5—20分钟),尝试小型的课堂教学。可以把这种教学过程摄制成录像,课后再进行分析。训练内容可以根据新教师的具体情况来确定。比如,如何导课?如何结课?如何讲授新知识?如何进行课堂练习?等等。这是国内外训练新教师、提高教学水平的一种重要方式。

其三,学校组织教师开展教研活动。除了采用"请进来"的方式外,学校还可以"自己来",即自己组织教师开展教研活动。以教研组为单位开展教研活动是学校最常见的教师互动方式,也是最经常的、最能够保证的一种教师训练方式。学校要制定规章制度,以确保教研活动的常态化;要对教研活动予以监督和指导,提高教研活动的实效性;还可以对教研活动进行评比,并给予一定的奖惩。学校应采取一系列措施,以确保教研活动的经常性、实效性。学校"自己来"还包括组织示范课、教师评课等活动,为新教师提供观摩教学、向老教师学习的机会。组织新教师观摩和分析优秀教师的课堂教学活动是提高新手教师教学能力和水平的一种有效方法,能够帮助新手教师尽快习得优秀教师在驾驭专业知识、进行教学管理、调动学生积极性等方面表现出来的教育机智和教学能力。

其四,学校为教师发展创造良好的环境和氛围。良好的环境和氛围有助于教师的自我成长。在良好的环境和氛围里，教师会积极主动地参与到教学和研究中去，会主动去探索，主动向优秀教师学习，主动去实践，从而不断地积累和成长。学校应通过奖励、宣传、舆论导向、提供便利条件等措施，鼓励教师发展。一个开放的，包容的，富有竞争性、合作性和创造性的生机勃勃的环境，最有利于教师的成长，而这样的学校也一定是最有生机的学校。

2. 教师自我发展的途径

途径一：观摩学习。新教师刚上岗时要多进行观摩学习。观摩学习可以分为组织化观摩学习和个体化观摩学习两种。组织化观摩学习是指由学校组织的有计划、有目的的观摩学习和研讨。前面谈到的观摩属于组织化观摩。个体化观摩学习是指新教师有意识、有目的地观摩和分析老教师的课，以尽快熟悉教育教学活动。这里的老教师可以是学校安排给新教师的指导教师，也可以是新教师自主选择的优秀教师。观摩学习的形式可以是现场观摩（听课），也可以是观看优秀教师的教学录像。新教师在观摩之前，要明确观摩的内容、目的、程序，在观摩的过程中应仔细感受，并做详细记录，观摩之后应进行消化、吸收，写出感想和体会，有不明白的地方课后要主动向老教师请教。如果观摩没有明确目的和计划，只是形式，则难以达到观摩学习的目的。

途径二：实践探索和教学反思。在大学里获得的本体性知识和条件性知识以及在教育实习、观摩学习中获得的实践性知识，还不足以使一个新教师成为一名优秀教师，在教育实践中不断探索才是新教师不断成长的最佳途径。首先，在教学实践中，新教师要把所学的理论知识有意识地运用到实践中去，在实践中进行检验、消化和深刻理解，这样才能使得理论知识转化为教学经验。其次，在教学实践中，要善于总结经验和教训，分析成败的原因，再找出应对的措施和方法。只有不断地实践、探索、反思、再学习，才能不断地提高。

对教学实践的反思，又称反思性教学，是许多教育家都非常重视的一种教师成长途径。如美国教育学者波斯纳（George J. Posner）提出了一个教师成长公式：经验＋反思＝成长。这里的经验就是实践，通过不断实践和反思，了解自己的优势和不足，再针对不足进行"充电"，自然就会逐步成长。

关于反思的过程，奥斯特曼和科特坎普（Osterman & Kottkamp，1993）把它分为四个环节：（1）具体经验阶段。这一阶段的任务是意识到问题所在，并明确问题的情境。一旦教师意识到问题所在，就会产生解决问题的欲望，于是就进入反思环节。（2）观察与分析阶段。教师通过自述或回忆，或者借助他人的模拟与扮演、录音或录像、课堂实录等资料,用批评的眼光进行分析,找出目标与效果的差距,行为与理念的差距,从而明确问题的根源。(3)重新概括。在观察分析的基础上,教师开始反思旧思想、旧理念,积极寻求新思想、新理念、新策略来解决面临的问题。这时,书本上的理论知识、优秀教师的教学经验、自己的实践经验或教训以及其他意想不到的经验,都可能有助于对新问题进行重新解释和概括,形成新经验、新概念。(4)积极验证。这一阶段需要对上一阶段形成的新经验、新概念进行实践尝试,观察其效果。在实践检验过程中,教师又会遇到新的具体经验,又会进入具体经验阶段,开始新的循环。在这四个阶段中,观察与分析、重新概括是反思的核心。

关于反思的方法,布鲁巴克等人(Brubacher, Case, & Reagan, 1994)提出了四种:(1)反思日记。在一天的教学工作结束后,教师写下自己的经验,并与其指导教师共同分析。(2)详细描述。教师相互观摩彼此的教学,详细描述他们看到的情景,并对此进行讨论分析。(3)交流讨论。来自不同学校的教师聚集在一起,首先提出课堂上发生的问题,然后共同讨论解决的办法,最后得到的方案为所有教师及其他学校所共享。(4)行动研究。它是为弄明白课堂上遇到的问题的实质而进行的探索,并用以改进教学的行动方案。

途径三:自主学习。教师成长离不开教师自己主动自觉的学习。经历过教学实践的教师的学习具有其自身特点:(1)主动性强。经历过教学实践的教师知道自己的不足和困惑,认识到学习对于提高教学效果的意义,因而就会自觉地、主动地学习,而不需要他人的督促和监控,完全是自觉自愿的,而且具有强烈的求知欲,会为此做出很多努力。(2)针对性强。经历过教学实践的教师知道自己哪方面不足,"干什么学什么,缺什么补什么",他们会针对自己的不足寻求解决方法,可以向书本学,也可以向优秀教师学,还可以向学生学,征求学生的意见。因此,教师的学习应该是有具体目标和任务的学习,具有很强的针对性。(3)教与学相结合。教师学是为了更好教,教师学到的知识需要用到教学实践中进行检验。如果所学的知识能够指导教学实践,提高教学效果,这种知识就内化为教学经验,对以后的教学实践产生积极影响。反之,需要重新审视,加以调整,再用于指导教学实践。教师的这种学习也可以称为"为教而学"(learning for teaching)。教与学相结合还可以理解为"在教中学"(learning in teaching),即通过教获得实践性知识,这通常是书本上学不到的,因为具体教学情境不同,使用的方式方法就不同,教师只有经历各种不同教学情境的锻炼,才能获得应对复杂情境和问题的经验和能力。（4）不断自主调节。由于教师面对的教学情境非常复杂,教学对象又具有多样性特点,教师在某一次教学实践中获得的成功经验有可能在下一次教学中带来失败,教师必须针对新情境进行调节,才能适合新情境的需要,解决新问题。因此,教师的学习是一种不断实践、反思、调节、总结的学习,即不断自主调节的学习。

途径四：行动研究。它是教师成长的一种有效途径,是指教师在教育教学过程中针对发现的问题进行计划、决策、行动、反思,以解决问题为目的的研究。通过行动与反思,不仅解决了具体问题,而且积累了经验,获得了进步。可见,行动研究与反思性教学、"在教中学"有许多相似之处,它既是一种研究的范式或方法,也是教师成长的途径。

【思考题】

1. 学习"心理发展与教育"课程内容对于教师和教学有何意义？

2. 心理发展的影响因素有哪些？这些因素对心理发展的作用如何？

3. 心理发展的基本特征是什么？如何根据这些特征进行教育？

4. 教师应具备怎样的专业素养？教师成长的过程是怎样的？如何才能成为专家型教师？

【推荐阅读】

[1] 彼得·史密斯,等.理解孩子的成长.寇彧,等译.北京：人民邮电出版社,2006.

[2] 谢弗.发展心理学：儿童与青少年.邹泓,等译.北京：中国轻工业出版社,2005.

[3] 罗伯特·斯莱文.教育心理学：理论与实践(第7版).姚梅林,等译.北京：人民邮电出版社,2004.

[4] 托马斯·费兹科,约翰·麦克卢尔.教育心理学：课堂决策的整合之路.吴庆麟,等译.上海：上海人民出版社,2008.

第二章

认知发展与教育

【学习目标】

1. 掌握皮亚杰的认知发展理论。
2. 掌握维果茨基的认知发展理论。
3. 掌握皮亚杰与维果茨基的认知发展理论之异同。
4. 了解新皮亚杰主义。

　　心理发展理论是用于解释和说明心理发展的内在机制。心理发展理论通常包括认知发展理论、人格发展理论和道德发展理论等。其中经典的认知发展理论主要有皮亚杰的认知发展理论和维果茨基的认知发展理论。皮亚杰从发生认识论的视角揭示了儿童认知发展的内在机制,开创了儿童认知发展研究的先河。维果茨基从社会文化历史发展的视角探讨了儿童认知发展的内在机制,并重视教育教学对儿童认知发展的作用,为教育教学改革提供了重要的理论指导。本章首先系统介绍了皮亚杰与维果茨基的认知发展理论,然后为帮助读者深入理解儿童认知发展理论还比较了皮亚杰与维果茨基的认知发展理论,最后简要介绍了新皮亚杰主义的基本观点,以帮助读者了解认知发展理论的新研究和新发展。本章内容旨在帮助读者深入理解认知发展理论及其在教育中的应用。

第一节　皮亚杰的认知发展理论

　　皮亚杰(Jean Piaget,1896—1980)(见图 2-1)是发展心理学领域最有影

响的理论家,他在国际心理学界首次提出了儿童认
知发展理论。皮亚杰系统地研究了儿童认知的发
生和在各年龄阶段上的发展变化,阐述了从认知的
起源到科学理论的发展,对儿童心理发展研究作出
巨大贡献。本节首先简要介绍皮亚杰的生平,以帮
助我们理解认知发展理论形成的背景,然后重点介
绍皮亚杰的认知发展理论,最后简要评价这一
理论。

图 2 - 1　皮亚杰

一、皮亚杰生平

皮亚杰 1896 年出生于瑞士纳沙泰尔。1915 年获得纳沙泰尔大学生物学学
士学位,1918 年以一篇研究软体动物的论文获得纳沙泰尔大学自然科学博士学
位。随后,皮亚杰进入苏黎世大学心理实验室,在此他接触到精神分析与临床
精神医学,并聆听了精神分析学家荣格(Carl Gustav Jung,1875—1961)的课。从
此,皮亚杰开始了他一生的事业。皮亚杰一生的事业可以分为以下三个阶段。

第一个阶段是 19 世纪 20 年代。在这一阶段里,他发表了关于青少年在言
语、理性、道德判断、物质因果关系和物质世界表象各方面的发展的研究成果。
1919 年,皮亚杰到巴黎求学,这期间使皮亚杰真正进入心理学领域。他在巴黎
大学研修心理病理学及科学哲学,并在 1921 年在比奈(Alfred Binet,1857—
1911)实验室工作,担任西蒙(Théodore Simon,1873—1961)的助手。1921 年皮
亚杰从巴黎回到瑞士,进入日内瓦大学,开始研究 4—12 岁儿童的谚语、概念和
推理过程。从此,皮亚杰将全部心血倾注于儿童智慧发展的研究。1923 年,皮
亚杰与自己的一位合作者查特妮(Valentine Châtenay)结婚。同年,出版第一本
心理学著作《儿童的语言与思维》。1925—1931 年间,他们有了两个女儿和一个
儿子。从此,皮亚杰开始仔细观察和记录自己的孩子,同时也观察其他儿童,重
点研究儿童的各种动作与人、物、情境的关系,提出了有关儿童智力发展、儿童
象征行为(游戏和模仿)等一系列重要理论,并据此写出了《儿童的判断和推理》
(1924)、《儿童关于世界的概念》(1926)、《儿童的物理因果概念》(1927)等重要著
作。同时根据对自己三个孩子的研究,皮亚杰写成了《儿童智慧的起源》(1936,
这是第一本关于婴儿发展的书)和《儿童对现实的构造》(1954)两本书,为创立儿
童心理发展理论奠定了基础。

第二个阶段是 19 世纪 30—40 年代。30 年代,皮亚杰被聘任为联合国教科文组织教育局局长,任日内瓦大学教育科学研究所主任(1933—1971),日内瓦大学社会学教授(1939—1952)。40 年代,皮亚杰担任日内瓦大学实验心理学教授及心理实验室主任(1940—1971),并当选为瑞士心理学会主席,还创办了《瑞士心理学杂志》。他致力于研究儿童知觉的发展,并继续研究儿童关于空间、时间、数、量、因果关系等概念。在研究方法上,他也有改进,采用自由谈话加摆弄实物的临床法。他的研究成果主要反映在《儿童的数概念》(1941,第一本关于具体运算的著作)、《智力心理学》(1947,第一本系统阐述他的心理学思想的著作)等著作中。之后他总结他三十多年来的研究,出版了《发生认识导论》(1950)。

20 世纪 50 年代和 60 年代是皮亚杰事业的第三个阶段。此时,日内瓦学派的研究工作扩大到对青少年群体的研究和对发生认识论的研究。1952 年,皮亚杰出版《自传》。在这一时期,皮亚杰先后担任了巴黎大学发展心理学教授(1952—1963)、国际心理科学联合会主席(1954)。1955 年,皮亚杰在日内瓦创立了国际发生认识论中心,并任该中心主任,之后学术界常常将他们称为日内瓦学派。1967 年皮亚杰出版的《生物学与认知》,可以说是对他自己一生研究工作的总结。皮亚杰 1971 年退休,辞去日内瓦大学教育学院院长职务,同时获日内瓦大学荣誉教授称号,但仍担任国际发生认识论中心主任。皮亚杰并没有因为退休而放弃研究工作,他终其一生都致力于发生认识论,将哲学基础的认识论建立在科学之上。

皮亚杰 1968 年获得美国心理学会授予的卓越科学贡献奖,1977 年又获该学会授予的桑代克奖,1972 年获荷兰伊拉斯谟奖金,该奖金在国际上的荣誉地位相当于诺贝尔奖。他先后去美国、英国、比利时、荷兰、瑞典、加拿大、巴西、苏联等国的著名大学讲学,获得许多国家的名誉博士、名誉教授或名誉院士等称号。1980 年 9 月 16 日皮亚杰病逝于日内瓦。

二、皮亚杰认知发展理论的主要内容

(一) 心理发展的本质和原因

皮亚杰对心理发展的本质和原因的探讨与他的发生认识论是分不开的。关于儿童心理发展,在发展心理学上存在不同的理论。皮亚杰在他的《智力心理学》一书中列举了五种重要的发展理论:(1) 只讲外因不讲发展的,如英国罗素的早期观点；(2) 只讲内因不讲发展的，如彪勒关于思维的研究；(3) 只讲内外因相互作用而不讲发展的，如格式塔学派；(4) 既讲外因又讲发展的，如行为主义；(5) 既讲内因又讲发展的，如格塞尔的成熟势力说。皮亚杰则认为他和这五种发展理论不同，他的发展理论主张内外因相互作用的发展观，即既强调内外因的相互作用，又强调在这种相互作用中心理不断产生量和质的变化。皮亚杰从发生认识论的视角出发，认为人的认识是主体和客体之间相互作用的产物。他的发生认识论强调，知识来源于动作(或者活动)，动作的本质是主体对客体的适应。皮亚杰受达尔文进化论观点的影响，从生物学的视角解释适应。他认为，个体的每个心理反应，不管指向于外部的动作，还是内化了的思维动作，都是一种适应。适应的本质在于有机体与环境取得的平衡。因此，主体通过动作对客体的适应，乃是心理发展的真正原因。

(二) 心理发展的结构

皮亚杰认为，心理发展包括心理结构的改组和心理机能的改善。心理结构的改组涉及图式的改变，而心理机能的改善涉及适应。皮亚杰认为，图式是主体动作的认知结构，是人类认识事物的基本模式。皮亚杰指出，凡能在行为中可以重复和概括的东西，我们都可以将其称为图式。他把图式假定为人们表征、组织和解释自己的经验和指导自己行为的心理结构，最初的图式来源于遗传，是一些本能动作。例如，初生婴儿在吸奶的时候，会自然而然地将这种动作归于吸之类的动作。后来随着环境刺激的不断改变以及复杂化，如婴儿在吸奶的时候，开始接收到妈妈的声音，开始感觉到妈妈的怀抱姿态等。这样一来，最初的遗传性图式就开始拓展为多种图式的相互协调。低级的动作图式，经过同化、顺应、平衡而逐步建构出新的图式。同化和顺应是适应的两种形式。而同化和顺应既是相互对立的，又是相互联系的。皮亚杰认为，同化只是量上的变化，不能引起图式的结构性改变或创新；而顺应则是质上的变化，促进创立新图式或调整原有图式。平衡既是发展中的因素，又是心理结构。平衡是指有机体与环境取得平衡。新的暂时的平衡，并不是绝对静止或终结，而是某一水平的平衡成为较高水平的平衡运动的开始。不断发展着的平衡状态，就是整个心理的发展过程。

(三) 心理发展的影响因素

皮亚杰认为，心理的发生发展不是先天结构的展开，也不完全取决于环境的影响，其影响因素有四个：(1) 成熟。主要指机体的成长，特别是大脑和神经系统的成熟。（2）自然经验。主要指通过与外界环境的接触而获得的知识，可分为物理经验和数理逻辑经验两类。物理经验起源于客体本身，如来自物体大小、轻重和颜色等的经验。数理逻辑经验是主体对一系列动作之间关系协调的经验，本质上不是客体的，是主客体相互作用建立起来的，如儿童在玩耍鹅卵石的过程中发现，无论石子如何排列，其总数保持不变。（3）社会经验。是指在社会相互作用和社会传递过程中获得的经验，主要有语言、教育和社会生活等。（4）平衡。这是发展的基本因素，是协调成熟、自然经验和社会经验的必要因素。这四种因素可以概括为两类因素，即外因（包括物理环境和社会环境）与内因（包括成熟和平衡化机制）。皮亚杰强调，内外因相互作用是促进儿童心理发展的真正原因。需要说明的是，皮亚杰虽然认识到社会环境对儿童心理发展的影响，但是并没有对此进行系统研究，这成为后人对皮亚杰理论进行批评的一个方面，也成为新皮亚杰主义者修改和补充皮亚杰理论的一个重要方面。

（四）认知发展的阶段

皮亚杰认为，个体在从出生到成熟的发展过程中，其认知结构在与环境的相互作用中不断重构，表现出四个不同质的发展阶段，而且所有儿童都会依次经历这四个阶段。虽然不同的儿童以不同的发展速度经历这四个阶段，但是谁都不可能跳过其中的任何一个发展阶段。

1. 感知运动阶段（0—2 岁）

在这一阶段，婴儿主要以反射或先天的方式进行反应，主要表现为感觉（简单输入）和运动（简单输出）机能的发展。同时，儿童在活动中会形成一些低级的行为图式，并以此来适应外部环境和进一步探索外界环境，其中手的抓取和嘴的吸吮是他们探索周围世界的主要手段。

皮亚杰对这一阶段的儿童做了一个客体永久性（即虽然看不见客体，但仍然认为客体是存在的）的实验，实验结果显示，7 个月以后的婴儿才可能形成客体永久性的概念。在图 2-2 中，上图 5 个月大的婴儿不具有客体永久性概念，而下图中 9 个月大的婴儿就具有客体永久性概念。此外，这个阶段的婴儿还不能够进行言语表征，缺乏延迟模仿能力。

尽管皮亚杰对感知运动阶段儿童的观察研究已经得到后来研究者的广泛肯定，但是他低估了儿童组织或处理感觉信息和运动信息时具有的潜能。一些研究显示，儿童的某些能力和概念的形成要早于皮亚杰预计的年龄。

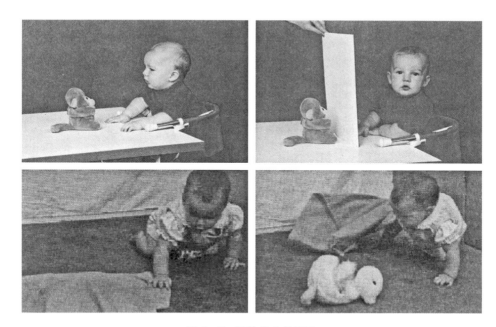

图 2-2　客体永久性实验

2. 前运算阶段（2—7 岁）

在前运算阶段中，婴儿只能通过实际操作物体才能学习和理解外部世界，然而这一阶段儿童的言语和概念以惊人的速度发展，同时可以通过延迟模仿和符号游戏等任务表现出许多心理表征迹象，但是他们的思维仍相当原始。

为了更精细地描述儿童的发展特征，皮亚杰又将前运算阶段的儿童发展分为两个亚阶段。（1）符号功能亚阶段（2—4 岁）。在这一亚阶段中，儿童能在大脑中描绘不存在的物体，使得儿童的心理世界延伸到新的空间。这一亚阶段的主要心理特征是自我中心性（不能区分自我的观点和他人的观点）和泛灵论（任何事物都有生命、有感情）。（2）直觉思维亚阶段（4—7 岁）。在这一亚阶段中，儿童开始运用初级推理能力，希望知道所有问题的答案。其主要心理特征：还没有形成分类的能力；思维具有中心性、集中性和不可逆性。

皮亚杰及其同事对处于这一阶段的儿童进行了著名的守恒实验（见图 2-3）和三山实验（见图 2-4）。守恒实验结果表明，前运算阶段的儿童尚不能完成守恒任务，这是因为他们的思维具有集中性（只能考虑一维，不能考虑到二维），缺乏可逆性。三山实验结果表明，儿童只能从自己的角度看问题，思维具有中心性，不具有观点采择能力，即缺乏从他人的角度看问题的能力。

图 2-3　守恒实验

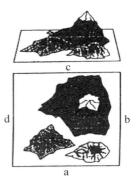

图 2-4　三山实验

对处于前运算阶段的儿童而言,可以在教学中采用以下建议:(1)让儿童对物品进行分类;(2)为了减少自我中心倾向,应让儿童进行社会交互;(3)让儿童进行比较;(4)让儿童画出一定视角的场景;(5)搭建一个斜面或小山;(6)让儿童体验到序列运算;(7)要求儿童在下结论的时候,为自己的结论找到依据。

3.具体运算阶段(7—11岁)

这一阶段儿童的思维比前运算阶段有非常明显的提升,但他们仍不能像成人那样思维。具体运算阶段这个术语反映了这种典型的特征。处于这个阶段的儿童能够形成概念,发现关系,解决问题,但是所有这些都必须与他们熟悉的物体和场景有关。这一阶段儿童的思维特征:(1)儿童已具有守恒概念;(2)具体运算阶段的年长儿童对内隐实质可以进行反应,能去推断事物背后的真正意义;(3)具有序列化(按照一定的逻辑顺序排列事物)和传递性能力(了解两个物体与第三个物体之间的关系,并据此推断两个物体之间的关系);(4)具有类包含的能力,能处理部分与整体之间的关系;(5)思维可以达到去中心化水平。

对处于具体运算阶段的儿童而言,在教学中采用以下建议:(1)鼓励学生发现概念和原理;(2)让学生参加运算任务;(3)安排活动,让学生练习递加和递减分类概念;(4)安排要求面积、重量和置换体积守恒的活动;(5)创建活动,让儿童练习依次排序和颠倒排序;(6)在学生解决问题时,继续要求他们试着说出答案的依据,帮助他们检验结论的正确性和精确性;(7)鼓励儿童分组活动,互相交换想法;(8)确保课堂材料丰富多样,足以激发学生提出问题;(9)尝试向学生传授较为复杂的知识时,应制作道具和提供视觉辅助工具;(10)激励学生运用科学,体验科学,数学课上利用具体的材料,语言文学课上自主创作演出,并和他人探讨自己的观点,学习社会学科科目时进行实地考察。

4.形式运算阶段(11—15岁)

在这一阶段中,个体不再局限于有关具体体验的推理,而是以更加抽象、理想化和符合逻辑的方式进行思考。儿童开始不受真实情境的束缚,能将心理运算运用于可能性和假设性情境;既能考虑当前情境,也能考虑过去和将来的情境;能够基于单纯的言语或逻辑陈述,进行假设演绎推理及命题间推理。这一段儿童的心理发展特征:(1)青春期自我中心。他们开始非常关注自己的观点,分析自己的信念和态度,这就是所谓的假象中的观众——感觉每个人都在看着自己,如"每个人都注意到我这周穿了两次这件衬衣""全班人都认为我的答案很傻"。(2)具有假设演绎推理能力。形式运算阶段的儿童在解决问题时,往往通过考察问题材料,假设某种理论或解释可能是正确的,并由此推论某一经验现象在逻辑上是否应该出现,然后通过检查现实情况下这些预测的现象是否发生,来检验自己的理论。(3)命题内与命题间的推理。形式运算阶段的儿童能够推论两个或更多命题之间的逻辑关系,并以形式运算思维进行逻辑论辩时可以不受现实和情感因素的影响。

但是一些研究者发现,形式运算思维达到的水平比皮亚杰认为的更具有渐进性和偶然性。青少年只有到了较晚些的时候,才能够运用形式推理解决此类作业中的问题。总之,在11—15岁间,只显示了潜在的形式运算思维,而未达到真正的形式运算水平。我们可能只能在一些特定的时间里,在特殊的领域中,在经过训练的基础上,或在一些我们认为比较重要的场合里,才会运用形式运算思维。

对处于形式运算阶段的儿童而言,可以在教学中采用以下建议:(1)要明白许多青少年并不完全具有形式运算思维;(2)提出问题并邀请学生给出解决该问题的一些假设;(3)提出问题并建议集中可能的解决办法;(4)选择全班熟悉的某个特定问题,并提出相关问题;(5)要求学生讨论他们先前的结论;(6)制定供学生开展的项目和调查活动;(7)要求学生撰写论文时,鼓励他们创建分级大纲;(8)明白青少年更有可能在他们专业知识最丰富、体验最多的领域运用形式运算思维。

三、对皮亚杰认知发展理论的评价

皮亚杰对儿童认知发展的影响无疑是划时代的,他为该领域带来了关于儿童本性以及认知发展的内容、时间和方式的新视角。皮亚杰的认知发展理论确信儿童是有着丰富的知识结构的积极学习者;他的内外因相互作用的儿童发展观对后世影响也很大,以后的认知发展理论都把儿童看作受内在激励和认知上积极主动的机体;许多研究者继续研究着皮亚杰确认的内容领域,客观上促进了儿童心理发展的研究;皮亚杰认知发展理论揭示了儿童认知发展的一般规律,以及儿童认知发展的差异性,为教学实践提供指导,同时也促进了强调发现学习以及直接与环境相联系的教育观念和教育方法的发展。

尽管皮亚杰认知发展论对儿童发展与教育作出了极大贡献,但也受到一些批评和挑战。(1)一些研究表明,皮亚杰低估了儿童的认知能力,而高估了青少年的认知能力。当儿童遇上困难的任务时,他们的认知表现与年长儿童之间的接近程度比皮亚杰估计的要高。(2)一些研究者认为,皮亚杰只关注儿童的认知发展,而忽视情感、社会性等方面的发展,因而难以揭示儿童心理发展的整体面貌。(3)皮亚杰只注重儿童物理经验和数理逻辑经验的获得,而相对忽视社会经验的获得以及在心理发展中的作用。(4)皮亚杰只注重儿童认知发展的理论研究,而忽视该理论在教育中的应用研究。(5)皮亚杰认为儿童的心理发展具有领域普遍性,如儿童道德发展与认知发展遵循相同的发展规律,而后来的研究表明,儿童不同方面的发展具有不同的特征,即儿童心理发展具有领域特殊性。正是对皮亚杰认知发展理论的不满足,才促使新皮亚杰主义的诞生。

第二节 维果茨基的认知发展理论

维果茨基是苏联时期卓越的心理学家,心理科学的奠基人之一,他主要研究儿童认知发展与教育心理,着重探讨思维与语言、儿童学习与发展的关系问题。维果茨基与皮亚杰是同时代的人,他们俩基于不同的理论视角去探讨儿童的认知发展,都对儿童认知发展理论作出卓越贡献。与皮亚杰不同,维果茨基更为强调社会文化、语言符号与言语交往、教育教学等在儿童认知发展中的作用,并重视将心理发展理论与教育教学实践相结合,被看成是社会文化历史学派(维列鲁学派)的创始人和社会建构主义的先驱。维果茨基的心理发展理论在 20 世纪 60 年代以后得到苏联和国际心理学的承认,并在 80 年代以后得到国际心理学界的广泛研究,并逐渐成为与皮亚杰理论齐名的卓越理论。本节首先简要介绍维果茨基的生平,然后重点阐述维果茨基的心理发展观和教学观,并比较维果茨基的理论与皮亚杰的理论,以帮助我们更加深入理解这两大认知发展理论的精妙之处。

一、维果茨基生平

维果茨基(Lev Vygotsky,1896—1934)(见图 2-5)出生于白俄罗斯奥沙小镇的一个犹太家庭。1913 年维果茨基完成大学预科学习,凭借优异的素质赢得一枚金质奖章,在只有 3% 的犹太学生可以进入莫斯科大学的情况下,虽几经周折,最终被莫斯科大学录取。强烈的求知欲使维果茨基 1914 年决定同时就读莫斯科大学法学系和沙尼亚夫斯基人民大学的历史哲学系。这使得维果茨基在历史、哲学、心理学等方面打下了坚实基础。1917 年维果茨基同时从这两所大学毕业,返回其老家戈麦尔,开始他的教师生涯。在戈麦尔的 7 年,维果茨基为不同类型的学校开设了许多课程。如为成人学校开设了文学与俄语,为教学研究所开设了逻辑与心理学,为艺术学校开设了美学与艺术史。

1924 年之后,维果茨基的兴趣转向心理学,尤其

图 2-5 维果茨基

是教育心理学。1922—1926 年,维果茨基写了 8 篇关于心理学的论文,其中 7
篇都与教育问题相关。他还在戈麦尔教学研究所组织了一个心理学实验室,开
展了几项关于学前与学龄儿童的研究。1924 年,维果茨基到列宁格勒参加第二
届神经心理学会议,这是他首次公开面对俄罗斯心理学共同体。在会上他做了
"反射学方法论与心理学研究"的报告,给与会代表留下了深刻印象。针对行为
主义排除意识的研究,他首次提出了条件反射与意识行为的关系,主张科学心
理学不能忽视意识这样的重要事实。会后,当时的莫斯科心理研究所所长科尔
尼洛夫(Konstantin Nikolaevich Kornilov,1879—1957)盛情邀请维果茨基到莫斯
科心理研究所工作,维果茨基欣然接受。1924 年,维果茨基写了第一本有关缺
陷学的著作,同年 9 月,他开始在人民教育委员会工作,具体负责有生理缺陷或
智力落后儿童的教育工作。1925 年夏天,维果茨基作为代表参加在英国举办的
"聋哑儿童训练和教育国际会议",同年,他在公共教育委员会的医学教育所筹
办了一个异常儿童心理学实验室,即后来的"缺陷学研究所"。1919 年他曾染上
肺结核,但那次他有惊无险,幸免于难。这次他从英国返回后又患上了肺结核,
医生建议他隔离休息。在被隔离期间维果茨基完成了《艺术心理学》的写作。
1925 年秋天,他的病情不断恶化,不得不住院治疗,住院期间他完成了著名的方
法论论文《心理学危机的历史意义》,批判了传统心理学对待人的高级心理机能
的错误观点。1930—1931 年,维果茨基撰写了他的重要代表作《高级心理机能
的发展》一书,提出了"两种工具"的观点。由于身体原因,维果茨基争分夺秒,废
寝忘食。1934 年春天,他再次遭到肺结核的侵袭,毅然拒绝了医生让他住院治
疗的建议,更加忘我地投入工作,直到逝世。《思维与言语》(1934)是他逝世前的
最后一本著作,在这部著作中,维果茨基对思维的发展,特别是概念的发展和儿
童科学概念的形成进行了实验研究,同时对皮亚杰的儿童语言和思维发展的观
点进行详细而公正的评述。维果茨基的理论在其战友兼学生列昂节夫和鲁利
亚的坚持研究和大力发展下,终于成为苏联和国际承认的重要的心理学理论
流派。

二、维果茨基认知发展理论的主要内容

维果茨基的认知发展理论侧重于探讨儿童心理发展的原因与实质、教学与
发展等问题,其主要内容包括以下五个方面。

（一）创立社会文化历史发展理论

维果茨基运用马克思主义理论探讨高级心理机能的发生发展问题，创立了社会文化历史发展理论。维果茨基认为，个体心理发展是受社会文化历史发展以及社会规律制约的。他把人类的心理机能分为低级心理机能和高级心理机能，并认为它们分别依赖于生物进化和人类发展的历史。同时，他提出促进人类心理发展的工具有物质生产工具和精神生产工具。精神生产工具是指人类社会特有的语言与符号，儿童借助精神生产工具与人进行交往，使低级心理机能上升为高级心理机能。高级心理机能具有四个特点：(1)心理活动的随意机能，即心理活动是随意的、主动的；(2)心理活动的抽象概括机能，即其反映水平是概括的、抽象的；(3)各种心理机能之间的关系不断发生变化、组合而形成以符号为中介的高级心理机能；(4)心理活动的个性化，即在人际交往中产生和发展。

维果茨基的观点得到列昂节夫和鲁利亚等人的拥护，并着重探讨活动和物质本体方面的问题，以补充维果茨基关于高级心理机能的发生、发展的理论。1960年，列昂节夫在波恩举办的第16届国际心理学大会上宣读"人类心理发展研究中的历史观"的论文，公开承认自己是维果茨基理论的继承人。鲁利亚也总结自己的研究成果，建立其神经心理学理论。从此，社会文化历史发展理论得到苏联和国际心理学界的承认，维列鲁学派成为一支有影响力的心理学派。

（二）全面深入探讨了发展的实质

在维果茨基时代，心理学界对心理发展的实质的解释占主导地位的有遗传决定论、自然成熟论、辐合论和机械的环境决定论。维果茨基从社会文化历史发展理论出发，对发展作出辩证唯物主义和历史唯物主义的解释。维果茨基认为，儿童心理机能的发展是由低级心理机能向高级心理机能逐步发展的，其发展的原因和实质包括三个方面内容：(1)高级心理机能起源于社会文化历史发展，受社会历史发展的规律制约；(2)高级心理机能的发生发展是以精神生产工具为中介的，儿童借助语言与成人交往，在低级心理机能的基础上形成各种高级心理机能；(2)高级心理机能是在交往和活动过程中不断内化的结果。维果茨基运用历史主义原则去分析高级心理机能发生发展的机制，为阐释儿童心理发展的实质提供了独特的视角。

（三）提出内化说

维果茨基认为，儿童高级心理机能的发展是不断内化的结果。内化最初的含义指社会意识向个体意识的转化。维果茨基在此给内化赋予新的含义,指外部的实际动作向内部智力动作的转化。个体的高级智力动作是怎样产生的呢?维果茨基认为,首先是从外部动作开始的,然后外部的动作转化为内在的智力动作。先是简单的智力动作,随着外部动作的高级化,内在智力动作也高级化。一切高级的心理机能最初都是在人与人的交往中以外部动作的形式表现出来的,然后经过多次重复、多次变化,才内化为内部的智力动作。因此,可以把内化概括为儿童在与成人交往的过程中,将外部的人类经验不断转化为自我头脑中内部活动的过程。内化过程不仅通过教学来实现,而且也能通过日常的生活、游戏、劳动来实现。维果茨基的内化说后来得到列昂节夫和加里培林的实验研究证实,并得到进一步发展。

(四) 阐述了思维与言语的关系

维果茨基在《思维与言语》一书中以很大篇幅阐述了思维与言语的关系。他认为,言语与思维最初是各自独立发展的,之后就融合在一起。他强调,所有心理功能都有其外在的或社会的起源。儿童在能够关注自己的思维之前,必须借助言语活动与他人交流;儿童在能够从外部言语过渡到内部言语之前,必须与外界交流并在很长一段时间里使用外部言语。经过 3—7 岁年龄段的过渡期,儿童不需要借助言语也能够进行思维活动,这时私人言语就内化为内部言语,变成儿童的思想。维果茨基认为,大量使用私人言语的儿童比不使用私人言语的儿童有更好的社会能力。

维果茨基在《思维与言语》一书中还对皮亚杰的《儿童的言语与思维》一书进行了全面评价。他首先肯定了皮亚杰在儿童的言语与思维发展方面作出的贡献,但同时也批评了皮亚杰关于儿童自我中心言语的观点。皮亚杰认为,儿童自我中心言语是与儿童自我中心思维相适应的言语形式,是儿童言语发展不成熟的表现。维果茨基与列昂节夫和鲁利亚合作,对儿童自我中心言语的功能和作用进行了实验研究,指出了自我中心言语是为解决困难服务的,是形式上的外部言语与功能上的内部言语的结合。这种自我中心言语是通过社会言语→自我中心言语→内部言语的模式逐步从外部言语向内部言语过渡的,它在儿童解决问题、调节自己的活动中起着非常重要的作用。显然,维果茨基对儿童自我中心言语的解释显得更加积极些。

(五) 阐述了教学与发展的关系

关于教学与发展的关系,维果茨基提出了三种重要的思想:一是最近发展区的思想;二是教学要走在发展前面的思想;三是关于学习的最佳期限的思想。

1. 最近发展区的思想

最近发展区的思想是维果茨基关于促进儿童高级心理机能发展的核心思想。一般学者只是把儿童心理机能分为能够达到与不能达到两个水平,而维果茨基在这两个水平之间创造性地提出一个最近发展区的水平,这样实际上把儿童的心理机能分为三个水平:现有水平、潜在水平和最近发展区。最近发展区(zone of proximal development)是一种介于儿童能够独立完成任务的现有水平与当前还不能够独立完成但在他人帮助下可以完成的潜在水平之间的潜能范围(见图 2 - 6)。

图 2 - 6 最近发展区

在最近发展区内,指导者通过提问、对话、鼓励、建议策略等方式(维果茨基将其称为支架)进行指导,就能给予儿童最大的帮助,促进儿童心理机能的发展。最近发展区是由教学创造的。在教学指导下,儿童逐渐能够独立地解决问题,这时儿童的潜在水平就称为新的现有水平,这时又会出现一个新的潜在水平,从而出现一个新的最近发展区。可见,这个动态发展的区域实际上是教学带来的发展,是潜能的开发,所以说最近发展区由教学创造。

2. 教学要走在发展前面

根据最近发展区思想,如果教学要求不高于学生的现有发展水平,则这样的教学只是适应儿童的发展而不能促进儿童的发展。如果教学要求超过学生的潜在发展水平,即使教师给予指导,学生也不能明白,那么学生只能死记硬背,这样的教学也不利于学生的发展。因此,教学要求应该略高于学生的现有水平,又不超过学生的潜在发展水平,即落在学生的最近发展区的教学最能够促进学生的发展。显然,维果茨基的"教学要走在儿童发展前面"的思想比皮亚杰的"教学要适应儿童的发展"的思想在教学与发展的关系上要显得更加积极主动。在维果茨基的最近发展区和教学要走在发展前面的思想的指引下,苏联教育家赞科夫在1957—1977年花了20年的时间在中小学实践和检验了"教学与发展"关系的理论,并推动了苏联20世纪70年代的全国性教学改革运动,促进了苏联的教学发展。

3. 强调学习的最佳期限

维果茨基认为,儿童学习任何一项技能都有一个最佳年龄,如果错过这个最佳年龄将不利于其发展。学习的最佳期限就是要建立在正在开始又尚未形成的机能之上。对儿童的教育教学也必须以生物成熟为前提,又要走在心理机能形成的前面,教育教学的最佳期限也就是儿童最容易接受有关教育教学影响的时期。同时,儿童的最近发展区是动态的,是不断发展的,教学要随着儿童年龄和水平的变化寻找最佳期限。

三、对维果茨基认知发展理论的评价

维果茨基虽然一生短暂,但是对心理学的贡献很大,影响深远。(1)维果茨基的社会文化历史发展理论在论述社会经验对认知发展的作用方面是独一无二的,它帮助我们通过文化理解认知机能的变化,不像皮亚杰那样强调普遍的认知发展。(2)维果茨基非常重视符号和语言在调节高级认知过程中的作用,揭示出人类的学习和发展与动物的学习有根本的区别。(3)他的最近发展区概念以及教学与发展辩证关系的提出对苏联的教育改革产生重要影响,对当今的教学任务的安排、教学方法的选择、教学对象的差异性教育仍具有重要的启发意义。(4)维果茨基的社会建构主义理论、合作教学思想、支架式教学和情境性教学模式等都对当今教育改革也产生重要影响。

四、皮亚杰与维果茨基认知发展理论的比较

皮亚杰和维果茨基都是20世纪伟大的儿童心理学家,他们各自创立了自己的理论流派(皮亚杰学派与维列鲁学派),形成了独特的儿童认知发展理论,为后来的儿童心理发展研究的繁荣奠定了基础。由于两位伟人所在的国家不同,受到的教育不同,其理论形成的背景也不同,因而形成不同的理论观点。

（一）理论背景与研究取向

皮亚杰所持的是自然科学发展观。皮亚杰是学生物学的，受达尔文的进化论影响较大，他用生物进化的观点去研究认知发展问题。在解释发展的变化时，皮亚杰把生物学原则和方法运用到人类发展的研究中去，甚至将生物学中的许多术语直接引入心理学中，如同化、顺应等。他把智力定义为帮助有机体适应环境的一种基本生命功能。他认为智慧就是适应，是一种最高形式的适应，并认为生物的机能和结构与认知的机能和结构之间具有同构关系。

维果茨基所持的是社会科学发展观。维果茨基用社会文化历史发展观点来解释人类认知的发展。这是因为维果茨基在哲学上除了受黑格尔的辩证法和马克思、恩格斯的历史唯物主义的影响外，还受到狄尔泰以历史和文化为基础的人文科学观念的影响。按照这一观念，心理学就像历史学一样，必须被定位于文化和历史为基础的人文科学的视野之内。维果茨基敏锐地抓住了狄尔泰的历史主义思想，在心理学研究中第一次运用历史观点探讨儿童心理发展问题，并在研究中自始至终地贯彻这一观点。维果茨基认为，认知发展实质上就是由低级心理机能向高级心理机能转化的过程。低级心理机能是生物进化的结果，而高级心理机能是人类社会文化历史发展的结果，因此维果茨基特别强调社会文化因素在儿童认知发展中的作用。

可见，由于两位大师所持的理论观点不同，在研究取向上也明显不同。皮亚杰崇尚自由主义，在研究取向上表现为个体主义的生物学取向，而维果茨基崇尚社会主义，其个体发生观是唯物主义的，因而在研究取向上表现为社会文化取向。但其实，他们又都受到心理学中的机能主义的影响。皮亚杰毕生坚持智慧的本质是适应机能，而维果茨基更是将个体的心理发展看作由低级心理机能向高级心理机能发展的过程，这无疑体现出两人的机能主义倾向。此外，他们都推崇格式塔心理学关于部分与整体关系的理论，依据整体观去研究心理发展问题，抵制构造主义心理学的原子论和还原论。因此，他们在研究内容与研究方法上也具有相同之处。

（二）对心理发展实质的理解

皮亚杰和维果茨基对发展过程的本质也有不同的理解。皮亚杰在揭示认知发展机制时创造性地提出了三个重要概念：平衡、同化和顺应。皮亚杰认为，认知发展得以发生的主要机制在于平衡化，平衡化如一种内部组织机制在起作用。在皮亚杰看来，人都有一种理解世界如何运作并找出它们存在的次序、结构和可预测性的内在需要,他把这种需要称为趋力,即个体力图对世界的理解与他们的经验之间的认知不平衡状态,不平衡是发展的主要动力。为了维持平衡,个体会通过同化和顺应这两种方式和过程来适应世界。当儿童将新信息合并进他们现存的知识中时,同化就发生了。当新信息向儿童现在的思维方式提出挑战,而儿童理解那些新信息需要调整解决问题的方式时,顺应就发生了。这两种过程都涉及儿童认知图式的改变,这种改变提供了理解和组织新知识的途径。适应的过程就是不断的平衡→不平衡→更高水平的平衡的过程,这也是人的智慧发展的本质所在。因此,平衡化是个体心理发展的内在机制,外部环境只是为平衡化的形成提供条件而已。

维果茨基认为,人的高级心理机能的发展是社会文化内化的结果。他认为,发展过程并不是儿童绝对的内部活动,心理过程和外部的社会文化是相互作用的、相互渗透的。那么,社会文化的内化是怎样发生的呢?在维果茨基看来,这一机制需要三大要素:社会活动、在活动中使用的心理工具以及高级心理机能发展的中介性。首先,维果茨基依据马克思主义的活动观,认为人的心理是在活动中发展起来的,是在人与人之间相互交往过程中发展起来的。人类的活动是创造文明、传承文明的活动,这种活动与动物活动的本质区别就在于人在活动中使用了工具。这里的工具除了物质生产工具外,还包括精神生产工具,即人类社会特有的语言、符号等。不论是人类的社会活动还是精神活动,都以工具和符号为中介的。因此,维果茨基认为儿童心理发展的过程就是儿童通过使用符号化的心理工具逐步内化社会文明,促使低级心理机能向高级心理机能发展的过程。其中,语言既是人类用以认识和理解世界的一种中介工具,也是一种思维工具,这是区别于低级心理机能发生发展的本质特点。

可见,皮亚杰和维果茨基都重视调节机制在认知发展中的作用。只不过皮亚杰把认知调节的机制确定为平衡化,其中同化和顺化是调节机制的两种形式。而维果茨基则把文化调节(如工具、符号和社会交往等)作为高级心理机能发生发展的中介机制。

(三) 心理发展的影响因素

皮亚杰认为,儿童心理发展的影响因素包括成熟与平衡化、物理经验与社会经验四个方面,内因与外因相互作用成为促进儿童认知发展的基本框架。但是,皮亚杰更为重视成熟与平衡化、物理经验对儿童认知发展的影响,相对忽视社会经验、社会文化对儿童认知发展的影响。相反,维果茨基更为强调社会文化、社会交往在儿童高级心理机能发展中的作用,同时强调语言在认知发展中所起的中介作用。可见,关于社会文化和社会交往对儿童认知发展的影响,皮亚杰和维果茨基有着明显不同的观点。

皮亚杰认为,在人类个体心理发展中,认知发展的推动力量是平衡化机制,即由生物力量驱动的认知结构与环境之间的适应程度。社会因素和社会性交往对个体发展仅产生一些间接的、次要的、外在的影响,即通过引起不平衡状态,创造认知冲突而发挥作用。而维果茨基明确指出,决定发展过程的因素不是儿童内部的某些东西,而是儿童内部的心理过程与外部的社会文化环境相互作用的程度。儿童是在社会交往过程中借助语言符号将社会文化内化为个体心理机能。因此,社会文化因素和社会交往在儿童发展中起着重要作用。

(四) 成人和同伴在交往中的作用

关于成人和同伴在儿童发展中的作用,皮亚杰和维果茨基也有不同的看法。维果茨基认为,儿童的认知发展是在与更善于思考、思维水平更高的人(比如父母、教师、同伴等)的交往活动中发展的。他认为,儿童不能也不应该被期望去重新发明或重新发现在他们的文化中已存在的知识,他们需要被引导和接受帮助去内化人类文化。由此,维果茨基比其他理论家更关注成人和同伴在社会交往过程中的作用,同时也非常重视指导性学习、合作学习、支架式教学、情境性教学等教与学的方式对儿童发展的影响。与维果茨基不同,皮亚杰并不主张儿童与成人或同伴的交往是儿童认知发展的基础,他认为儿童与成人或同伴的交往只是产生了不平衡状态或认知冲突,而促进自身发展的主要因素是儿童自身对环境的适应。因此,皮亚杰十分注重儿童的自主活动和主动探索学习。

此外,关于成人和同伴对儿童发展的影响哪一个相对更重要一些的问题,皮亚杰和维果茨基之间也存在分歧。根据皮亚杰的观点,儿童往往认为成人似乎拥有无穷的知识,他们是万能的和不会有错的。因此,儿童与成人之间的巨大差异不会导致儿童的认知冲突,而儿童与同伴之间的分歧和误解才更容易导致认知冲突。而维果茨基因为强调儿童对文化的内化和接纳,所以成人比同伴更有条件帮助儿童进行文化适应和同化。皮亚杰则更强调同伴对儿童发展的影响,而维果茨基更强调成人在儿童发展中的重要作用。

(五) 儿童自我中心言语

皮亚杰与维果茨基争论最多的就是,关于儿童自我中心言语的产生和作用问题。自我中心言语是指儿童指向自己的对话。皮亚杰认为,处于自我言语时期的儿童不能从多个角度考虑情境,他们总是按照自己的想法去看其他人眼里的世界和经验。因此,皮亚杰把儿童自我中心言语解释为儿童在人际交流中失败的尝试,是自我中心思维的表现,是前运算阶段的特征。维果茨基则认为,自我言语的儿童是在与他们自己交流,指导着他们自己的思考和行为,儿童自我中心言语在经历由他人调节到自我调节一系列发展阶段之后,逐步将他人的言语内化成为儿童自我内部言语的一部分。可见,维果茨基并不认为自我中心言语是儿童认知不成熟的表现,反而认为它在认知发展中起着重要的作用,能够促进儿童进行自我调节、自我监控,指导儿童思考和解决问题。

事实上,皮亚杰和维果茨基曾经就儿童自我中心言语问题有过一场著名的争论,而后两人为这一话题还投入极大精力。皮亚杰在《儿童的言语与思维》一书中把儿童全部言语分为自我中心言语与社会化言语两类。其中,自我中心言语具有两个特点:第一,它不能区分自己说话的内容与听话者说话的内容;第二,对是否在听他说话并不感兴趣,不希望对交谈者施以影响,也不希望得到对方的应答,这种言语有点像话剧中演员的独白言语。在皮亚杰看来,这种形式的言语只是思维的一种副产品,它还缺乏指向性,因而它是认知发展不成熟的一种表现。针对皮亚杰的这种观点,维果茨基在《思维与言语》一书中用大量篇幅就儿童自我中心言语和思维发展等理论问题从理论和实验上提出了异议。维果茨基认为,学前儿童的自我中心言语,是协调其思想与行动从而促进其认知发展的重要因素。为此,维果茨基还专门设计了与皮亚杰不同的实验,情境是故意使儿童在绘画时遭遇困难(如缺少足够的纸笔材料),从而观察儿童的反应。维果茨基发现,在儿童有目的活动遭遇困难时,他的自言自语式反应就会增加。这一现象显示的意义是儿童借助其自我中心言语帮助自己思维,以便解决困难。因此,维果茨基认为儿童的自我中心言语事实上并不完全是“自我中心”,而是具有“自己对自己沟通”的意义。可见,两位心理学家对自我中心言语的产生和功能具有明显不同的观点,似乎维果茨基的观点更接近自我中心言语的本质。

(六) 知识的建构

皮亚杰和维果茨基的理论都重视知识的建构,都强调儿童是主动地建构对知识和世界的理解,而不是被动地接受知识。虽然皮亚杰和维果茨基都是建构主义者,但他们关于知识建构的解释却不同。皮亚杰的建构主义是个人建构主义,主张学习者通过动作与客体发生相互作用来建构对客体知识的理解。根据皮亚杰的建构主义思想,学习是通过主客体相互作用而形成、丰富和调整自己的认知结构的过程。而维果茨基的建构主义是社会建构主义。他认为,知识最初是借助语言进行社会互动而建构的,然后才被内化成为个体知识的。因此,维果茨基强调的不是主客体的相互作用,而是人与人的相互作用,即儿童与成人或同伴的交往。儿童是在交往活动过程中不断将社会文化内化为个体知识的。在这一过程中,交往活动、社会文化、社会制度等对儿童的知识建构产生非常大的影响。据此,两种知识建构理论对于教育实践活动的指导意义也不同。皮亚杰的建构主义更鼓励儿童主动地去探索世界,在实践中建构知识;而维果茨基的建构主义更强调让学生的合作学习,在讨论中建构知识。

（七）心理发展的阶段

关于心理发展阶段的划分问题,皮亚杰与维果茨基的观点存在明显不同。皮亚杰的认知发展理论最著名的地方莫过于把儿童的心理发展分为感知运动阶段、前运算阶段、具体运算阶段和形式运算阶段四个阶段。皮亚杰是典型的阶段论者,他认为儿童心理发展在量的基础上会发生质的飞跃,儿童认知图式在阶段之间的转化中发生了质的转变,不同年龄阶段的儿童心理发展具有质的不同的特点。而维果茨基虽然也赞同心理发展存在量的积累与质的飞跃,但却不像皮亚杰那样对儿童心理发展进行明显的阶段划分。在维果茨基看来,人类的心理发展是通过反映和内化实践活动的特征而实现的,这样的实践活动起初是社会性的、外在于个体的,后来才内化为个体的。于是,维果茨基将心理发展过程描述为从心理间过程向心理内过程的转换。据此我们也可以理解,维果茨基将心理发展分为心理间阶段和心理内阶段。对个体心理发展而言,维果茨基把儿童心理发展描述为从"自然的、低级的心理机能"向"文化的、高级的心理机能"转变的过程。这种"自然的、低级的心理机能"和"文化的、高级的心理机能"之间的区分就像心理间过程和心理内过程的区分一样,可以解读为两个质的不同发展阶段。

关于心理发展阶段的普遍性问题,皮亚杰认为儿童心理发展的阶段具有普遍性特征。皮亚杰认为,认知结构发展的阶段序列具有跨文化的普遍适用性,认知结构及其发展阶段的具体内容可能会有较大变化,但其发展形式在不同文化中却保持一致。而维果茨基认为,个体心理发展具有领域特殊性。维果茨基通过对概念形成和发展的研究,指出了儿童是以不同的方法建构词汇概念的一系列发展阶段,这说明了对心理发展阶段的理解不能从广泛的普遍的角度去看,而要从地域性的、某一领域的变化中加以理解。维果茨基的儿童实践活动观认为,儿童在不同领域的活动有着不同的体验,儿童的心理发展因此也会有不同的变化。可见,维果茨基关于发展阶段的观点可以被理解为以地域为背景,以活动为基础。

(八) 教学与发展的关系

皮亚杰是理论家而不是教育家,重点关注认识发生的机制以及心理发展的普遍性问题,不太重视教育教学与发展的关系。至于"教育要适应儿童的发展""教育根据儿童的心理结构及其不同发展阶段的特征来进行""教学材料要以适合不同年龄阶段儿童的特点的形式来呈现""教育要针对不同儿童心理发展的差异进行因材施教"等教育观,都是后人依据皮亚杰的认知发展理论对教育提出的建议,而不是皮亚杰自己的研究成果。维果茨基却不同,维果茨基是教育心理学家,他基于强调成人在促进儿童内化社会文化经验中的作用的理论,非常强调教学对儿童发展的意义。他认为,教学不应该只是适应儿童的现有发展水平,而要走在发展的前面,发挥教学对发展的主导作用,促进儿童的发展。维果茨基提出的最近发展区观点也得到众多专家学者的认同。维果茨基认为,教学不仅要根据儿童的最近发展区安排教学任务、教学方式,而且教学要不断地为儿童创造新的最近发展区,以促使儿童最大限度发挥其潜能。如在安排儿童的教学任务时,任务的难度要稍稍高于儿童的现有水平,而不超过儿童的潜在水平,即落在最近发展区内的任务最能够促进儿童发展。维果茨基提倡的合作学习方式、异质分组、支架式教学等都是与最近发展区思想一致的。维果茨基的教学与发展观不仅对苏联后期的教学改革产生重大影响,而且对于今天的教学设计也具有重要的借鉴意义。

(九) 对两种理论影响的比较

皮亚杰和维果茨基都是最伟大的儿童心理学家,他们对儿童心理发展领域贡献巨大,对儿童心理发展的研究都具有变革意义。但是,由于他们两人分属于不同的国家,不同的社会阵营,受到不同的教育,存在不同的文化,使用不同的语言,这些因素使得两人的理论产生的影响存在明显不同。皮亚杰是发展心理学研究领域杰出的开创者,他不仅开创了儿童认知发展研究的领域,揭示了儿童发展方面的许多规律,还带动了成千上万的研究者从事认知发展方面的研究,使得儿童心理研究从一个小小的研究领域最终形成一门科学——发展心理学,并对相关领域的研究也产生巨大影响。直到 20 世纪 70 年代中期,皮亚杰的观点还在主导着这一领域,但是此后,情况发生了变化,对于这一理论的异议越来越多。例如:有研究认为皮亚杰低估儿童在各个不同发展阶段的能力;有人质疑皮亚杰的儿童发展具有阶段性、领域普遍性思想;有人批评皮亚杰的理论没有考虑文化对发展的影响,没有考虑教育、社会交往对认知发展的促进作用;等等。这些质疑和批评逐渐削弱了皮亚杰理论的影响力。而维果茨基的理论最初并没有引起西方心理学的重视,后来由于社会学研究发现,社会因素在个体发展中具有决定性的作用,这一研究成果推动了心理学界去探讨社会因素对儿童心理发展的影响,于是到了 20 世纪八九十年代,维果茨基的理论受到前所未有的重视,发展心理学界纷纷去研究维果茨基的社会文化历史发展理论,这直接导致维果茨基的心理学思想后来居上,成为心理学研究的热门课题,这也使得对维果茨基理论的引用至今依然持续高增长的趋势。作为皮亚杰同时代的人,维果茨基对发展心理学的贡献其实并不逊色于皮亚杰,维果茨基重视社会文化因素对儿童发展的影响,重视发展理论的应用价值,重视教育和社会互动对儿童心理发展的促进作用等观点后来成为新皮亚杰主义对皮亚杰理论修正的重要内容。

第三节　新皮亚杰主义的认知发展观点

新皮亚杰主义是针对皮亚杰理论的缺陷而出现的一种新理论,它代表着皮亚杰理论的新发展。皮亚杰理论的缺陷主要表现在三个方面:(1)皮亚杰关于儿童认知发展阶段的划分和儿童心理能力发展的结果其实低估了儿童的能力,皮亚杰采用的临床实验法和观察法不够精细,设计的实验任务太难,不适合揭示幼儿的心理发展能力。(2)皮亚杰完全把他的研究局限于认知发展的纯理论研究,忽视了教育和社会因素的作用,在研究认知发展时也忽视了诸如情感、自我意识、人格等非智力因素对认知发展的影响。(3)皮亚杰只研究认知发展的宏观规律,缺乏对认知发展的微观规律的研究;只强调认知发展的普遍性,忽视个体间认知发展的差异性和不同领域发展的特殊性。对皮亚杰理论这三个方面缺陷的修订都可以称为新皮亚杰主义。

一、新皮亚杰主义的产生原因

（一）对皮亚杰的研究结果和研究方法进行修订，是促使新皮亚杰主义产生的第一个原因

当前，西方儿童认知发展理论的一个新趋势，就是对皮亚杰儿童发展阶段理论的两种质疑。质疑一：在西方认知发展心理学的研究中，越来越多的人提出，儿童认知能力的发展并不是以皮亚杰发展阶段理论描述的那种"全或无"的形式进行的。他们通过实验发现，许多重要的认知能力在儿童十分年幼时就已经存在，只是程度有限，这些能力将随着个体知识和经验的增长，一直发展到成年期。心理学家提出这种批评是以下面观点为依据的：（1）认为皮亚杰发展阶段理论的事实根据不足。传统的皮亚杰理论认为，幼儿缺乏某种认知能力，这种结论是依据非常有限的实验结果推导出来的。现已有科学研究表明，在比较复杂的课题任务中，各种认知结构的相互作用和动力变化常使某些重要的认知能力时而表现时而隐蔽，因此，仅通过少量实验概括儿童的认知能力，根据不够充分。（2）认为皮亚杰的实验过于困难，不适合年幼儿童去做，因而不能表现出幼儿的应有能力。已有研究结果表明，如果研究者能设计出难度适当的课题任务，或者如果事先引入训练程序，再做皮亚杰的实验时，年幼儿童就能表现出原认为缺乏的认知能力。质疑二：提出了成人思维发展的模式。佩里（William Perry）等人质疑皮亚杰将 15 岁定为思维成熟期的理论。他们认为，15 岁不一定是思维发展的成熟年龄，形式运算思维也不是思维发展的最后阶段，形式运算思维后面还有辩证逻辑思维。佩里把大学生的思维概括为三种水平：二元论（dualism）水平、相对论（relativism）水平和约定性（commitment）水平。可见，皮亚杰并没有全面描述儿童的认知发展水平。而以上两种观点的提出者都表示自己是新皮亚杰主义者，但是他们在思维发展的模式上却与皮亚杰的理论有着不同的看法。

（二）日内瓦学派本身的变革是促使新皮亚杰主义产生的第二个原因

在瑞士日内瓦大学，即皮亚杰长期工作过的地方，在皮亚杰晚年和他去世以后，他的同事和学生对皮亚杰的理论进行了变革性的新发展。这种发展是在保持皮亚杰理论的基础框架或模式的前提下，调整了研究的方向，扩大了研究的范围和课题，或者补充和修正皮亚杰的某些观点，或者从广度和深度上充实并提高了皮亚杰理论，或者为皮亚杰理论加进某些新的成分。其中主要是针对皮亚杰研究中只注重认知发展的纯理论研究而忽视教育和社会因素的作用、只局限于认知发展自身结构变化的研究而忽视非智力因素作用等不足进行的研究,他们打出"新皮亚杰学派"的旗号,这被称为"狭义的新皮亚杰学派"。

　　皮亚杰理论不仅在理论方面有了新的发展,而且在实践领域,特别是在教育实践领域也获得了日益广泛的应用。在西方和日本等许多国家,根据皮亚杰理论框架和新近有关研究成果,心理学工作者和教育工作者一起设计出一些教育程序,将此应用于婴儿、学前和中小学的教育中。在婴儿教育方面,他们根据皮亚杰的感知运动阶段的发展理论,采取各种方法,指导婴儿摆弄物体,操作智力玩具等,帮助孩子形成对物体的特性,如对颜色、形状、体积、质地等的认识。在幼儿教育方面,设计了各种智力玩具和教具,如图片、积木等,为儿童能提早形成数概念、空间概念和时间概念打下基础。也有人研究了如何运用皮亚杰理论,培养小学儿童的思维能力,甚至有人研究了青春期形式运算思维形成的一些具体过程,并将此与教育工作联系起来。

　　(三) 信息加工理论与皮亚杰理论的结合是促使新皮亚杰主义产生的第三个原因

　　信息加工论者对皮亚杰的理论大体上持有两种态度:一种是非发展理论,即认为儿童认知能力的发展之所以与成人不同,只是由于知识和经验的贮存不够,如果够了,就与成人的认知能力没有本质的区别;另一种则是发展理论,这种理论认为应当把皮亚杰理论与信息加工理论结合起来,来研究儿童认知发展的微观规律。因为儿童心理与成人心理有本质的不同,如儿童是不成熟的,主要是儿童的脑结构和脑机能的发展还不成熟;儿童没有足够的信息贮存;儿童的决策能力差,因为决策过程需要复杂的信息分析、综合的能力。鉴于儿童这几方面的特点,如果能用信息加工理论来建立一个不同年龄阶段儿童认知发展的程序模式,就可以针对儿童认知发展设计出比皮亚杰的抽象描述更确切、更科学、更具体的模式。持这种主张的人也将自己命名为"新皮亚杰学派",这被称为"广义的新皮亚杰学派"。

二、日内瓦新皮亚杰主义的特点

　　日内瓦新皮亚杰学派(亦称日内瓦新皮亚杰主义)的产生,以 20 世纪 60 年代日内瓦大学建立心理与教育科学院为契机。1976 年日内瓦大学的穆努德(Pierre Mounoud)发表《儿童心理学的变革》一文,标志着走向新皮亚杰学派的第一步。1985 年出版了这个学派的第一本文集《皮亚杰理论的未来:新皮亚杰学派》，比较系统地阐述了他们的观点和一些主要研究成果。日内瓦新皮亚杰学派的主要特点可以概括为如下四点。

1. 恢复了日内瓦大学重视教育研究的传统

日内瓦新皮亚杰学派认为，教育不仅是社会发展的需要，而且也是个体人格完满发展的需要。因此，在他们的研究中，特别强调社会关系、社会交往、社会文化、社会性发展的研究。如在智力的社会性发展研究中［以日内瓦大学的杜瓦斯（Willem Doise）为代表］，他们虽然使用了皮亚杰的概念，但是他们更多从社会认知或发生社会心理学的观点来加以阐释。智力的社会性发展理论认为，智力的发展主要是个体与环境相互作用的结果，这里的环境包括物理环境和社会环境，而智力发展主要是与社会环境相互作用的结果。个体同社会环境的相互作用的社会建构是个体认知结构变化的首要原因；个体之间的认知不平衡或社会认知冲突是个体认知发展的内在动因和机制；社会关系的知识是通过社会印记的调节作用内化的，这种调节作用既包括自我调节的平衡化作用，又包括社会调节的平衡化作用。因此，在教育过程中要增加儿童与儿童、儿童与成人之间的社会性相互作用的机会，教师要多创造一些必要的社会认知冲突情境，多安排不同发展水平的儿童在一起学习。

2. 不仅追求心理学理论研究的科学价值，而且更重视应用研究

在这一点上，新皮亚杰学派与皮亚杰后期纯理论的研究方向是相对立的。他们不赞成在心理学中只是抽象地研究心和物、心和身、感觉和思维等这些对立命题的关系，而是主张综合地、全面地研究这些对立命题之间在实际上的密不可分的联系。

3. 要求把儿童心理发展当作一个整体来研究

日内瓦新皮亚杰学派不赞成只研究认知发展，而要求把儿童心理发展当作一个整体来研究，即除了研究认知之外，还要注重研究情绪、自我意识、人格发展等。

4. 研究方法的改进

试图创设几个变量相互作用的情境，给儿童提供分析、抽取和鉴别客体属性的机会，从而强调被试在实验过程中的作用。此外，新皮亚杰学派还注意采用现代技术（如电子计算机、微电脑等）来对皮亚杰研究中未包括的方向进行新的探索。例如，他们关于婴儿视觉系统的感觉运动的本质的研究，大大扩展和丰富了皮亚杰的研究。

当然,日内瓦新皮亚杰学派还在形成中,还没有一个明确的体系。正如他们自己所说的:"要回答新皮亚杰学派提出的种种问题,是不容易的,也不是立刻可以办到的,这是一个广阔的、需要雄心壮志的、长期的研究计划。"

三、信息加工新皮亚杰主义的基本观点

信息加工新皮亚杰主义是指 20 世纪 70 年代以后以信息加工理论为基础对皮亚杰主义理论的修正与发展的理论。皮亚杰理论中的结构取向研究较为注重心理发展的质变,而以信息加工理论为基础的过程取向研究较为注重心理发展的量变。北美心理学家凯斯(Robbie Case)综合皮亚杰之后提出的各家之言,将结构取向与过程取向相结合,提出以"结构-过程"理论为核心的新的认知发展理论。

信息加工新皮亚杰主义的基本观点可以归纳为四点:(1)采用信息加工论的观点,用儿童处理信息的过程,补皮亚杰结构思想的不足。认为结构分析宜于描述认知发展的"森林",而过程分析宜于描述认知发展的"树木"。(2)用执行控制结构这一工具代替皮亚杰的数理逻辑工具来刻画儿童智慧发展的阶段。执行控制结构是一种内在的心智蓝图,既代表学习者在勾画某一特定问题情境时的惯用方式,又代表他处理这一问题情境时的惯用步骤。凯斯重新构思的四个主要发展阶段是婴儿期的感知运动控制结构阶段(0—1.5 岁),儿童早期的关系控制结构阶段(1.5—5 岁),儿童中期的维度控制结构阶段(5—11 岁)和青春期的矢量控制结构阶段(11—18 岁)。每一主要阶段内还有四个有规则的亚阶段,即运算的巩固、运算的协调、双重协调和精致的协调。儿童在大致相同的年龄范围,以相同的速度通过这些阶段序列;儿童在广为不同的知识领域中经历了相同的亚阶段序列,足证在儿童的智慧发展中存在着大量的纵向结构和水平结构。(3)用执行处理空间和短时贮存空间代替皮亚杰的平衡化来说明阶段转换的机制。执行处理空间意指"儿童在某一发展时刻能够激活的图式的最大数目",短时贮存空间意指"在整个执行处理空间中当前用于维持和提取先前被激活的图式的那部分"。凯斯认为,皮亚杰视阶段转换为一种平衡化过程,失诸简单化和抽象化。他认为阶段的转换或过渡有赖于层级整合,即将先前为不同性质的目标服务的结构加以整合,并在层级上确定结构之间的主从关系。而层级整合的发生则有赖于执行处理空间和短时贮存空间的规模。由于执行处理空间和短时贮存空间必须通过整个心理系统成熟变化而成长,故智慧发展的速度

缓慢,表现为一种渐进变化的过程。(4)用发展法指导教学设计,加速了理论向实践转化,达到了教学既适应儿童发展,又促进儿童发展的目的。教学实验表明,教学中最初向学习者呈现的问题最为简单,往往凭直觉就可以解决,随后逐渐按层级使呈现的问题逐步复杂化。但是,每引进一种新的策略都要建立在早先业已巩固掌握的策略基础上,并提供可操纵的材料作纠正性反馈之用,其实践意义胜过皮亚杰的理论。

四、对新皮亚杰主义的评价

新皮亚杰主义修正了皮亚杰的部分研究结果,改进了皮亚杰的研究方法,使得研究结果更符合儿童发展的实际。新皮亚杰主义恢复了日内瓦大学原来重视教育的传统,注重根据儿童心理发展理论进行教学设计,注重理论的应用价值,使得儿童认知发展理论更具有生命力。新皮亚杰主义重视社会因素在认知发展中的作用,重视社会性相互作用、社会认知冲突对认知发展的影响,弥补了皮亚杰理论偏重生物因素、强调主客体相互作用和认知不平衡在个体认知发展中作用等观点的不足。信息加工新皮亚杰主义既探讨认知发展的宏观规律又探讨认知发展的微观规律,既重视认知发展过程的质变又重视认知发展的量变,既重视认知发展的普遍性又重视不同领域发展的特殊性,从而更为准确地揭示了认知发展的内在机制和规律。但是,新皮亚杰主义还不够系统完整,许多方面的结论还停留在描述性上,还缺乏实验或时间的检验,因而还有待进一步去完善。

【思考题】

1. 评述皮亚杰的认知发展理论。
2. 评述维果茨基的认知发展理论。
3. 比较皮亚杰与维果茨基的认知发展理论。
4. 评述新皮亚杰主义。

【推荐阅读】

[1] 默里·托马斯.儿童发展理论(第六版).郭本禹,王云强,等译.上海:上海教育出版社,2009.

[2] J.H.弗拉维尔,P.H.米勒,S.A.米勒.认知发展(第四版).邓赐平,刘明,译.上

海：华东师范大学出版社,2002.

[3] 王光荣.发展心理学研究的两种范式——皮亚杰与维果茨基认知发展理论
比较研究.华中师范大学学报(人文社会科学版),2014(5)：164－169.

[4] 熊哲宏,李其维.论儿童的文化发展与个体发展的统一——维果茨基与皮亚
杰认知发展理论的整合研究论纲.华东师范大学学报(教育科学版),2002
(1)：1－11.

第三章

人格发展与教育

【学习目标】

1. 掌握弗洛伊德的人格发展理论及其教育意义。

2. 掌握埃里克森的人格发展理论及其教育意义。

3. 掌握奥尔波特的人格结构理论及其教育意义。

4. 掌握卡特尔的人格结构理论及其教育意义。

　　心理发展不仅指认知发展,还包括人格发展。人格是一个人内在动力组织和相应行为模式的统一体,包含一个人区别于他人的稳定而统一的心理品质。人格具有独特性、整体性、稳定性、功能性和社会性等特征。在现实生活中,有些人聪明敏锐,有些人愚钝迟缓;有些人坚毅勇敢,有些人胆小懦弱;有些人谦虚谨慎,有些人骄傲自大。这些都表明人格具有独特性。人格的整体性是指反映了一个人的整体心理面貌,包括人格动力系统、自我系统和特征系统,而且人格的任何一个方面都与其他方面密切联系,构成一个有机的整体,具有内部一致性,并受到自我意识的调控。人格的稳定性是指人的思想、感情和行为具有跨时间的连续性和跨情境的一致性。人格的功能性是指人格在一定程度上会影响到一个人的生活方式,甚至会决定某些人的命运,因而是人生成败的根源之一。当面对挫折与失败时,坚强者能奋发图强,懦弱者会一蹶不振,这就是人格功能性的表现。人格的社会性是指人格中渗透了社会意识、社会态度和阶级性等,体现在一个人的人生观、世界观和价值观等方面。如"横眉冷对千夫指,俯首甘为孺子牛"体现的是鲁迅先生的人格特征。

　　人格发展是指个体获得一系列特质而使自己不同于其他人的发展过程。关于人格发展的特征和影响机制,存在不同的理论观点。有的观点认为人格受先天遗传因素的影响大,有的观点认为后天环境是人格形成的决定因素,还有的观点认为人格是先天与后天共同作用的结果。此外,关于个体人格是如何发展的、发展的阶段有哪些、发展的机制是什么等问题,不同理论流派也有不同的观点。本节将系统地介绍弗洛伊德、埃里克森、奥尔波特和卡特尔的人格发展理论,并阐述这些理论的教育意义,以帮助读者深入理解人格发展理论,学会运用这些理论指导教育教学实践。

第一节　弗洛伊德的人格发展理论

弗洛伊德(Sigmund Freud,1856—1939)(见图 3-1)于 19 世纪末 20 世纪初创立了科学心理学史上的第一个综合性的人格理论体系,这一以无意识为研究中心的理论体系被称为"精神分析",它不仅对心理学及精神医学产生了革命性的影响,而且对哲学、历史学、人类学、社会学、伦理学、政治学、美学等几乎所有的人文学科和精神领域,乃至人们的生活方式及价值观都产生了深远的影响,成为西方学术领域与社会文化中的一个重要思潮。

图 3-1　弗洛伊德

一、弗洛伊德生平

弗洛伊德于 1856 年 5 月 6 日出生于莫拉维亚(现属捷克)的小城镇弗莱堡的一个犹太商人家庭。他的父亲因生意上的失败将家迁至莱比锡,在他 4 岁时又搬到维也纳居住,在此他度过近 80 年的时间。弗洛伊德对维也纳有着深厚的感情,他临死时嘴里还喊着维也纳,因为那里是他的精神分析理论的发源地。

1873 年,弗洛伊德考入维也纳大学医学系学习,在这里他认识了当时的著名心理学家布吕克(Ernst Wilhelm von Brücke)。他毕业后在布吕克的实验室工作,因此布吕克对弗洛伊德有着较大的影响。1885 年,他到法国跟随沙可(Jean-Martin Charcot,1825—1893)学习癔症治疗问题,这使弗洛伊德对癔症治疗和催眠术产生了兴趣。1889 年,弗洛伊德再次来到法国,跟着当时南锡学派的首脑人物伯恩海姆(Hippolyte Bernheim,1840—1919)学习暗示法,并观摩了他对神经症的治疗过程。因为弗洛伊德与巴黎的加荷特学派有分歧,弗洛伊德在数次争论中巩固了他的无意识理论。此后又与布罗伊尔(Josef Breuer,1842—1925)合作对精神病患者运用催眠术进行治疗。1889 年弗洛伊德开始运用情绪解放的方法,第一次给患者进行治疗,在治疗中他受到很多启发,渐渐发现了催眠术的片面性,并对自由联想法有了初步的设想,对精神疗法的研究又有了新的发现。1892 年,弗洛伊德对他的最后一个患者伊丽莎白·冯·R 小姐(Fräulein Elisabeth von R.)进行治疗,在治疗过程中发现了催眠方法的缺点,决定抛弃这一方法,进而用自由联想法进行神经症的治疗。弗洛伊德对这两个患者的研究分析,为他的精神分析人格理论的提出提供了大量的资料依据。1895 年,弗洛伊德与布罗伊尔一起合作出版了《癔症研究》一书,这本书通常被看作精神分析的开端。

1900 年以后,在这些资料的基础上他写了大量的著作,这可以说是他的黄金时期,当时他已负盛名。但后来,弗洛伊德的生活并不顺利,他的两个得意弟子阿德勒(Alfred Adler,1870—1937)和荣格(Carl Gustav Jung,1875—1961)与他分裂。特别是荣格,弗洛伊德曾寄予他很大希望,希望他能继承精神分析的大业,但荣格不满足于他的观点,最后同弗洛伊德分道扬镳。这一时期,虽然国际上承认了精神分析学派,并于 1902 年建立了精神分析学会,但弗洛伊德不能容忍别人对他的性本能的观点提出异议,这也致使许多人走上反对他的道路。1923 年弗洛伊德患了口腔癌,虽经三次手术治疗,但还是未能避免这个疾病将他折磨致死。

弗洛伊德的著作很多,主要有《梦的解释》《日常生活中的精神分析》《性爱三论》《精神分析引论》《群众心理学和人类自我分析》《超越自我原则》《自我和本我》《文明及其缺憾》以及《西摩和一神教》等。

二、精神分析理论的产生背景

精神分析的产生不是偶然的,而是有其特定的社会历史根源。正如美国著名心理学史家黎黑(Thomas Hardy Leahey,1943—2020)指出:"由于弗洛伊德的经验是用于临床诊治现实的人类问题,他的理论比实验心理学家的理论来说,就更多地根植于社会基础。"

(一) 社会背景

弗洛伊德的古典精神分析产生于 19 世纪末的奥地利,当时正是西方自由竞争的资本主义向垄断资本主义过渡的时期,奥匈帝国的首都维也纳成为当时欧洲的文化中心之一。当时,封建势力的压迫、王朝对其他民族的剥削、资本主义的压榨等,这种变化导致社会矛盾更加尖锐。大量中小企业的倒闭,再加之居住在贫民窟里的大多数市民生活贫困潦倒,并受到种种欺压,这些都给人们的精神带来巨大威胁。同时,维多利亚女皇在文化领域的统治下,社会盛行一种陈腐伪善、道貌岸然的道德标准和行为规范。性在婚姻中被看作一种罪恶,仅在繁衍后代上有好处,这种长期宣扬禁欲使人们的正常欲望受到压抑,神经症和精神病的发病率不断高涨。

(二) 思想背景

精神分析的产生不仅有其特定的社会历史条件,而且还基于前人对潜意识的探究。如德国数学家和哲学家莱布尼茨(Gottfried Wilhelm Leibniz,1646—1716)提出了单子论,认为单子的本质是精神的,同时也具有物理的特征,最低级的单子是一种微觉,几乎同无意识一样。德国教育学家、心理学家赫尔巴特(Johann Friedrich Herbart,1776—1841)提出了意识阈概念,把心理活动分为意识和无意识两部分,一个观念可以由无意识进入到意识领域,被压抑的观念也可以由意识经过压抑进入到潜意识领域。德国心理物理学家费希纳(Gustav Theodor Fechner,1801—1887)继承和发展了赫尔巴特的意识阈思想,提出了心理的“冰山理论”,即心理如同冰山,很大一部分位于水面以下,而且有一些观察不到的力量在对人们的行为发生作用。此外,还有物理学家赫尔姆霍茨(Hermann von Helmholtz,1821—1894)的能量守恒、达尔文(Charles Robert Darwin,1809—1882)的进化论、迈尔(Robert Mayer,1814—1878)等人的质量守恒和能量转换定律等理论,也为弗洛伊德精神分析的创立提供了重要的思想基础。

(三) 心理病理学背景

精神分析产生的更直接的原因是心理病理学的背景。在中世纪,对精神病的认识和治疗一直是迷信观点占统治地位,人们把精神失常的原因看作中邪、魔鬼附身,因而主要采取残酷的肉体惩罚等非人道的办法,如给患者锁上铁链,或者放逐到荒无人迹的森林中任其自生自灭,甚至被当作“魔鬼附身”活活烧死。随着资本主义经济的发展,幸福的曙光才照射到精神病领域这块黑暗的角落。德国精神病学家格里辛格尔(Wilhelm Griesinger,1817—1868)提出把精神病因归为大脑的病变,并于 1845 年提出生理病因学的观点,从而开始取代迷信观。19世纪,精神病学总的说来是生理病因观占优势,但同时心理病因观也很快形成起来。心理病因观是在心理或精神方面寻找行为异常的原因。精神分析就是主张心理病因观的一些人发展起来的。比如奥地利维也纳医生麦斯麦(Franz Anton Mesmer,1734—1815)的"通磁术"、英国外科医生布雷德(James Braid,1795—1860)的催眠术等,都是心理病因观的先驱。弗洛伊德曾于19世纪90年代访问让内(Pierre Janet,1859—1947)工作的医院,让内的生理病因观已经转向心理病因观,弗洛伊德对让内的研究很感兴趣,同时也提出了一些新的观点,更改了让内的一些术语,如将心理组织改为情结,意识缩小为压抑,心理分裂为精神宣泄。

三、弗洛伊德的潜意识理论

与传统心理学主要研究意识现象和内容不同,弗洛伊德把潜意识现象和内容作为精神分析研究的主要对象。在最早形成的理论中,弗洛伊德就断言:"精神过程本身都是潜意识的,意识的精神过程不过是一些孤立的动作和整个精神生活的局部。"意识居于一个巨大的、不为人所知的、看来很晦暗的王国的表层,这个"不为人所知的王国"即潜意识。潜意识是无法觉知的,我们感觉不到它的存在。如弗洛伊德所称:"无论何种心理历程,我们若由其产生的影响而不得不假定其存在,但同时又无法直接觉知,我们即称此种心理历程为潜意识。"

精神分析也研究那些能意识到的心理事实,但是研究这些意识层面的心理事实的目的是了解潜意识过程,即那些实际存在却意识不到的心理事实。弗洛伊德认为潜意识的精神活动远比有意识的精神活动重要得多。意识过程在人的全部精神过程中不过是极小的一部分,就像大海中的冰山,浮在水面上的部分是能够被人看到的,却只是整个冰山的一小部分,而藏在水面以下的部分则为冰山的大部分。在弗洛伊德看来,潜意识就像冰山水下的部分,在人的全部精神活动中占主要地位。因此,弗洛伊德主张,精神分析研究的对象应当是潜意识的内容,而不是像以往那样,仅限于对意识内容的研究。弗洛伊德把心理层次分为三个层次:意识、前意识、潜意识。前意识和潜意识共同构成了人的无意识(见图3-2)。

意识是指自己能察觉到的、感受到的活动,这是传统心理学集中研究的领域。在弗洛伊德看来,意识的作用微乎其微,意识在人类心理领域中只占极小

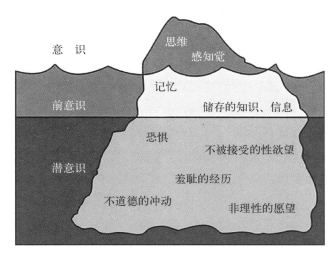

图 3-2　冰山模型

的一部分。前意识是指人们能够从无意识中回忆起来的经验。前意识处于意识和潜意识之间,担负着"稽察者"的任务,它的作用是去除不为意识层面所接受的东西,并将其压抑到潜意识中去,不准潜意识的本能和欲望侵入意识之中。但是,当前意识丧失警惕时,有时被压抑的本能或欲望也会通过伪装迂回地渗入意识。潜意识是精神分析的核心,是弗洛伊德理论的基础,不管后来精神分析如何发展和演变,潜意识的概念是始终不变的。潜意识是指在人类心理活动中不能认知或没有认知到的部分,是人们已经发生但并未达到意识状态的心理活动过程,包括原始的本能冲动以及与本能冲动有关的欲望,特别是性的欲望。由于这些内容不符合社会道德、风俗与法律,因而无法进入意识被个体觉察,被压抑在心理结构最底层的系统。但是它们并没有消失,而是在潜意识中积极活动,追求满足。

四、弗洛伊德的人格结构理论

　　1923 年,弗洛伊德在《自我与本我》一书中提出了新的人格结构观点,即认为人格是一个整体,它包括本我(id)、自我(ego)和超我(superego)三个部分(见图 3-3)。这三个部分互相影响,在不同的时间内,对个体行为产生不同的支配作用,弗洛伊德提出相关概念是用以解释意识和潜意识的形成和相互关系。

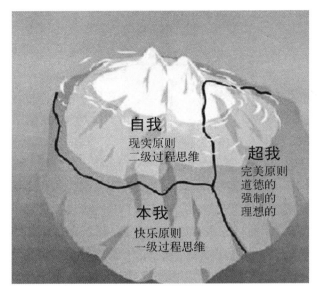

图 3 - 3　弗洛伊德的人格结构

（一）本我

本我类似于弗洛伊德早期理论中的潜意识的概念，是原始的，也是最难接近的部分，同时又是强有力的。它由一些与生俱来的冲动、欲望或能量构成，包含性和攻击的本能。本我没有价值判断，不知善恶，不分是非，不考虑现实条件，只寻求直接的满足，受快乐原则（pleasure principle）支配。本我包含着最基本的心理能量，即弗洛伊德看重的性本能，他称之为力比多（libido）。力比多通过缓解紧张的意向表现出来。力比多增加意味着紧张增加、需要增加，而为了缓解紧张、满足需要，就必须靠现实世界来实现。例如饿了，需要从外部摄取食物；瞌睡了，需要有安全的睡眠条件。在心理发展中，年龄越小，本我越重要。婴儿几乎全都处于本我状态，他们需要担忧的事情不多，除了身体的舒适以外，尽量解除一切紧张状态。但是，这种需要和紧张又不是总能得到及时的满足和缓解，故而在本我与现实之间必须存在某种适当的联系。

（二）自我

自我是意识结构部分。弗洛伊德认为，作为无意识结构部分的本我，不能直接接触现实世界，为了促进个体与现实世界的交互作用，必须通过自我。例如，随着年龄的增加，儿童逐步学会考虑后果，考虑现实的作用。自我遵循现实原则（reality principle），依据现实条件调节、控制或延迟本我需要的满足。自我代表着理智和理性,其力量自本我处获得,但并不独立于本我,它存在的目的是帮助本我获得本能的满足。相应地,本我也必须受到自我的指导和控制,否则就会颠覆理性的自我。自我能支配行动,思考过去的经验,计划未来的行动,弗洛伊德称这种合理的思维方式为二级过程思维(secondary process thinking),即我们一般知觉和认知的思维。例如,一个儿童学习走路,他需要抑制随便走动的冲动,考虑什么地方他可以避免碰撞,他其实在练习自我的控制。

(三) 超我

超我代表了道德力量,它的目的在于追求完美,由于超我永无止境地追求完美,所以它同本我一样是非现实的。超我包括两个部分,一个是良心,一个是自我理想。良心是超我的惩罚性的、消极性的和批判性的部分,它告诉个体不能违背良心。自我理想由积极的雄心、理想构成,是抽象的东西,它希望个体为之奋斗。自我服从超我的强制规则,它不仅必须寻找满足本我需要的事物,而且它寻找到的事物不能违反超我的价值观,遵循完美原则(perfection principle)。超我和自我都是人格的控制系统。自我控制的是本我的盲目激情,以保护机体免受损害;超我则有是非标准,它不仅力图使本我延迟得到满足,而且也会使本我完全不能获得满足。

自我是本我与外部世界之间的中介。弗洛伊德曾这样论述自我的角色:俗话说,一仆不侍二主,然而可怜的自我却处境更坏,它服侍着三个严厉的主人(本我、现实、超我),要使它们的要求和需要相互协调。在通常情况下,本我、自我和超我处于协调和平衡状态,这样便能够保证人格的正常发展。如果本我、自我和超我三者失调乃至破坏,就会产生神经症,危及人格的健康和发展。

五、弗洛伊德的人格动力理论

弗洛伊德对人格或心理动力持本能论的观点,将本能视为人类的基本心理动力,认为人的全部行为都受潜意识的本能的支配。本能是一种先天决定的心理成分,当它发生作用时,就产生一种心理兴奋状态,即产生某种生理和心理的要求或紧张状态,从而推动个体活动,进而消除兴奋和紧张,达到满足状态。弗洛伊德在其早期理论中,把本能分为两种,一种是性本能,其目的是保持种族的繁衍,在弗洛伊德眼里,性欲有着广义的含义,是指人们一切追求快乐的欲望;另一种是自我保存本能,如饥饿、呼吸、排泄、口渴等。但很快他放弃了自我保存本能的假设,认为所有本能的活动都是性本能的一部分,或者由性本能派生而成。

弗洛伊德在其后期理论中,特别是经过第一次世界大战后,耳闻目睹了这场战争中恐怖的屠杀和疯狂的破坏等现象,似乎觉得其原先的理论难以解释战争和破坏的动因,于是弗洛伊德重新思考了本能理论,认为心理生活的本能存在两种内本能,即生的本能和死的本能,前者代表心理活动的性欲成分,后者代表破坏成分。

生的本能是一种表现为个体生命的、发展的和爱欲的本能力量,是个体重要的心理再现,要生存和繁衍就必须满足人体的需要。弗洛伊德认为,自我本能和性本能,虽然各有自己不同的目的,但是都体现了人的生命本能。总之,生的本能是人生命力的源泉,它具有正向的、积极的、建设性的作用。例如,有人被扔在太平洋上漂流一个多月后死里逃生;有人受到极残酷的严刑拷打最终却活下来等,这些都是生的本能创造的奇迹。

死的本能是用以解释某些黑暗的、具有破坏性的行为,包含着人的特殊的侵略本能和破坏本能。当它转向外部时,会表现争吵、殴斗、竞争、嫉妒、对权威的反抗等,甚至进行战争等一切毁灭性行为,而当它转向人自身内部时,则出现自毁现象,包括自虐、自残甚至自杀。一般来说,当死的本能指向外部时,表现为侵略倾向,对外界有所破坏,它就没有必要来毁灭自我;但是,当向外侵犯受到阻碍或挫败时,它往往退回到自我内部,形成自杀的念头或倾向。

此外,弗洛伊德还认为,生的本能与死的本能有时会互相中和,甚至互相代替。例如,吃东西就表现为两种本能的融合,因为生存靠吞吃食物来维持,而同时,食物又被撕咬、咀嚼、吞咽而遭到破坏,表现出破坏行为。总之,无论是生的本能还是死的本能,它们的能量或驱力都来自力比多,都属于潜意识领域。而它们的能量极大,暗中推动着人类的一切行为,决定着人一生的主要活动。

六、弗洛伊德的人格发展阶段理论

弗洛伊德的人格发展阶段理论是建立在他的性心理发展理论的基础之上的,因此也叫作心理性欲发展阶段理论。弗洛伊德认为,儿童从出生到成年要经历几个先后有序的发展阶段,每个阶段都有一个特殊的区域成为力比多兴奋和满足的中心,此区域称为性感区。据此,弗洛伊德把心理性欲划分为口唇期(oral stage)、肛门期(anal stage)、性器期(phallic stage)、潜伏期(latency stage)和生殖期(genital stage)五个阶段。弗洛伊德认为,儿童在这些阶段中获得的各种经验决定了他们成年后的人格特征。

（一）口唇期（0—1 岁）

这个阶段婴儿主要通过吮吸、咀嚼、吞咽等活动来满足欲望。这时期的快感多来自口唇活动,嘴巴几乎是他们的整个世界。婴儿的口唇活动如果没有受到限制,成年后性格倾向于乐观、慷慨、开放和活跃等;如果有不恰当的满足可能会形成口唇性格(oral character),这种人往往好吃,过于依赖,自恋,缺乏耐心,贪婪,多疑,悲观。弗洛伊德相信,成人的大量行为,从过度的乐观到讽刺和嘲笑都可以归因于口唇发展阶段的事件。

（二）肛门期（1—3 岁）

这个阶段的儿童因排泄释放压力而产生快感,肛门一带成为快感中心。在这一时期,父母会要求儿童定时大小便,提出严格的如厕卫生习惯,儿童必须学会控制生理排泄过程,使这项功能符合社会的要求。也就是说,儿童必须接受在厕所中大小便的训练。大小便排泄对成人的人格有很大影响,若父母管教过严,儿童人格发展停滞,就形成肛门性格(anal character),如守秩序、爱清洁、吝啬、固执、报复心强等;若父母溺爱,对排泄活动不加限制,则可能发展成不讲卫生、浪费、无秩序和自私等性格特点。

（三）性器期（3—6 岁）

这一阶段儿童力比多集中在生殖器上,性器官成为儿童获得快感的中心。儿童开始关注性别的生理差异,性欲望的满足涉及性的幻想和生殖器的抚弄和暴露,同时这种冲动和行为又会受到压抑。这一时期产生恋母情结(Oedipus complex)或恋父情结(Electra complex),即儿童会将异性父母作为性恋的对象,同时对同性父母产生恐惧和嫉恨。不过,因为儿童对异性父母的爱恋不会成功,所以往往最后认同(identify)同性的父母,从而克服情结,并以社会能够接受的形式代替了对异性父母的性渴望。如果这种情结获得正当的解决,儿童会认同父母的价值观念,导致超我的逐渐形成和发展,就会形成与年龄、性别相适应的许多人格特征。若人格停滞在这一阶段,就会形成性器性格(phallic character),男性表现为好炫耀自己的男子气概和能力,自夸、好胜和好表现;女性可能会过分认同母亲或女性形象,一面会引诱或挑逗男性,一面又否认自己有性意图并表现出天真无邪的样子。

（四）潜伏期（6—12 岁）

顺利通过早期阶段的儿童在这一时期力比多处于沉寂状态,口唇期、肛门期的感觉和性器期的恋母情结或恋父情结的各种记忆都逐渐被遗忘,被压抑的性感差不多一扫而光。因此,此阶段是一个相当平静的时期。从此以后儿童会将注意力从自己的身体以及对父母的感情转向外部环境,更多地发展技能,而且儿童表现为对异性漠不关心,游戏时大多寻找同性伙伴,性心理发展处于潜伏期,这种现象持续到青春期才有改变。

(五)生殖期(12—18 岁)

这是人格发展的最后阶段,也就是通常说的青春期。男女儿童在身体上和性上趋于成熟,开始出现异性恋行为,建立两性关系。这个时期最重要的任务是力图从父母那里摆脱出来,减少同父母和家庭的联系,逐渐发展出成人的异性恋,而且人格向着成熟的方向发展。

七、对弗洛伊德人格理论的评价
(一)弗洛伊德理论的贡献
1. 开创无意识研究

弗洛伊德不仅研究心理现象的表面价值,而且力图探求在心理现象背后隐藏的精神作用,对人的内心认识更加深刻。弗洛伊德系统地揭露了人心深处、受意识表层封锁和压抑的无意识王国的内幕。

2. 开辟了新的心理学研究领域

性一直是个禁区,弗洛伊德不畏世俗、勇敢冲破性学研究的禁区,对性的概念和范围、性的发展过程、性动力等做了系统研究。虽然弗洛伊德以性的能量作为人类的动力、以性的观点解释人类的心理发展遭到人们的斥责,被人斥为泛性论者。但是,他毕竟把性现象作为科学研究的对象,开辟了一个崭新的领域。

人本身是个能量系统、动力系统,他决定着的潜意识、前意识、意识的心理结构,以及本我、自我、超我的人格模式,就是说,本能欲望是人的心理或人格发展变化的动力和动因,并由此建立了动力心理学。

弗洛伊德还开创了异常心理学研究的先河。在弗洛伊德以前,人们往往只重视精神病患者的外在因素而忽视内在因素,而弗洛伊德重视患者的内心冲突和动机,把异常心理学转变到对内在精神动力的探索。尽管弗洛伊德的理论体系有着明显的错误,但是弗洛伊德为异常心理学的发展开拓了一条新的道路。

3. 开辟了一条重视心理治疗的新途径

弗洛伊德的精神分析突出了心理治疗的价值,在临床实践中创立了一套治疗神经症的方法和理论。在他以前,对精神病患者的治疗主要依靠躯体治疗,这种方法有明显的局限性。为此,弗洛伊德第一个提出了心理创伤是引起精神疾病的主要原因,主张用精神分析的方法来发掘患者被压抑到潜意识内的心理矛盾来治疗患者,这就突破了过去那种单靠药物、手术与物理方法治疗的束缚,开辟了一条重视心理治疗的新途径。时至今日,精神分析作为心理治疗的主要范式依然活力不减。

4. 极大地影响了社会科学的各个领域

从历代心理学家的影响来看,有些人仅限于心理学范围之内,弗洛伊德的名气则是超出心理学,发端于治疗实践的精神分析到后来其影响逐渐扩展到历史、文学、艺术、美学、社会学、教育学、人类学和哲学等领域,并由一种无意识的心理学体系发展成为一种解释个人、文化及社会历史现象的世界观和方法论。因此,就连反对弗洛伊德观点的人也不得不承认精神分析学说对现代西方社会思潮产生的巨大影响,它已经成为 20 世纪人类思想的一个重要组成部分。

(二)弗洛伊德理论的局限

首先,在意识与无意识的关系问题上,弗洛伊德体系过分强调无意识过程,而贬低意识过程。虽然无意识过程是人的精神领域中的一个重要方面,它对人的意识活动会产生重要的作用,但是,不能否认的是,意识才是人的精神生活的最主要方面,意识才是人与动物相区别的最重要特征。没有意识,人就不称其为人。意识是人在后天生活实践中发展起来的高级心理机能,它是构成人的最本质的东西。我们决不能将无意识当作人最本质的东西,无意识只是人的精神领域中的一个组成部分,是动物、婴幼儿和某些精神异常者的突出心理特征。

其次,弗洛伊德把人与动物共有的本能,特别是性本能当作人的行为与人格发展的根本动力,这种观点过分扩大了本能的作用,而忽略了人特有的各种社会需要,人的发展不仅需要满足其生物性的需要,更重要的是需要满足人的各种精神性的与社会性的需要,如爱与归属,自尊与自我实现等。弗洛伊德把人的一切需要归结为性本能的观点是一种偏激的还原论,这将导致把人还原为动物。

再次,弗洛伊德有关于人格的概念、理论与假设往往是不精确的和缺乏操作性的,因而难以通过实证性的研究来加以验证。

最后,弗洛伊德体系过分依赖有关异常心理现象的材料,而忽视了对正常人,特别是健康人的人格心理资料的收集与研究,这使得弗洛伊德理论难以全面揭示人格的本质与规律,从而导致弗洛伊德对人的片面理解,把人看成是不健康的或残缺的。正因为如此,后来人本主义心理学家批判弗洛伊德精神分析是"残缺的心理学"。

八、弗洛伊德人格发展理论的教育价值

(一) 有利于学生正确地认识自己的人格

学生在发展过程中,每个阶段特有的身心特点会使其人格发展产生一些问题。一方面,随着自我意识的发展,他们会越来越清楚地认识到自己的生理状况与心理特征;另一方面,由于自我意识的某些部分可能与社会道德规范相冲突,让他们感到羞愧和耻辱。弗洛伊德认为,如果个体固执地坚持超我的极端标准,而无视本我,必然会产生一些问题,这对学生健康人格的形成和发展极为不利。健康人格的培养主要是使人格各部分的关系和谐一致,以及个体必须与他生存的现实世界达到协调,而不是要消灭本我的冲动和欲望,况且本我的冲动和欲望也是消灭不了的,这是人的生物性所致。因此,健康人格的培养要引导学生正确认识自己。世界上没有谁是完美无缺的,无论是谁,在他身上有些瑕疵都是合理的、正常的、无可厚非的。只是本我的冲动、欲望必须寻求一种合理的表达方式和途径。

(二) 帮助学生使用成熟的、有利于自身发展的防御机制

弗洛伊德认为,人们为了应对焦虑,以保持人格的完整和统一,就会无意识地采用防御机制以恢复控制和实现自我保护。但这些防御机制大多数具有否定、歪曲或虚构实际情况的特征。如果大学生经常使用不成熟的防御机制而且在人格中固定下来,就会对其人格的健康发展带来严重的不良影响。因此,在学生的人格教育中,应引导学生使用成熟的、有利于学生发展的、符合社会道德规范的防御机制,并防止不成熟的防御机制在人格中固定下来。

要防止不成熟的防御机制在人格中固定下来,可以采取两种办法:一是减少应激。持续长时间的应激,会阻碍防御机制的成熟,并使不成熟的防御机制固定下来。因此,在学校教育中,应尽量避免学生处于长时间的应激。二是寻求适当的社会支持。具有同情、关心、爱护支持的学生很少动用不成熟的防御机制,并能够处理好各种冲突。当然,如果爱护、支持过度,也会影响防御机制的成熟。

（三）帮助学生找到合理的宣泄途径，促进心理健康

学生在价值取向上的波动性、道德标准的模糊性都会强烈地冲击其人生观、价值观，从而加剧其内心的冲突与焦虑。因此，在学校教育中应加强心理健康教育，丰富校园活动，系统地讲授心理健康知识，教给学生应对焦虑的方法，让学生采取合理的途径宣泄，以缓解他们的焦虑。如通过合理宣泄、积极的自我暗示和自我安慰，选择科学的行事次序等来缓解焦虑，从而减少其冲突和防御。应通过丰富多彩的校园活动，比如文娱活动、体育竞赛、社会实践科技活动等，让学生在有益的活动中宣泄，释放心理、生理能量，减轻其焦虑、冲突和防御。

第二节　埃里克森的人格发展理论

埃里克森（Erik H. Erikson，1902—1994）（见图 3 - 4）是新精神分析学派的重要人物之一，也是当代精神分析学派的主要代言人。他在许多方面都扩充和修改了经典精神分析人格理论。他反对弗洛伊德的性心理理论和本能论，认为社会的、生理的、环境的等方面固有的相互作用促进了人格的形成和发展。同时，他对心理学和精神分析的相互渗透作出了很大贡献。

图 3 - 4　埃里克森

一、埃里克森生平

埃里克森是美国心理学家，儿童精神分析医生，新精神分析学派自我心理学的重要代表人物之一。埃里克森 1902 年出生于德国的法兰克福，父母都是丹麦人。在他出生前，父母就离异。在他 3 岁时，母亲嫁给了一个儿科医生。母亲和养父一直隐瞒他的身世，埃里克森一直以为养父就是他的亲生父亲。因此，当他后来知道真相后，就产生了他自己提出的"同一性危机"。另外，由于其母亲和继父都是犹太人，所以在学校里人们说他是犹太人。而在继父的祖庙里，他却被看作异教徒，这也使得埃里克森在青少年时期出现同一性危机。埃里克森早年就读于德国卡尔斯鲁厄的普通中学和文科预科大学，喜爱历史和艺术。大学预科毕业后，他违背继父要他成为一名医生的愿望，从事艺术专业，并周游整个欧洲大陆。1927年是埃里克森一生的转折点。那年,他受一位老同学的邀请到维也纳一所规模较小的学校工作,该校生源都是弗洛伊德患者及朋友的子女。开始,他是以艺术身份受聘的,后来担任了指导教师,最后在安娜·弗洛伊德(Anna Freud,1895—1982)的提议下,以每月支付七美元培训费的条件接受安娜的精神分析训练。1929年,埃里克森与同校任教的加拿大籍教师琼·谢尔逊结婚。1933年,埃里克森加入维也纳精神分析学会。同年,为了对付纳粹日益加剧的威胁,埃里克森(已有两个孩子)全家迁居丹麦,后又迁往马萨诸塞州波士顿,在那里,他以精神分析家的身份私人开业。1936年,他接受耶鲁大学人际关系学院的邀请,讲授儿童精神分析。1939年他又来到加利福尼亚大学伯克利分校儿童福利研究所,在这里他全面深入地研究了儿童发展问题,成为当地第一位儿童精神分析家,完成他第一本著作《儿童与社会》(1950)。但由于拒绝在所谓的"忠诚宣言"上签字,他辞去了加利福尼亚大学的教授职务,到匹兹堡大学医学院从事青少年精神医学研究。1960年他被哈佛大学聘用,担任人类发展学教授。1970年,埃里克森退休,来到旧金山的郊区,在这里他仍根据加利福尼亚大学的研究计划,研究健康和医学方面的问题。埃里克森出版的主要著作有《儿童与社会》(1950,1963)、《青年路德:一个精神分析和历史的研究》(1958)、《领悟与责任》(1964)、《同一性:青少年与危机》(1968)、《甘地的真理:论好战的非暴力根源》(1969)、《新的同一性维度》(1973)、《生命历史与历史时刻》(1975)等。他于1994年去世,享年92岁。

二、埃里克森人格发展理论的主要内容
(一)人格发展的渐成原则

埃里克森认为,人的发展依照渐成原则进行。这个原则是借用胎儿发展的概念,把人的发展看作一个进化的过程。他认为,人的一生是一个生命周期,可以划分为八个阶段。这些阶段以不变的序列逐渐展开,而且在不同的文化中普遍存在着,因为它们由遗传因素决定。但他又指出,每个阶段能否顺利地度过则由社会环境决定,在不同文化的社会中,各阶段出现的时间可能不一致。在发展过程中,以个人的自我为主导,按自我成熟的时间表,将内心生活和社会任务结合起来,形成一个既分阶段又有连续性的心理社会发展过程,以区别于弗洛伊德的心理性欲发展过程。

埃里克森认为,人格发展的每个阶段都由一对冲突组成,并形成一种危机。

在这里,危机不是指一种灾难性威胁,而是指发展中的一个重要转折点。危机的积极解决,会增强自我的力量,使人格健全发展,有利于个人对环境的适应;危机的消极解决,会削弱自我的力量,使人格不健全,阻碍个人对环境的适应。而且,前一阶段危机的积极解决,会增加后一阶段危机积极解决的可能性;前一阶段危机的消极解决,则会减少后一阶段危机积极解决的可能性。每一次危机的解决,都存在着积极因素和消极因素,只有根据其中哪种因素的多少而称为积极解决或消极解决。当积极因素的比率大时,危机就顺利地解决,反之则相反。一个健康人格的发展,必须综合每一次危机的正反两个方面,否则就会有缺陷。

(二) 心理社会发展阶段理论

埃里克森划分的人格发展的八个阶段,其中前五个阶段与弗洛伊德的划分相似,后三个阶段是他独创的。

1. 基本信任对基本不信任 (0—1 岁)

第一阶段为婴儿期,儿童的主要发展任务是满足生理上的需要,发展信任感,克服不信任感,体验着希望的实现。此时婴儿根本不会用语言表达自己,所以当他们饿了或者难受的时候就会哭闹。如果这个时候父母能够及时出现,那就是满足了孩子的基本需要,父母的声音和表情、与孩子的身体接触使得孩子感觉到这个人是可以信任的,于是建立起了信任感。如果儿童的基本需要没有得到满足,那么儿童就会产生不信任感和不安全感。儿童的这种基本信任感是形成健康人格的基础,也是以后各个阶段人格发展的基础。如果这一阶段的危机得到积极解决,就会形成希望的品质;如果得到消极解决,就会形成惧怕。

2. 自主性对羞愧和怀疑(1—3 岁)

第二阶段为儿童早期,儿童的主要发展任务是获得自主感,克服羞怯和怀疑,体验着意志的实现。在这个阶段,儿童掌握了大量的技能,如爬、走、说话等。更重要的是,他们学会了怎样坚持或放弃,也就是说儿童开始"有意志"地决定做什么或不做什么。这时候父母与子女的冲突很激烈,出现第一反抗期。一方面父母必须根据社会的要求对儿童的行为要有一定的限制和控制,即养成良好的习惯;另一方面又要给儿童一定的自由,不能伤害他们的自主性。父母对子女必须有理智和耐心,如果父母对子女的行为限制过多,惩罚过多或批评过多,就会使儿童感到羞怯,并对自己的能力产生疑虑。如果这一阶段的危机得到积极解决,就会形成自我控制的品质;如果危机是消极解决,就会形成自我疑虑。

3. 主动对内疚(3—6岁)

第三阶段为学前期或游戏期。这一阶段儿童的主要发展任务是获得主动感,克服内疚感,体验着目的的实现。这个阶段的儿童表现出主动探究行为,活动更为灵巧,语言更为精练,想象更为生动。他们开始了创造性地思维、活动和幻想,开始了规划未来事件。如果父母肯定和鼓励儿童的主动行为和想象,儿童就会获得主动性;如果父母经常讥笑和限制儿童的主动行为和想象,儿童就会缺乏主动性,并感到内疚。如果这一阶段的危机得到积极解决,主动超过内疚,就会形成方向和目的的品质;如果危机是消极解决,就会形成自卑感。

4. 勤奋对自卑(6—12岁)

第四阶段为学龄期,儿童的主要发展任务是获得勤奋感,克服自卑感,体验着能力的实现。这一阶段的儿童大多数都在上小学,学习成为儿童的主要活动。儿童在这一阶段最重要的是,体验以稳定的注意和孜孜不倦的勤奋来完成工作的乐趣。儿童可以从中产生勤奋感,这使他们在今后的独立生活和承担工作任务中充满信心;如果儿童不能发展这种勤奋,使他们对自己能否成为一个对社会有用的人缺乏信心,从而产生自卑感。如果这一阶段的危机得到积极解决,就会形成能力品质;如果危机是消极解决,就会形成无能。

5. 同一性对角色混乱(12—20岁)

第五阶段为青春期,主要发展任务是建立同一感,防止同一感混乱,体验着忠诚的实现。这一阶段青少年正经历一些心理和生理的剧烈变化,他们需要重新认识自己,必须思考所有他已掌握的信息,包括对自己和社会的信息,为自己确定生活的策略。如果在这一阶段能做到这点,儿童就获得了自我同一性。自我同一性是一种关于自己是谁,在社会上占什么样的地位,将来准备成为什么样的人,以及怎样努力成为理想中人的一系列感觉。自我同一性对发展儿童健康的人格十分重要,同一性的形成标志着儿童期的结束和成年期的开始。如果在这个阶段青少年不能获得同一性,就会产生角色混乱和消极同一性。角色混乱是指个体不能正确地选择适应社会环境的角色,消极同一性是指个体形成与社会要求相背离的同一性。如果这一阶段的危机得到积极解决,青少年获得的是积极同一性,而不是消极同一性,他就会形成忠诚的品质;如果危机是消极解决,就会形成不确定性。

6. 亲密对孤独(20—25 岁)

第六阶段是成人早期。主要发展任务是获得亲密感,避免孤独感,体验着爱情的实现。这一阶段只有建立了牢固的自我同一性的人才敢与他人发生爱的关系,热烈追求和他人建立亲密的关系。因为与他人发生爱的关系,就要把自己的同一性和他人的同一性融合一体,这里有自我牺牲,甚至有对个人来说的重大损失。而一个没有建立自我同一性的人,担心同他人建立亲密关系而丧失自我。这种人离群索居,不与他人建立密切关系,从而有了孤独感。如果这一阶段的危机得到积极解决,就会形成爱的品质;如果危机是消极解决就会形成混乱的两性关系。

7. 繁殖与停滞(25—65 岁)

第七阶段是成年中期。发展任务主要为获得繁殖感,避免停滞感,体验着关怀的实现。在这一阶段,一个人已由儿童变为成年人,变为父母,建立了家庭和自己的事业。如果一个人很幸运地形成了积极的自我同一性,并过着充实和幸福的生活,他们就试图把这一切传给下一代,或直接与儿童发生交往,或生产和创造能提高下一代精神和物质生活水平的财富。如果这一阶段的危机得到积极解决,就会形成关怀的品质;如果危机是消极解决,就会形成自私自利。

8. 自我整合对失望(65 岁以后)

第八阶段为老年期,发展任务主要为获得完善感,避免失望和厌恶感,体验着智慧的实现。到这一阶段,主要工作差不多都已经完成,是回忆往事的时刻。前面七个阶段都能顺利度过的人,具有充实幸福的生活和对社会有所贡献,他们有充实感和完善感,怀着充实的感情向人间告别。这种人不惧怕死亡,在回忆过去的一生时,自我是整合的。而过去生活中有挫折的人,在回忆过去的一生时,则经常体验到失望,因为他们生活中的主要目标尚未达到,过去只是一连串的不幸。他们感到已经处在人生的终结,再开始已经太晚了。他们不愿匆匆离开人世,对死亡没有思想准备。如果一个人的自我调整大于绝望,他将获得智慧的品质,如果危机是消极解决,就会形成失望和毫无意义感。

三、对埃里克森人格发展理论的评价

(一) 埃里克森人格发展理论的贡献

首先,埃里克森发展了弗洛伊德的精神分析理论,修正了弗洛伊德只强调

生物的性因素的人格结构理论,强调社会和教育在人格发展的作用,为精神分析学派的发展与进步作出了重要贡献。

其次,埃里克森的心理发展理论不是终止于青春期,而扩展到整个生命周期,提出心理的毕生发展。他把人的发展理解为生理、心理和社会的统一,把人的一生看作一个统一的发展过程,强调自我在发展中的成熟和作用,并重视社会文化因素在人格发展中的作用,这对于我们理解儿童的人格发展很有价值。他的八个阶段涵盖了人一生的发展,从毕生发展的角度诠释人格发展的模型对人格发展的研究产生了广泛而深远的影响。

再次,埃里克森的理论把分析重点从本能冲动的无意识方面转移到自我与社会之间相互作用的意识方面。他强调自我的作用,引进心理危机的概念,并相应地重视家庭和社会对儿童和青少年的教育作用。他对于各阶段的发展危机的描述,为儿童和青少年的教育工作提供了重要的理论基础,提醒我们重视每个阶段的教育。特别是他提出的自我同一性概念,对于我们研究和解决青春期问题有着很重要的启示作用。

最后,埃里克森虽然也十分强调发展的顺序性,但在他的理论中并不存在发展与不发展的问题,而只有发展的好坏。发展的成功与否跟发展的阶段无关,每个人在自己不同的发展阶段中都可能出现成功或不成功之处,这会影响下一阶段的发展内容,但并不会影响下一阶段的出现。每个人都会完成八个阶段的发展,但是他们在每个阶段中的发展质量有差别。这种发展理论对儿童心理发展的阶段性问题提出了新的解释。

(二) 埃里克森理论的局限

大量对埃里克森理论的探讨中,也提出了许多质疑和批评。

首先,认为埃里克森的理论缺乏可证实的数据,思辨性和经验性较强,科学性和实证性较弱。例如,他的心理社会发展阶段理论,虽然有的心理学家试图用一些方法去验证它们的存在,但到目前为止,这一理论还没有得到确凿证据的完全支持。或者,它本就不适合进行客观检验,因为埃里克森自己使用的研究方法就是主观性强的传记和个案研究,因而他提出的诸如希望、意志这样的抽象概念也很难用实证方法去验证。

其次,埃里克森的理论中隐含着个人心理发展与社会发展的二因平行论。他认为社会发展基于个人心理发展,个人心理发展反映了社会发展,但他没有探讨社会实践活动对个人心理发展的决定性作用以及社会发展如何以个人的人格为基础。

再次,埃里克森在理论立场上所持的调和矛盾的态度无疑削弱了自我心理学的影响力。他一方面提出了完全不同于弗洛伊德的积极乐观的自我理论,另一方面又坚称自己绝对效忠于经典精神分析阵营,不肯放弃备受争议的力比多理论,致使他的学说体系受到争议。

最后,还有研究者认为埃里克森划分的人格发展阶段建立在对男性的研究上,对女性来说可能会有所不同。如女性对亲密的关注与对同一性的关注可能同时产生,在某些情况下,甚至会超出对同一性的关注。

四、埃里克森人格发展理论的教育价值

埃里克森的人格发展阶段理论不仅指出了每个发展阶段的任务,个体将面临的危机,还提出了解决矛盾、完成任务的具体教育方法。其教育措施既强调父母的作用,也十分重视同伴、教师和社会的作用。埃里克森的人格发展理论对教育教学具有重要的启发意义。

(一)重视社会环境在人格发展中的作用

埃里克森探讨了社会文化因素,尤其是人际关系与教育对人格发展的影响。认为良好的人际关系和适当的教育可以促进个体的人格发展,而不良的人际关系和不适当的教育会阻碍个体的人格发展,因此儿童时代的人际环境和教育对以后的人格发展有重要作用。如在婴儿期(0—1岁),母亲的呵护对于婴儿产生信任感、克服不信任感具有非常重要的意义;到了儿童早期(1—3岁),父亲的陪伴对于儿童获得自主感、克服羞怯和怀疑可能显得更为重要。在整个6岁前,亲子关系一直是儿童人际关系中起主导作用的关系,家庭和父母的角色对于儿童人格的发展具有最重要的意义。而到了7岁以后,儿童进入学校学习,这时,儿童不仅受到父母的影响,而且还会受到老师和同学的影响,教师对于儿童的影响逐渐超过父母。在教师的鼓励下以及与同学的竞争、合作下,儿童懂得勤奋学习,成为一个能干的和有成就的人。到了中学阶段,同伴关系成为儿童人际关系中的主导关系,同伴影响在中学生人格发展中的作用逐渐超过老师和家长,儿童更乐于模仿同伴,在与同伴的交往中寻求自我肯定和自我认同。可见,埃里克森的人格发展阶段理论重视人际关系和教育等社会因素对人格发展的影响,无论对于家庭教育还是学校教育都具有重要的现实意义。

(二) 教育要遵循儿童人格发展的特点，抓住教育重点

埃里克森提出了人格发展在不同阶段有不同任务，掌握不同时期的发展特点，就可以避免出现心理危机，使发展达到理想的境界。这有助于教育者了解学生，采取相应的教育指导，帮助学生顺利发展。根据埃里克森的观点，针对不同阶段的儿童可以采取相应的教育措施。

如对于学前儿童，主要任务是获得主动感，克服内疚感。因此，家长和幼儿园的老师应允许幼儿在家庭或幼儿园的活动中尽量自己作决定，以培养幼儿对自己的肯定。如在幼儿艺术课上，儿童可以选择自己名字的标志和纸张的颜色；在讲故事的时候，可以让幼儿自己从指定的两本书中选择一本；或者在游戏的时候，让幼儿从三四种不同玩法中自由选择游戏方式；教师在举行班级活动的时候尽可能考虑学生的建议，鼓励学生发展各方面的能力，给学生创造体验成功的机会，并以此让儿童获得尝试新事物的信心，如此就可以让儿童获得主动感。

对于小学生，主要任务是获得勤奋感，克服自卑感。教师应注意和表扬学生的成功以培养学生的成就感。如安排一系列的学习单元，每当学生完成一个单元就加以表扬或给予鼓励，增强学生的自信。鼓励学生对比自己前后的成绩，让学生看到自己取得进步的过程，帮助他们获得成功的体验。

对于中学生，主要任务是建立自我同一感，防止同一感混乱。因此，家长和教师要理解、认同和接纳中学生的想法和做法，给予他们以鼓励和肯定，甚至要包容学生的一些错误，充分发挥他们的自主性和主动性；家长和教师要善于与中学生沟通，从学生的视角去理解他们的想法，发现他们的需要，给予适当引导和帮助，使中学生形成主体我与客体我的统一。另外，家长和教师要引导中学生正确认识自我，多进行纵向比较和评价，发现自己的进步与成长，少进行横向比较，从而形成过去我和现在我的统一。

(三) 把握自我在人格发展中的核心意义，促进学生人格健全发展

在弗洛伊德的人格发展理论中，本我是人格发展的核心，而在埃里克森的人格发展阶段理论中，自我是人格发展的核心。现在，大都认同自我是人格发展的核心。因此，在促进儿童人格发展过程中，要重视提高儿童的自我认识和自我评价能力，增进儿童的自尊心、自信心等自我体验，锻炼儿童的自我控制能力。在学习、活动和交往中，要尽量让儿童自由选择，自主决定，以培养儿童自我肯定、自我认同，确立自我同一感。比如，在小学低年级竞选班委干部时，让儿童根据自己的兴趣爱好和意愿决定竞选哪个职位,并说出自己为什么竞选这个职位,从而培养儿童的自我同一感。教师要给儿童创造更多独立完成任务的机会,获得尝试新事物的信心,发展自我的满足感,不要羞辱学生。教师在给学生布置课外任务时,适当多布置一些学生一个人经过努力就能完成的任务,如给妈妈洗一次衣服,在家里煮一顿饭,在家里拖一次地板等,让学生在完成任务的过程中获得信心,达到自我满足。

个体的人格发展是一个充满危机的过程,个体的自我需求与社会规范之间往往存在冲突,教育应该培养个体应对危机,提升自我发展的能力。当学生在学习上遇到挫折、失败时,教师要帮助他们处理好这些问题,正确面对这些问题,帮助学生渡过这一危机,实现自我人格的发展。根据埃里克森的自我同一性理论强调自我在人格发展中的重要作用,在培养学生健全人格的过程中,要重视自我意识教育的作用。在学校的教育过程中,一方面通过开设职业规划课程等培养学生完善自我意识,培养学生自我探索和独立思考的能力,从而进行合理的自我角色定位;另一方面通过个体咨询、团体指导、心理测量、专题讲座等心理咨询服务活动,使学生了解自身心理发展规律,学会自我调节和控制,增强社会适应能力,促进健全人格的形成。

埃里克森在论及青春期阶段建立自我同一性过程的时间性问题时,提出心理社会合法延缓期(psychosocial moratorium)这一概念,心理社会合法延缓期是允许还没有准备好承担义务的人有一段拖延的时期,是青春期阶段对成人承担义务的延缓。因此,我们应该创设一个民主、包容的社会氛围,给处于此阶段的学生一些选择的余地和一个发展的空间,在活动和交往中,因材施教,帮助学生解决好这个阶段的问题,顺利渡过危机。教师要鼓励他们不要害怕错误和碰壁,亲自去体验每个设想的角色定位的可行性与利弊,而不应该是一味高标准和严要求,打压学生人格发展过程中本应存在的各种可能性。

五、弗洛伊德与埃里克森人格发展理论的比较

虽然埃里克森自称为弗洛伊德的信徒,但他的理论与弗洛伊德的理论很少有共同之处。此外,他有关人性的观点与弗洛伊德的人性观有显著差异。在人格发展理论方面,埃里克森与弗洛伊德的差异主要表现在以下四个方面。

(一)弗洛伊德强调生物因素对人格形成的影响,而埃里克森注重社会和文化因素的影响,这是他们关于人格发展理论的本质区别

弗洛伊德把人格发展的基本动力归于性本能或力比多,把人的行为的基本

动力置于人的本能范围内,断言人的全部行动在于追求快乐或渴望满足有机体的需要。弗洛伊德按照他的泛性论,把人的个体发展的每个阶段归结为按不同的力比多的情欲区的改变和转移的阶段,这五个阶段的次序是由生物因素主宰的。这就是弗洛伊德力比多理论的最主要弊病之一——否认人的意识和心理的社会制约性。

新精神分析开始背离正统的弗洛伊德分析路线,沿着社会学的路线进行分析探讨,他们不仅拒绝力比多理论,而且反对弗洛伊德普遍强调性欲,认为儿童不再被认为是受生物本能的支配,而是受社会文化的影响。因此,埃里克森认为发展的各阶段构成了自我的时间表,并反映出有关的社会制度的结构,个人一旦做好生物学的、心理的和社会的准备,就发展到他的下一阶段。埃里克森提出的人格发展影响因素比弗洛伊德的全面。埃里克森认为,物理的、社会的环境影响同形成个人人格发展的生物的、先天的心理过程一样,起着同等重要的作用。环境的力量既限制个人,又使他得到自由。

(二)两种理论关于人格发展的动力学不同,建立的模型也不同

弗洛伊德的经典模型是个人在母亲—儿童—父亲三角关系的现实范围内的动力学,即弗洛伊德在研究儿童人格发展时仅把儿童囿于这个狭隘的三角关系中,强调人格形成与儿童早期经验有关,与父母对儿童的教养态度有关。埃里克森关心的则是家庭成员与其社会文化现实之间的动力学。埃里克森提出的模型与弗洛伊德的不同在于:埃里克森既看到个人在家庭背景范围内与父母的关系,也强调个人在家庭的历史文化传统的构架范围内与更为广阔的社会背景的关系。他不像弗洛伊德那样仅强调父母的作用,还十分重视同伴、教师、社会的作用。

(三)埃里克森概述的心理社会发展阶段包括整个人生的周期

关于人格发展的阶段,弗洛伊德提出了五个阶段,只到青春期。埃里克森则深入钻研和扩展了弗洛伊德体系中未深入研究的领域,增添了成人期的新阶段,这样他的理论就包括整个生命周期。埃里克森在这八个阶段中说明了个体从婴儿到成熟经过的几个阶段,以及个体在每个阶段面临的主要危机,前几个阶段是发展,后几个阶段是成熟和完善。

认识到发展超出青年期阶段本身就是一个独特的发现。因为现代发展论者的主要着眼点都只限于儿童期的发展,而很少意识到成人期的发展。在研究儿童的发展中,最重要的应当了解发展的整个范围,特别是成人在对儿童发展产生影响的同时,还面临着自己的发展任务。因此,从这个角度来说,埃里克森的八个发展阶段的观点确实是一大进步。

(四) 弗洛伊德对人格发展持悲观主义态度,埃里克森则以乐观主义精神代替悲观主义论调

弗洛伊德认为人的本性是恶的,埃里克森则认为儿童出生后存在向善的或恶的方向发展两种可能性,对形成和发展良好的个性品质抱较为乐观的态度,他认为一个阶段的任务未完成好,虽然也会影响以后的发展,但仍有机会在以后的阶段通过自我补偿和自我教育继续解决,并不一定导致像弗洛伊德所说的那种病理性后果。因此,弗洛伊德致力于研究病理发展的病因学,而埃用克森却集中于发展方面危机的胜利解决。

第三节　奥尔波特的人格发展理论

奥尔波特(Gordon W. Allport,1897—1967)(见图3-5)是人本主义的重要代表,也是 20 世纪 60 年代有影响的人格心理学家。对于奥尔波特的理论归属,心理学界还存在分歧。一部分人称奥尔波特为特质理论家,因为他早期是个机能主义者,主要研究人格特质。另一部分人把奥尔波特看作人本主义者,因为他后来受到人本主义心理学特别是马斯洛思想的影响,逐渐转变成为人本主义心理学的重要代表,而且他的后期著作主要与人本主义心理学人格理论有关。因此,可以把奥尔波特看成人本主义心理学人格心理学家。

图 3 - 5　奥尔波特

一、奥尔波特生平

奥尔波特于 1897 年 11 月 11 日出生在美国印第安纳州蒙特苏马的一个小镇。父亲是一名居家行医的内科医生,母亲是一名小学教师,是一名虔诚的教徒,父母和家庭环境培养了他博爱、有责任心和爱思考、爱劳动的特点。奥尔波特认为,正是童年经历使他终生不渝地关心人类福祉,投身于人本主义心理学的研究。

奥尔波特在克利夫兰接受了中学教育,虽然在同年级的 100 个学生中排名第二,但他并不认为自己具有卓越的创造力。1915 年他考入哈佛大学,主修哲学和经济学,选修心理学和社会伦理学,后者对他产生了深远影响。1919 年,奥尔波特以优异成绩获得文学学士学位,毕业后在土耳其伊斯坦布尔的罗伯特大学教授英语和社会学。1920 年回到哈佛大学,1921 年获得文学硕士学位,1922 年获得心理学哲学博士学位,他撰写的博士论文是《适用于社会诊断问题的人格特质实验研究》。从选题看,奥尔波特远离了当时占主流地位的精神分析,而是讨论了尚处于萌芽阶段的特质理论,这也许是美国大学中第一篇关于这一主题的论文,他也注定将成为一名拓荒者。从 1924 年起,奥尔波特开始在哈佛大学任教,开设了美国最早的人格心理学课程。此后,除了 1926—1930 年在达特茅斯大学作为助理教授外,他的整个学术生涯都在哈佛大学度过。

奥尔波特在有生之年获得过许多荣誉。1939 年当选为美国心理学会主席,1963 年荣获美国心理学会金质奖,1964 年荣获美国心理学会杰出科学贡献奖。1967 年 10 月 9 日,奥尔波特因肺癌去世,这一天距离他 70 岁生日还差 1 个月。

奥尔波特一生都致力于改进关于"人是什么"的概念。他于 1937 年出版的《人格:一种心理学的解释》(1937)成为人格心理学独立的标志。其他著作包括《人格心理学的基本研究》(1955)、《人格的类型和成长》(1961)、《个人与宗教信仰》(1950)、《偏见的本质》(1979)以及《谣言心理学》(1947)等。

二、奥尔波特的人格结构理论

奥尔波特的人格结构理论也就是其人格特质理论。奥尔波特认为,完备的人格理论必须具有能够代表"生活综合"的测量单元,这种测量单元就是特质(trait)。奥尔波特首次对特质进行了系统描述和分类。

(一)特质的概念

特质是奥尔波特人格理论中最重要的概念。他认为,特质其实是一种神经心理结构,它可以使一个人对多项外在和内在刺激在机能上等值。也就是说,特质引起了相等形式的适应性和表现性行为。当一个人具有某种特质时,他的思想和行为会具有经常朝某个方向反应的倾向。为了进一步解释特质概念,他将特质区分为共同特质(common trait)和个人特质(personal trait)。共同特质是属于同一文化形态下人们具有的一般人格特质,它在共同的生活方式下形成,并普遍存在于每个人身上。从共同特质看,个体间的差异,只不过是个人具备这种特质的多寡或强弱不同。如外向性,任何人都可以在从极端内向到极端外向的这个维度上找到自己所在的点。

个人特质是个人独有的,与共同特质相对,代表个人的行为倾向。奥尔波特特别重视个人特质。他指出:"严格地说,只有个人特质是真实的特质。因为第一,特质是个人的而不是地区的、社会的;第二,特质是以个人经验独特方式发展起来的动力倾向,所以共同特质不是真正的特质。"在世界上没有两个人的个人特质完全相同,即使两个人在共同特质上相似,但他们行为上表现的仍各具独特性。他进而把个人特质按其对人格不同的影响和作用,区分了三类不同的个人特质:首要特质、核心特质和次要特质。

(二) 个人特质的种类

1. 首要特质

首要特质(cardinal trait),是个体最重要、最具影响力的人格特质,代表整个人格,往往只有一个。它在个人人格结构中处于主导地位,具有极大的弥散性和渗透性,影响到个人行为的所有方面。不过,首要特质在日常生活中并不常见,未必每个人都具有。有些人因具有单个首要特质而成为著名人物。例如,足智多谋是诸葛亮的首要特质,多愁善感是林黛玉的首要特质。

2. 核心特质

核心特质(central trait),或译为中心特质,是指能够代表个体主要特征的几个特质。每个人都有几个彼此联系的重要特质构成其独特的人格。它虽然不如首要特质那样对行为起明显的支配作用,但本身还相当概括,对人格有一般意义的倾向。例如,开朗的、尽责的、忠诚的、诚恳的、老实的等,当这些词汇确实能够描述那个人的时候,就代表了他的核心特质。奥尔波特认为,每个人所具有的核心特质一般在5—10种之间。由此可见,不是每个人都具有首要特质,但人人都有核心特质。

3. 次要特质

次要特质(secondary trait),不是决定人格的主要特质,它的普遍性和一致性较差,渗透性极小,对个体行为影响小,通常是指一个人某种具体的偏好或反应倾向,这些偏好或反应倾向不易为人察觉,通常只有熟悉的人才会意识到它的存在。如一个人独特的偏爱(如喜欢听某类音乐、喜欢穿休闲运动风的衣服),或由情境制约的特质(如某人有恐高症),等等。

三、奥尔波特的人格发展阶段理论

奥尔波特提出以统我为主题的人格发展阶段理论。统我(proprium)是个体人格的动力和组织者,包括使个人具有独特性的所有事实。在奥尔波特看来,统我是人格统一的根源,是人格特质的统帅,人格的发展就是统我的发展。他把统我定义为包括人格中有利于内心统一的所有方面,并认为成熟的人必须具备六个基本条件:(1)自我广延的能力,即有很广的活动范围,有很多朋友和爱好,积极参与各种社会活动;(2)与他人热情交往的能力,富有同情心而没有占有欲和嫉妒心,能容忍别人和自己在价值观上的差异;(3)情绪上的安全感和自我认同感,能容忍冲突和挫折,经得起不幸,对自己保持良好形象和乐观态度;(4)具有现实性知觉,能实事求是地看待事物;(5)具有自我客观性,知道自己有什么、缺什么,理解真正自我与理想自我之间的差距,也知道别人如何看待自己;(6)具有统合的人生哲学,为一定的目的生活,能对自己的行动产生创造性的推动力。只有具备这些基本特征,人才能实现机能自主,不为早年经验所奴役,这样的人才健康。统我随主宰感(master-sentiments)的形成而发生,主宰感的形成又依赖于统我的发展。从出生到终老,统我都在不断发生变化,并以此经历八个不同的发展阶段。

(一)躯体我的感觉阶段(15 个月左右)

躯体我的感觉是指个体对自己躯体的知觉。这个阶段的婴儿会借由各种感觉体验到自己身体的存在,能够将自己的躯体与外部事物区分开来。躯体我的感觉产生于婴儿与外部环境直接的相互作用。例如,婴儿在饥饿、疲乏、受伤、疼痛时会体验到躯体的自我感,这种感觉也是日后自我意识发展的基础。

(二)自我认同感阶段(2 岁左右)

自我认同是人际互动关系的结果。2 岁大的幼儿开始意识到他作为一个单独的人的持续同一,会以自己的名字作为支点,在各种不同的人际互动情境中感觉到自己是同一个人,认定自我的存在。

(三)自尊感阶段(3 岁左右)

自尊感是人格发展的关键阶段。3 岁大的儿童,会借由独自完成某些任务,感觉到自己有能力,从而肯定自我价值,获得自我满足,获取自尊感。这一时期的儿童有脱离成人掌控、寻求独立的倾向。

(四)自我扩展感阶段(4 岁左右)

4 岁大的儿童将自我概念由自身扩展到外部事物。他们会感觉到除自身的躯体外,尚有一些外界的事物是属于他的,于是将一些原来不属于自己的事物,纳入自我系统,视为自己的一部分。

（五）自我意象感阶段（4—6 岁）

这个阶段的儿童自我意象开始形成,可以通过头脑中的自我意象来行事和评价,开始以道德感作为行动的参考,也会通过与别人比较而构筑自己未来的理想影像。

（六）自我理智调适感阶段（6—12 岁）

这个阶段的儿童会意识到思考的重要性,开始学会以思考作为解决日常生活问题的方法,来达到自我与环境的有效互动,更好地适应环境。此时期的儿童,其思想已具有理性,可独立从事策划、适应和问题解决。

（七）统我追求显露阶段（12—18 岁）

在此阶段,个人的未来理想出现了,这时"我是谁"的问题是首要的,这种对同一性探索的最重要的方面就是对生活目的的确定,其意义在于,这是人第一次关注未来、长远的目标和理想。奥尔波特将动机分为外周动机和统我动机。外周动机要求满足基本需要以降低紧张,而统我动机则驱动个体追求目标,维持紧张。动机由表面过渡到本体,由驱力减弱过渡到紧张增加,能根据自我的内部价值和意象进行自我设计,实现自我提升和人生追求的愿望。

（八）知者自我显露阶段（成年期）

正常成熟的成年人具有机能自主性,不依赖于童年的动机,能意识到自我一致性,并会将前七个阶段加以整合,形成统我的状态。

上述八个阶段中任一阶段的失败和挫折,都会削弱下一阶段的出现,并阻碍他们协调地整合进自我统一体中。虽然统我中的不同部分产生于不同的阶段,但一旦该成分发展起来,就会与其他元素相互作用并持续发展。同时,统我中的各种元素在同一情境下可以同时发挥作用。

四、人格价值取向测量

奥尔波特非常强调个人的价值系统,他和弗农（Philip E. Vernon）编订了《价值观研究量表》,以了解人们价值取向中偏重的倾向。通用的第三版由奥尔波特、弗农和林德赛（Gardner Lindzey）三人合编。《价值观研究量表》包含六种价值类型（由六种基本动机作为价值的成分）:（1）理论型（theoretical）,偏重知识,爱科学;看重能力,勤于思考,追求真才实学,比较重视真理的追求。（2）经济型

(economic)，偏重经济价值，比较看重事物的功利价值，追求实用性。（3）审美型（aesthetic），重视美感和艺术化的经验，欣赏形体的美与和谐的美。（4）社会型（social），偏重人际关系，为人处世公平正义，喜欢与人接触的工作。（5）政治型（political），偏重对权力的追求，热衷于影响和控制他人。（6）宗教型（religious），偏重形而上的价值，喜欢探索人生意义与宇宙奥秘。该量表分成两个部分：第一部分包含 30 个迫选式问题，让被试在两个陈述句中选择自己更赞同的一个；第二部分包括 15 题，每题列有四种事物或情况，被试依照它们的相对重要性，在四点量表上计分（1—4 分）。计分时采用规定的计分纸，将各题分数分别配置在上述六种价值类型内，就可以察看到被试对此六种价值取向中偏重的倾向。

五、对奥尔波特人格发展理论的评价

（一）奥尔波特理论的贡献

首先，奥尔波特是人格心理学的先驱，使人格心理学成为科学心理学中的一个主要分支。他重视人格的个体性，其特质理论直接从个体行为特点出发探讨人格问题，这使得心理学家有可能将研究对象的各种变量置于操作程序之中，解决了心理学中长期以来对人格研究只作描述和讲解的困境。奥尔波特的人格理论是一种创造性的综合研究。他是美国第一位开设人格心理学课程的心理学家，也是美国第一部人格心理学教科书的作者。

其次，奥尔波特建构了一套人格心理学的理论。主要包括：给人格概念作了界定，强调人格的动力性、组织性和独特性；创建人格特质理论，强调研究的个人倾向；还创立了动机的机能自主理论，并率先摆脱了精神分析论者的异常取向而企图建立健康人格理论。

（二）奥尔波特理论的局限

首先，人格理论缺乏系统性和完整性。奥尔波特致力于人格心理学的研究三十多年，有六本著作专门讨论人格或与人格有关的问题。虽然他对人格独特性、人格特质、人格动机和人格特征两极性等问题均有重要见解，但却缺乏理论的系统性和完整性。

其次，奥尔波特的人格理论常常被人指责是不科学的理论。一切科学都必须用一般归纳的方法寻求普遍规律，而奥尔波特过分强调个别研究法而忽视普遍规律的探讨。

再次，奥尔波特的理论难以进行实证性研究，他过分强调人与动物、正常人

与非正常人、儿童与成人之间的机能差异,而忽视了它们之间的内在联系。特质理论过分强调了人的意识的作用而完全摒弃无意识,被指责为以损失潜意识为代价而过分注重行为的意识层面,注重内部原因,从而忽视外部原因。

最后,奥尔波特的机能自主的提法也是特质论受到抨击最激烈的地方,他否认早期经验与人格发展的关系,认为只与现实有关而与过去无关。这样的说法有些言过其实,因为人格发展是一个连续的过程,一个人的早期经验必然会影响到一个人的人格发展。

总的来看,奥尔波特的特质理论被看作人格心理学发展的一个里程碑,自此开始,人们开始研究健康人的人格。奥尔波特的工作卓有成效,推动了人格理论的发展。他对人格的乐观主义态度和理论见解比较符合人的生活经验,尤其是他在科学上的大胆创新和探索精神为后人树立了榜样,虽然他的理论存在一定的局限和不足,但我们不能因此而否认他的功绩和他的理论的价值。

六、奥尔波特人格发展理论的教育价值

(一) 帮助学生树立目标,合理释放精力

奥尔波特认为,成熟的、健康的人的动机并不是由无意识的力量或童年的体验从后面推动的,而是由对未来的计划和希望、志向和理想在前面拉着的。他还认为,成熟的健康人通常需要一定强度的动机去消耗他的能量。例如,人们在休闲时间去做自己喜欢做的事情。奥尔波特用该原理分析认为,精力必须找到出路加以释放。某些青少年缺乏有意义的建设性的目标,他们就会将精力投放在破坏性行为上,例如攻击、犯罪和对抗。在学校教育中,应该告诉学生,动机是通过找寻自己的理想和目标形成的,而且学校应该多组织各种各样的兴趣活动,例如音乐、美术、体育等,让学生找到释放精力的合理途径。

(二) 正确引导自我广延能力,培养爱与同情的能力

自我广延能力是指向外部世界发展开拓自我的一种能力。一个成熟的、健康的成人会有许多兴趣爱好,能够积极地参加各种社会活动。健康成熟的人会参加超越他们自己的各种不同活动,他们不仅关心自己的福利而且也关心他人的福利。而学生在参加社会活动、扩展自我的过程中,也必然会涉及与他人热情交往的能力。奥尔波特认为,健康成熟的人能够与他人保持亲密关系,而不侵犯他人的隐私和权利,也不抱怨、指责和讽刺他人。这种人富有同情心,他们能容忍自己与他人在价值和信仰上的差异。这也就是说要能关爱他人,没有嫉

妒心和占有欲,同时也要能够容忍在价值观念上自己有差异。学生们一方面有着较为强烈的自我扩展能力,同时由于心智的尚未完全成熟,自我意识较为膨胀,所以在与他人相处时极容易产生自私自利的观念,从而引起人际关系的紧张,进而演变成各种较为严重的心理问题。因此,我们就要特别注重培养他们爱与同情的能力,因为他们在处理与他人、与外部社会关系时可能会表现得不够成熟。

第四节　卡特尔的人格发展理论

卡特尔是人格特质理论流派的重要代表人物之一,是最早应用因素分析法研究人格的美国心理学家。他对心理测验的研究,对个体差异的测量,以及对应用心理学的倡导,有力地推进了美国心理学的机能主义运动。他编制的"16PF"人格测验应用十分广泛。

一、卡特尔生平

卡特尔(Raymond B. Cattell,1905—1998)(见图3-6)是继奥尔波特之后另一位对人格心理学有重要贡献的特质心理学家。卡特尔1905年生于英国的德

文郡。在卡特尔9岁时,英格兰被卷入第一次世界大战的旋涡,后来他承认战争对他的影响很大。他目睹了满载伤员的火车来往于他家附近的医院,认为"那是生活的悲剧",他从此变得更加严肃,用更认真的态度致力于他的研究。

卡特尔16岁考入伦敦大学国王学院,主修化学和物理学。1924年获得理学学士学位。毕业后他进入伦敦大学研究生院主修文学和哲学。由于他对社会问题的浓厚兴趣,使他转向心理学的研究,并于1929年

图3-6　卡特尔

获得了博士学位。在攻读心理学学位期间,卡特尔一直担任英国心理学家、因素分析方法的发现者斯皮尔曼(Charles Edward Spearman,1863—1945)的研究助理,毕业后仍留在伦敦大学和斯皮尔曼一起从事因素分析的研究。

1926—1932 年,他在英格兰埃克塞特大学任讲师,1932—1937 年,他创办和主持了英格兰莱斯特儿童心理辅导中心并从事临床工作。1937 年,美国心理学家桑代克邀请他到美国哥伦比亚大学师范学院工作一年,之后在克拉克大学工作三年。1941—1944 年,他在哈佛大学讲授心理学。1946—1973 年担任伊利诺伊州立大学心理学系教授和人格测量实验中心主任。1978 年他到科罗拉多定居,并担任夏威夷大学兼职教授。

1939 年他获得伦敦大学的荣誉科学博士头衔,1945 年他 40 岁之际,被授予伊利诺伊大学人格与群体分析实验室主任和研究教授的职位。他在人格与群体分析实验室的工作使他成为世界公认的人格理论家。1992 年美国心理学会决定给他颁发心理科学终身成就奖,但他认为自己遭到诽谤而拒绝领奖。

卡特尔是个多产的作者,一生发表 500 多篇论文,出版 55 部专著以及 30 种以上的规范化测试。主要著作有《人格的描述与测量》(1946)、《人格系统》(1950)、《人格的科学分析》(1965)、《动机和动力结构》(1975)、《人格与学习理论》(1980)等。

二、卡特尔的人格结构理论

卡特尔认为,特质是构建人格结构的基本成分,就像门捷列夫的化学元素构成宇宙万物一样,因此特质的概念是卡特尔理论中最重要的内容。他一生的主要工作就是通过因素分析寻找这些人格特质。

与奥尔波特一样,卡特尔认为特质为人格的基本元素,认为特质决定个体在给定情境下将作出何种反应,使个体行为具有跨时间的稳定性和跨情境的一致性,能对行为起决定和预测作用。因此,特质结构也就是人格结构。卡特尔还从不同角度对特质作了精细区分,提出了心理元素周期表。

(一)共同特质和独有特质

与奥尔波特的思路一样,卡特尔也作了共同特质和独特特质的区分。共同特质(common trait)是指某一地区、某一群体、某一社会中各成员共有的特征,如开放、内敛等。独有特质(unique trait)则是个体身上独有的特质,通过兴趣、习惯、态度等形式体现。所有人都有共同特质,其差异存在于程度上,可以用来解释人格在群体层面的差异,而独有特质则主要用来解释个体的个别化本质。

(二)表面特质和根源特质

表面特质(surface trait)是指从外部行为可以直接观察到的特质,我们可以通过日常观察得出某人的一系列特征或行为表现，如易怒、焦虑、冲动等。根源特质(source trait)是指以相同的原因为基础的那些相联系的特质，它是内在的、稳定的，是制约表面特质的基础，是人格的内在因素。两者既可能是独有特质也可能共同特质，是人格中最重要的一层。

（三）体质特质和环境特质

从根源上可以将特质分为体质特质(constitutional trait)和环境特质(environmental trait)，前者是由遗传的、身体内部条件构成的特质，后者则是来源于环境与后天经验的特质。体质特质虽然主要受生物因素影响，却未必是天生的，因为后天的身体病变同样可以导致人格的改变。环境特质因为受社会或物理环境的影响，所以是习得的特征。

（四）能力特质、气质特质和动力特质

根据特质的内容还可以把特质分为能力特质、气质特质和动力特质。这是人格的最下层特质，同时受到遗传和环境两方面的影响。三者既可能是体质特质，也可能是环境特质。

能力特质(ability trait)是个体在应对复杂的问题情境时表现出的技能，决定其实现目标的可能性，智力是最重要的能力特质之一，包括流体智力(fluid intelligence)和晶体智力(crystallized intelligence)。流体智力是指一般的学习和行为能力，由速度、能量、快速适应新环境的测验度量，如逻辑推理、记忆广度、解决抽象问题和信息加工速度等，流体智力的主要作用是学习新知识和解决新问题，它主要受遗传因素影响。晶体智力是指已获得的知识和技能，由词汇、社会推理以及问题解决等测验度量，其中一部分是由教育和经验决定的，另一部分是早期流体智力发展的结果。

气质特质(temperament trait)是个体普遍的反应倾向或行为风格，决定着所有的情感和行为反应，因此它是决定一个人的情绪的体质根源特质。

动力特质(dynamic trait)是指人格结构中那些使人趋向于某一风格的行为动力，是一种积极成分，它是个体行为的驱动力，卡特尔划分出不同的动力或动因特质：能、外能（情操和态度）和辅助。

能(ergs)与一般的本能同义。能是一种具有动力性质的体质根源特质。它与内驱力、需求或本能极相似。能包括四个方面：一是产生选择性知觉，即它使得某些事物比另一些事物更易受注意；二是激发对某些事物的情绪反应；三是激发目标定向行为；四是完成这些反应。卡特尔受麦独孤（William McDougall,

1871—1938)本能论的社会心理学思想的影响,认为能有好奇、性、合群、保护、自信、安全、饥饿、愤怒、厌恶、吸引力和自我屈服十一种。

外能(metaergs)是一种动力根源特质,来自环境,属于环境特质。能和外能的区别只在于来源不同,它们都是趋向于事物的动机性倾向。能为先天的,外能为学习的。外能又可分为情操(sentiment)和态度(attitude)。情操是习得的动力特质结构,它以某种方式对一类事物或事件作出反应的倾向。态度是在特定情境中以特定方法对特定事物作出反应的倾向。

辅助(subsidiation)是说明动力特质之间关系的。动力特质具有层层从属的辅助作用,例如,情操是能的辅助者,由能而来;态度是情操的辅助者,是情操的衍生物。人格系统的这种层次关系也被称为动力格状,说明了能与情操、态度的关系,能的欲望常常不能直接满足,经常要通过外能来间接满足。

三、卡特尔的人格毕生发展阶段理论

除了特质和动力系统,卡特尔还十分关注人格的形成和发展。他提出了人格毕生发展阶段理论,详细讨论了遗传和环境两大因素对人格的作用,还尤其强调学习在人格发展过程中的重要作用。卡特尔认为,人的一生会经历不同的阶段,而每一个阶段会面临不同的危机和任务。2—5岁时自我和超我开始发展;6—13岁时,自我继续发展,个体对自己的爱延伸到父母和他人;14—24岁是青春期和青年期,这时生理趋向成熟,个体的情绪稳定性下降,开始产生性兴趣和对社会的无力感,同时利他性、创造性、追求独立性、获得爱和自我认同感的念头开始萌发;25—50岁时,人格趋于稳定,生理机能却开始衰退,但创造性仍可能得到发展;到了老年则会出现记忆力减退、保守、多话等典型心理特点。

关于人格发展的影响因素,卡特尔认为,对多数特质而言,遗传和环境都重要,只是两者的相对重要性不同。他用天性教养比(nature-nurture ratio)和遗传率(heritability)等概念来考察这种相对重要性。其中遗传率是指由遗传决定的变异在某特质整体变异中所占的比重,这个概念现已成为行为遗传学最常用的概念之一。此外,他还创造了多元抽象变异分析的方法以专门考察遗传和环境的相对重要性。通过比较分开抚养或共同抚养的同卵双生子、异卵双生子、兄弟姐妹、无亲缘关系儿童在特质上表现出的相似或差异,卡特尔确定了好几种根源特质的遗传率。

四、人格测量及其方法

人格理论以客观观察和精确测量为基础,卡特尔将观察和测量的资料分为三种:生活记录资料、问卷资料和客观测验资料。生活记录资料(L - data)是与个人生活历史有关的资料或者说是对日常生活事件的记录,包括主观信息和客观信息及研究者在不知道被试背景的情况下所作的观察。其关键作用在于,由于被试没有直接提供信息,因此较少有欺骗和吹捧的成分,比较真实。问卷资料(Q - data)是通过人格测验得到的人的自我评定结果。这是最容易收集的,也是大多数因素分析使用的一种资料。客观测验资料(OT - data)是为测定人格的某些特点而在给定情境下对被试的行为或反应进行观察得到的结果,如压力情境下被试的身心反应、被试对刺激的反应、投射测验的结果等。这种资料是诸多方式中最有价值的一种,因为这类资料比较客观,被试往往并不知道测试的真正目的。

此外,卡特尔还对研究策略和分析方法有独到见解。在他看来,观察的行为都是多个因素共同作用的结果,单变量的方法不仅忽视了有机体的整体性,而且会将研究对象过度简化。因此,他主张使用多变量方法,通过实验程序和统计分析技术同时研究多个变量之间的相互关系,从而获取变量间有意义的联系及变量之间复杂的交互作用。他还主张使用因素分析的方法抽取出背后共同的因素,找到构成人格的基本单位或根源特质。卡特尔认为,因素分析法就是用来寻找特质的方法。

卡特尔最突出的贡献是将因素分析法应用于人格心理学研究。卡特尔运用因素分析法对 35 个表面特质进一步加以分析,获得 16 个根源特质,设计编制了十六种人格因素问卷(16PF),用以测量 16 个根源特质。这个问卷是世界公认的最权威的人格测验,在临床医学中被广泛应用于心理障碍、行为障碍和心身疾病人格特征研究,而且对人才培养和选拔也很有参考价值。

由于卡特尔认为上述根源特质仍存在相关,进一步通过因素分析将这些根源特质聚类,最终发现五个概括水平更高的因素——外向性、焦虑、意志坚强性、顺从性和自制性,这被认为是"大五"人格结构的雏形。

五、对卡特尔人格理论的评价

卡特尔研究范围广,他的人格理论以统计资料为基础建立,是一种建立在严谨的科学测验和复杂的数学程序上的特质理论,该理论强调人格的个体差异性和整体性,为行为遗传学的产生作出了开创性贡献。在特质因素分析法中,我们看到的是结构明确的测验。他编制的16PF对于了解个体人格特征和人格差异,促进人格教育和自我教育具有重要价值。

卡特尔的理论既有一定的先进性,也存在不少局限性。首先,卡特尔的研究报告常是充满了许多统计资料,偏重研究中的技术性;而且他喜欢应用一些新的字词,看起来颇为生涩,因此不大受欢迎。其次,卡特尔经常应用因素分析方法进行研究,虽然它是相当客观而明确的统计方法,但是有人认为因素分析运用的资料,仍然是由研究者放进去的,并不能完全消除研究者偏见的影响。再次,卡特尔一直致力于人格特质的探究,直到晚年才将环境因素的影响纳入其对行为预测的公式里。最后,理论启发性不够,他做的研究更多是实证性的,缺少新创的理论观点。

六、卡特尔人格理论的教育价值

(一)将16PF用于教育及心理辅导

16PF是了解学生既方便而又可靠的工具,16PF可以在较短的时期内对学生的人格有较全面和客观的了解,从而可以实现因材施教;家长客观地了解自己的孩子,可以减少主观想象,恰如其分地"帮子成龙";学生本人也只有全面认识自己,才能有效地塑造自己。特别是对健康状况正常但有学习障碍的学生进行心理学辅导(咨询)时,更需要有对来访者的了解,这样才能给出尊重、真诚和简洁具体的有效辅导。

(二)根据学生智力表现的差异因材施教

卡特尔区分了流体智力和晶体智力。流体智力的发展需要人的生理功能的全面健康。这种能力与脑的整体有关,在人出生后就迅速发展。晶体智力恰好与之相反。这种能力与脑的特定部位有关,随着年龄的增长而发展。人们之间,流体智力差异不大,差异大的是晶体智力,因此,倘若改善环境和教育条件,每个人的智力都可以得到很好发展。

人的智力发展有早晚之分,即智力早熟和大器晚成。智力早熟的孩子往往被称为神童,他们在小时候就展现出超出常人的智力。面对这类学生,教师要充分挖掘他们的潜力,着重培养他们的特长,发挥他们的优势,让他们学有所长,更上一层楼。不是每一个人都能成为智力早熟的神童,但是每一个人都有可能成为大器晚成的人才。大器晚成者,在青少年时代可能没有太大的作为,但是成年以后却有可能一鸣惊人。面对这类学生,教师首先必须保证不看轻、不看贬,不能因为学生的智力水平不高就判定他们属无用之才,应该多加鼓励,帮助他们树立自信心。

【思考题】

1. 评述弗洛伊德的人格发展理论及其教育价值。

2. 评述埃里克森的人格发展理论及其教育价值。

3. 比较弗洛伊德与埃里克森的人格发展理论。

4. 比较奥尔波特与卡特尔的人格结构理论及其教育价值。

【推荐阅读】

[1] 许政援.儿童发展心理学(第2版).长春:吉林教育出版社,2002.

[2] 郝红英.埃里克森与毕生人格发展.太原:山西人民出版社,2018.

[3] 林菁.弗洛伊德和埃里克森人格发展理论比较.福建师范大学学报(哲学社会科学版),1988(4):125-132.

第四章

道德发展理论

【学习目标】

1. 掌握皮亚杰的道德认知发展理论及其教育价值。

2. 掌握科尔伯格的道德认知发展理论及其教育价值。

3. 了解吉利根的关怀道德发展理论及其道德教育启示。

4. 了解霍夫曼的道德移情发展理论及其道德教育启示。

　　道德是关于正确与错误的一套标准,包含诸如诚实、同情、尊重、公平等特质。不道德的行为则包括攻击性行为、侵犯他人、偷窃、说谎等。儿童的道德发展既是社会道德内化为个体品德的过程,也是儿童自身知、情、意、行诸因素协调发展的过程。关于儿童道德发展的过程与机制,不同的心理学家由于关注点不同,研究方法不同,因而得出不同的研究结果,提出不同的理论。皮亚杰的道德认知发展理论可以看成是首次系统研究儿童道德发展的理论,科尔伯格的道德认知发展理论可以看成是对皮亚杰道德认知发展理论的发展和完善,而吉利根和霍夫曼的道德发展理论可以看成是对皮亚杰和科尔伯格道德认知发展理论的有益补充。相对来说,皮亚杰和科尔伯格的道德发展理论侧重于研究个体道德认知的发展,而吉利根和霍夫曼的道德发展理论侧重于研究个体道德情感的发展。

第一节　皮亚杰的道德认知发展理论

　　皮亚杰是瑞士儿童心理学家,本书第二章详细介绍了皮亚杰的认知发展理论。皮亚杰从发生认识论的视角,系统地探讨儿童认知发展的过程、阶段以及儿童认知发展的特征、机制等根本性问题,为儿童认知发展研究开创了先河,奠定了坚实的基础。同时,皮亚杰属于领域普遍性论者,认为儿童道德发展与其思维发展的规律一致,因而他从儿童认知发展的一般视角去研究儿童的道德发展,提出他的儿童道德认知发展理论。这一节首先阐述皮亚杰的对偶故事法,然后重点阐述和评价皮亚杰的道德认知发展理论,最后阐述皮亚杰的道德认知发展理论对于道德教育的启示。

一、对偶故事法

皮亚杰认为,道德是由种种体系构成,道德的实质包括两方面的内容:一是对社会规则的理解和认识;二是对人类关系中平等、互惠的关心,这是公正的基础。一个有道德的人能按社会规定的准则公平地、公道地对待别人。皮亚杰采用对偶故事法研究儿童道德判断发展的水平。

对偶故事法是皮亚杰研究儿童道德判断时采用的一种研究方法。皮亚杰利用讲述故事的方法向儿童提出有关道德方面的难题,测定儿童是依据对物品的损坏结果还是依据主人公的行为动机作出道德判断。由于皮亚杰每次都是以成对的故事测试儿童,因此此方法被称为对偶故事法。皮亚杰认为,儿童道德判断发展的阶段与儿童认知发展的阶段相平行,儿童道德发展的进程可以在他们的认知进程中找到证据。于是他设计了一些包含道德价值内容的对偶故事让儿童回答,要求儿童辨认是非对错,从他们对特定行为情境的评价中投射并推测出儿童现有的道德认知和道德判断水平。

典型的对偶故事

1. 一个叫约翰的小男孩在自己房间时,家人叫他去吃饭,他走进餐厅。但在门背后有一把椅子,椅子上有一个放着 15 只杯子的托盘。约翰并不知道门背后有这些东西。他推门进去,门撞倒了托盘,结果 15 只杯子都撞碎了。

2. 有一个叫亨利的小男孩,一天,他母亲外出了,他想从碗橱里拿出一些果酱。他爬到一把椅子上,并伸手去拿。由于放果酱的地方太高,他的手臂够不着。在试图取果酱时,他碰倒了 1 只杯子,结果杯子倒下来打碎了。

皮亚杰对每个对偶故事都提出两个问题:

(1) 这两个小孩是否感到同样内疚？

(2) 这两个孩子哪个更不好？为什么？

通过这个典型对偶故事可知，故事中隐含行为的动机和后果两个方面，而且皮亚杰故意设计了动机与后果不对等，这样形成认知冲突，引起被试儿童的反应。皮亚杰就是这样通过儿童对问题的回答来了解儿童的道德判断水平。

二、皮亚杰的道德认知发展阶段理论

皮亚杰通过运用对偶故事法同儿童交谈，观察儿童的活动，考察儿童的道德发展特征，写成《儿童的道德判断》(1932)一书。该书展示了三大研究成果：(1) 儿童的道德发展既不是天赋，也不是社会规则的直接内化，而是受主体与客体相互作用的强度影响。换言之，儿童的道德发展是人的自然天赋与相应的社会因素相互作用的结果。(2) 儿童的道德发展不仅取决于对道德知识的了解，更重要的是取决于儿童道德思维发展的程度。儿童的道德思维发展是一个自主的理性思维发展过程。儿童是自己道德观点的构造者。(3) 儿童的道德发展是一个有明显阶段特点和顺序性的过程，与儿童逻辑思维发展具有极大的相关性。

皮亚杰认为，作为儿童道德发展基础的思维结构有四个特点：第一，儿童道德发展的每一阶段都是一个统一的整体，而不是一些与孤立的行为片段相对应的道德观念的总和。第二，在道德认知发展过程中，前一阶段总是融合到后一阶段，并为后一阶段所取代。第三，每个儿童都为建立他自己的综合体而积极努力，而不只是去接受社会文化规定的现成模式。第四，道德认知发展的先前阶段是后继阶段的必要的组成成分。各阶段的连续顺序是固定不变的，而且是普遍的。

通过大量的研究，皮亚杰发现并总结出儿童道德认知发展的总规律，即儿童道德认知发展经历了一个从他律到自律的认识和转化的发展过程。他律是指早期儿童的道德判断只注意行为的客观后果，不关心主观动机，是受自身以外的价值标准支配的道德判断，具有客体性。自律则是指儿童自己的主观价值和主观标准支配的道德判断，具有主体性。他律水平和自律水平是儿童道德判断的两级水平。在此基础上，皮亚杰还提出了儿童道德发展的年龄阶段。他认为，10 岁是儿童从他律道德向自律道德转化的分水岭，即 10 岁前，儿童对道德行为的思维判断主要依据他人设定的外在标准，也就是他律道德；10 岁以后，儿童对道德行为的思维判断大多依据自己的内在标准,也就是自律道德。根据认知发展阶段理论,把儿童道德认知发展分为三个阶段。

（一）前道德阶段（2—5 岁）

在这个阶段,儿童并未认识一项活动中存在某种规则,或即使有些儿童对规则的存在有一定的意识,但并不认为自己必须遵循这些规则。他们对游戏的喜爱只是基于游戏能带来感官上的某种刺激感,比如速度、力量、色彩或声音等,因而他们只是以自己的习惯或需要去玩这些游戏,体现在游戏过程中,如他们各自玩着弹子,并没有彼此协商规则的行为出现;他们的乐趣主要来自运动带来的感官上的快感,因此在游戏过程中,他们按照自己喜欢的样式玩游戏,或者按照自己的想象玩游戏,根本不考虑游戏的规则。没有迹象表明,这一时期儿童玩游戏的乐趣是来自同伴之间的协作。另外,儿童的道德认知是不守恒的,如同样的行为规则,若是父母提出就愿意遵守,而若是同伴提出则不遵守等。对这一时期的儿童,不能说他们的行为是道德的还是不道德的。

（二）他律道德或道德实在论阶段（5—10 岁）

在 5—10 岁期间,儿童进入他律道德阶段（他律意思是在他人的控制之下）。处于这个阶段的儿童有了遵守规则的意识,而且认为制定游戏规则是属于年长者的专利,年长者就是权威,在游戏中,年幼者应该听从年长者的指挥,服从年长者的决定。

这个阶段是比较低级的道德思维阶段,儿童的道德判断具有六个特点:（1）认为道德规则是由权威人物如上帝、警察或父母制定的,并把这些规则看作神圣的、绝对的、不可改变的。游戏规则就像自然界的法则一样是固定不变的,违反游戏规则就是违反了自然法则,因而必须受到惩罚。比如,你让一个 6 岁儿童判断"为了送一个患急病的人去医院急救,超速行驶对不对",他会回答:"不对,因为你违反了交通规则,理应受到惩罚。"（2）倾向于根据客观后果而不是行为意图判断行为的好坏。例如,许多 5—9 岁的儿童认为约翰的行为比亨利更坏,虽然约翰的行为意图是好的,但是他打碎了 15 只杯子,而偷吃果酱（行为意图坏）的亨利只打碎了 1 只杯子。（3）看待行为时非好即坏,而且认为别人也这样认为。（4）主张抵罪式惩罚,即运用强制的方法使犯错者改正错误,并使用痛苦的惩罚使他明白自己是错的。这类惩罚的性质与所犯错误的内容之间没有必然的联系,具有任意性。如一个小孩打破东西,就用挨打的方式进行惩罚。（5）相信内在公正的存在,认为只要违反了社会规则,就一定会受到惩罚,而不管是否有人发现。如一个 6 岁小孩在偷吃东西时不慎摔倒,磕破了膝盖,认为这是对他偷吃行为的惩罚。(6)单方面尊重权威,有一种遵守成人标准和服从成人规则的义务感。几乎每个年幼儿童都以是否遵从年长者的权威规定来评判是非,因而在他们看来,听话就是好孩子,不听话就是坏孩子。

(三) 自律道德或道德相对论阶段(10 岁以上)

到 10 岁或 11 岁后,大多数儿童都达到了自律道德或道德相对论阶段。这个阶段儿童的道德判断特点有:(1)认为规则不是绝对的,可以通过协商改变,而且在一些情况下,规则也是可以违反的。因此,即使为了救病人而超速行驶的司机违反了交通法规,他们也会认为这样做没有什么不道德的。(2)主要依据行为者的意图而不是行为的客观后果来判断行为。因此,10 岁儿童通常会说,因偷吃果酱而打碎了 1 只杯子(不良意图)的亨利比去吃饭时打碎 15 只杯子(好的或中性的意图)的约翰更坏。(3)主张回报式惩罚,即只要使犯错者感受到其不端行为导致的后果就足够了,而不需要通过痛苦的惩罚。这类惩罚与所犯错误之间,无论在内容方面还是在性质方面都是有联系的。如不打扫房间就不允许孩子使用这间房子里的所有东西。(4)判断不再绝对化,能从他人的角度看问题,能较客观、现实地判断自己和他人的观点。(5)不再相信内在公正。他们从经验中认识到,如果违规行为没有被发现,那么违规者就不会受到惩罚。

皮亚杰作为发生认识论的创立者,也探讨了引发或促使儿童道德意识产生发展的原因。他认为作为儿童道德判断基础的推理的发展与一般智力的发展相平行,他甚至把道德推理归类于社会经验知识的一种形式。我们知道皮亚杰所说的社会经验知识是指儿童在与他人的相互影响中构造出来的知识,因而儿童道德观念的产生和发展也就是儿童与他人相互作用的产物。皮亚杰认为,在幼儿中同伴之间的相互影响对道德发展的激化是最具决定意义的因素。儿童最初的道德概念的形成不可避免地要受到那些在他们看来是权威的影响,因而最初的道德概念反映的是一种强制性道德。于是皮亚杰认为在儿童的早期经验中几乎没有有助于形成互反概念和合作概念的积极因素,成人的权威和前运算期的自我中心主义共同对基于合作的道德概念的形成起着阻碍作用。皮亚杰指出,由于公正概念确实如它本身那样以平等和互反为基础,所以公正概念只有经无拘束的同意才能形成。成人的权威作用即便是符合公正概念的要求,也仍具有削弱构成公正概念本质东西的效果。成人的权威虽或成为儿童道德发展方面的一个必要因素,但它本身不足以创造公正观念,公正观念只能通过合作和相互尊重的进展才能得到发展。这种合作首先开始于儿童之间,当儿童长大到少年时开始了与成人合作,最后儿童隐秘地将自己作为成人来对待。皮亚杰的观点十分明确,即儿童道德观念发展的动力主要是儿童间的相互影响,而不是什么权威。

三、对皮亚杰道德认知发展理论的评价

(一)皮亚杰道德发展理论的贡献

皮亚杰在儿童道德发展研究领域作出的贡献是巨大而又影响深远的。

其一,他的理论开创了道德发展研究的新传统。以往思想家对道德发展的研究大都是纯思辨性的,是从哲学上加以论述的,而皮亚杰则开创了道德发展的实证研究之先河。他出版的《儿童的道德判断》一书是道德心理学发展历程中的一部里程碑式著作,是道德发展领域里公认的经典名著。这对美国心理学家科尔伯格的影响很大,科尔伯格就是在此基础上发展他的道德认知发展理论。

其二,皮亚杰采用的临床法可以有效地探讨儿童的道德认知发展水平,对后人具有重要的启发意义。临床法最初是弗洛伊德学派使用的一种精神分析方法,皮亚杰将这种方法的精神应用到儿童道德发展的研究中,通过观察、谈话以及对偶故事等来探索儿童道德推理的发展和道德观念的变化,从而开辟了道德发展研究的新天地。临床法的运用虽然一些学者曾对取样的多少以及是否注重了数量化、标准化等方面对其结果的可靠性产生了某些质疑或进行了批判,但这丝毫不能抹杀皮亚杰在道德发展实证研究领域作出的开创性贡献,也丝毫不能动摇他最杰出的儿童心理学家和发生认识论专家的地位。

其三,皮亚杰的理论促进了道德教育的科学化。道德教育的科学化是指道德教育的目标和方法要符合儿童道德发展的内在规律。皮亚杰对儿童道德观念的形成和发展进行了努力而又卓有成效的研究,提出了道德判断发展的阶段理论。这一理论反映了道德认知发展的普遍规律,为道德教育的科学化提供了理论前提,奠定了理论基础。而且,由于皮亚杰指出了儿童道德的发展过程是一个呈现出明显阶段性的渐进过程,因而对我们针对儿童的年龄特征科学地进行道德教育具有重要的指导作用。

其四,皮亚杰在道德教育方面提出了一个自认为最符合心理学研究成果的

道德教育方法,即集体活动和自我管理的方法。皮亚杰特别强调儿童同伴之间的协作而反对权威的强制,认为同伴合作是道德发展的主要动力。因此,他主张"在学校里创造一个使个人的实验与反省得以共同进行、彼此相助、互相平衡的场所"。他倡导小组工作(即集体活动),认为这种方法准许儿童共同追求他们的目标,并让儿童在实际活动中具有主动性,有利于儿童的道德发展。同时,皮亚杰认为儿童的道德发展源于主体(即儿童)与社会环境积极的交互作用,强调儿童在发展中的自主性。他认为儿童是一个"哲学家",他们是自己的道德观念的构造者,道德发展是儿童自己积极思维的产物,成人和权威的影响只有通过儿童自己的道德思维和道德活动才能发生作用。因此,他特别强调儿童的自我管理、自我发展,充分发挥儿童的自主性、能动性,以促进儿童道德观念的发展与道德水平的提高。总之,皮亚杰强调同伴之间的团结协作以及儿童本身的自治管理,推崇集体活动和自我管理相结合的道德教育方法,这对于我们今天的道德教育方法的科学化仍具有一定的启发。

(二) 皮亚杰道德发展理论的局限性

皮亚杰的儿童道德发展理论也存在一些不足和局限。

其一,这一理论过分强调了道德认知的作用。认知发展虽然是道德发展的一个必要条件,但并不是充分条件。皮亚杰将认知发展置于道德发展的核心位置,认为儿童的道德发展就是儿童自身与其社会环境不断相互作用而形成的认知结构的变化。对道德认知问题的过分强调,使他相对忽视了情感、意志等非理性因素在道德发展过程中的作用。皮亚杰仅仅依据道德发展的认知方面的事实而建立起来的道德发展理论是不完整的。

其二,这一理论忽视了道德行为和道德情感的研究。皮亚杰只注重研究儿童的道德判断,而不直接分析儿童在实际生活中的道德行为,这也使得他的理论具有一定的局限性。道德认知的发展与道德行为的成熟并不是一致的。一个人的道德认知转化为实际的道德行为要受到多种因素的制约,在现实生活中我们常常可以看到道德言行不一致的现象。因此,对道德发展的研究不能仅仅局限于认知方面。此外,皮亚杰通过故事法与谈话法获得的结果与儿童实际的道德认知水平之间存在一定的差距,其实皮亚杰本人也意识到了这一点。皮亚杰只关注儿童道德认知发展的研究,忽视儿童道德情感的研究。后来,吉利根提出关怀道德发展理论,既是对科尔伯格道德发展理论的必要补充,也是对皮亚杰道德发展理论的必要补充。

　　瑕不掩瑜，皮亚杰在儿童道德发展理论研究中的不足，丝毫不能动摇他作为伟大的儿童心理学家和发生认识论专家的历史地位。

四、皮亚杰道德认知发展理论对道德教育的启示

　　皮亚杰的道德认知发展理论对我们实施道德教育具有很大的启发意义。

　　第一，皮亚杰针对儿童道德发展具有阶段性的特点，提出了阶段性道德教育的要求。不同年龄儿童的心理接受能力是有差别的，年幼儿童虽然在成人严厉的道德要求下能够按照成人的旨意去做，但他们实际上并不明白为什么要这样做。一些成年人动辄利用权威对儿童发号施令，训斥指责，这样做不仅不能促进儿童智力和道德水平的提高，而且还会有阻碍作用。皮亚杰说过："当儿童自己积极探讨的体验和使用的愿望足以保证正常的智力发展时，试图从外部去转变儿童的心理是无用的。因此，从道德和理性的双重观点看，成人必须是合作者而不是主人。"家长和教师应该鼓励儿童进行积极的相互作用，因为责任感、合作和自律等概念不能强行传递给儿童，它们只能在合适的环境里从儿童自己的经验中建构。家长必须摒弃自己的权威主义，以便使自己在与儿童相互作用时，真正成为一个合作者和"同等人"。同时，皮亚杰也认为，儿童的道德发展阶段是一个渐进有序的过程。对各个阶段的儿童进行道德教育的内容也不同。皮亚杰肯定，恰当的教育可以促进儿童道德的发展，但教育的作用也是有限度的，即它不能超越儿童道德发展的一般进程。否则，儿童不能将道德教育的内容内化为自身的道德观念，从而导致教育的失败。例如，在小学甚至幼儿园阶段，我们就试图对儿童进行热爱人类、热爱大自然、热爱社会主义等道德教育，这种宏观的、大道理且公式化的教育能够获得理解的效果吗？因此，我们认为，与其要儿童形成高水准的道德观念，倒不如选取水准相适应的内容进行教育。例如，爱小朋友、爱小动物、爱幼儿园等，这样的教育将会产生有实际意义的效果。

　　第二，皮亚杰认为，儿童的道德观念不会自然地产生和发展，它不仅需要儿童间的相互关注，也需要家长和教师的积极引导。他说，家长和教师的作用主要是去构造为儿童所适应、为儿童所学习的社会环境，即为儿童提供适当的社会性相互作用的机会，以引起他们的认知冲突，打破道德认知平衡，重构自己的道德观念，实现道德意识向更高层次的发展。儿童之间的相互作用能使儿童消除自我中心观念，形成合作的道德意识；儿童与成人之间的相互作用，可以使成

人的高水准道德对儿童产生潜移默化的影响,从而加速儿童道德水平的提高。因此,有报道说某博士请假在家中全职培养其独生女,不让她进幼儿园和小学,隔断其女儿与小伙伴之间的来往,这种做法是不恰当的。另外,当今的父母把子女"全托",中断子女与家长之间的交流也是不妥的,因为这破坏了儿童自由发展必需的外部环境,不利于儿童道德观念的形成和发展。

第三,坚持以科学的态度对待学校道德教育工作。皮亚杰的理论来源于实践,来源于对儿童长时间的观察和分析。当前我们要搞好学校道德教育工作,必须以科学的实验结果为基础,探求道德教育工作过程中的规律。如果学校道德教育工作者只凭经验办事,只靠当事人的主观印象来作出判断,习惯于仅仅用一般认识规律来解释道德教育规律,而忽视了个体道德认识、道德能力发展的特殊规律,缺乏必要的定量分析和科学的评价标准,那么从道德教育工作的实施到检查,主观随意性很大。因此,要使学校道德教育工作有新的发展,必须重视克服重经验轻科学的弊病。

第四,重视道德活动中人的主体性原则。人的主体性是指人作为社会活动实践的主体具有的能动、自主和创造的内在特性。道德教育的主体性原则是现代教育的根本原则之一。而在我国道德教育由于历史、文化的原因,更重视整体的价值、需要和利益,而轻视个体的意志。在道德目标上,不顾学生已有道德水平和道德需要,脱离学生整体的道德水平;在道德内容上片面强调个人对整体的贡献和牺牲;在道德教育方法上采取说教、灌输、机械训练的方法。经过这样的道德教育,学生仅仅盲目地接受了某些道德教条,并没有真正形成良好的道德观念,连基本的社会道德准则都没有掌握。我们应该吸取这个教训。

第五,加强道德教育方法的研究。皮亚杰主张让学生在相互交流和合作活动中发展道德思维。他认为,在儿童的相互交流和合作中,既能消除自我中心主义,又能打破道德实在论,促使规则的内化,能够引起儿童道德发展的不平衡状况,促进儿童建立新的平衡,也有利于儿童形成自我管理和自我教育的能力。而当今我国学校的道德教育方法基本上是灌输法一统天下,企图光靠讲授就把道德传授给学生,这种美德袋式的道德教育方法已无法解决道德教育中文化多样性和价值标准多元化的特殊问题,也无法确立学校道德教育的内容,"言者谆谆,听者藐藐"的现象随处可见。因此,道德教育方法的改革值得全社会关注。

第二节　科尔伯格的道德认知发展理论

科尔伯格是美国发展心理学家和道德教育家,道德发展心理学的建立者。他采用实证方法建立的道德认知发展理论在心理学和教育学上具有重大影响。他继承和发展了皮亚杰的道德认知发展理论。如果说皮亚杰开创了从认知领域对道德发展研究的先河,那么科尔伯格则是继皮亚杰之后采用认知发展取向研究道德发展的最杰出代表。道德认知发展理论源自20世纪初杜威的进步主义道德教育研究。杜威认为,学校道德教育不应背记某些规则、良训箴言,关键是发展道德判断力,才能适应变化着的社会,并提出道德能力发展阶段的思想。之后,皮亚杰从发生学的角度对儿童道德判断力进行了专门研究,以公正观念发展为依据,系统阐述了儿童道德认知发展的具体阶段,但由于该理论太过于理论化而被人忽视。直到20世纪50年代,科尔伯格面对战后的学校道德问题,深入进行系统实证研究,并实施不同的道德教育实验,才使得该理论被世人重视,并对学校德育的发展起了重要的推动作用。

一、科尔伯格生平

科尔伯格(Lawrence Kohlberg,1927—1987)(见图4-1)出生于美国纽约州布隆维尔市的一个富商家庭,逝世于美国马萨诸塞州波士顿。他在安度瓦的菲利普私立高级中学上学,高中毕业后不顾家庭反对自愿当一名商船机务士,从事协助第二次世界大战后欧洲犹太难民通过英国海防偷渡到以色列的工作。这次经历让科尔伯格对一个问题产生了终生的兴趣,即在什么时候一个人不服从法律和法定权威,但从道德上是有道理的? 这为他日后研究道德发展奠定了基础。

图4-1　科尔伯格

1948年,他以优异的成绩进入芝加哥大学,2年后获得文学学士学位,不久又获硕士学位。在大学期间,心理学和哲学(特别是伦理学)是他最喜欢的两门课程,他很喜欢皮亚杰的《儿童的道德判断》这本书,他在修读博士学位时,本拟专攻临床心理学,但因受皮亚杰认知发展理论的影响,转而研究道德认知发展。

他的博士论文题为《10—16岁儿童道德思维与判断方式之发展》,是研究儿童在面对道德两难困境时所作的推理。他假设道德的困境会使他们经由一个固定的顺序发展出更多更具弹性的道德推理。由于他的论文题目搜集资料比较困难,所以一直到1958年才完成论文获得心理学哲学博士学位,创下9年读完博士的纪录。取得博士学位之前,1953年他担任芝加哥大学副研究员,1955年任职于波士顿儿童医护中心。获博士学位后,1959年应耶鲁大学之聘,担任心理学副教授兼高级行为科学研究中心研究员,1961年出任芝加哥大学心理学教授,1968年改任哈佛大学教育研究学院教授。科尔伯格的学术生涯和皮亚杰颇为相似,终其一生专注于研究道德认知发展问题。因此,他被誉为皮亚杰之后对道德发展研究贡献最大的人。晚年时,他的慢性寄生虫性肠炎不断发作,使他常常忍受胃肠疼痛。在接近60岁的时候,科尔伯格极度压抑。他曾与一位亲密朋友谈过自杀的道德两难问题。他对这位朋友说,如果一个人对其他人有很大的责任,则这个人应该坚持下去。可是,与病魔的争斗太痛苦了。1987年他在住院的时候失踪。1月17日,他的车被发现停在波士顿港一处潮水汹涌的湿地里,3个月后,他的尸体被冲到洛根机场附近。没有人知道他是什么时候,什么原因过世的,不过一般猜测他是自杀而死。

二、科尔伯格道德认知发展理论的形成

科尔伯格道德认知发展理论的形成受到多方面因素的影响,尤其受到杜威和皮亚杰理论的影响,同时其生活、学习和工作经历也为其理论的形成提供了丰富的营养。

首先,从思想渊源上来说,科尔伯格受到了道德哲学、道德心理学和道德教育学传统多方面的影响。他的理论是对道德哲学观点、发展心理学观点和道德教育观点的吸收与整合。苏格拉底是最早提出"知识即美德"这一伦理学命题的人。在他看来,人要做出合乎道德的行为,必须知道什么是德性,人只有知道了什么是德性的知识,他才能成为一个有道德的人。柏拉图承袭了其老师苏格拉底"知识即美德"的伦理思想,他认为善的理念使人们具有识别善恶的能力。科尔伯格吸收了柏拉图《理想国》中的公正原则和社会观点思想,以公正作为道德的核心。杜威是美国哲学家、教育家、心理学家和评论家,他对于科尔伯格的影响是多方面的。在道德哲学方面,科尔伯格受杜威的影响最大,他完全接受杜威提出的道德范畴。同时,杜威对伦理学的研究对象和研究方法的看法也影

响了科尔伯格的思想。杜威主张伦理学要使得道德的研究像自然科学那样具有科学性的观点,所以科尔伯格运用科学的方法对道德判断的检测和评定,就是对杜威设想的具体化和实践化。在道德教育学上,科尔伯格受杜威的影响也是很大的。科尔伯格在杜威理论的基础上,进一步批判了传统的品格教育。杜威是极度反对直接的道德教学的,他主张道德教育是培养道德观念,是通过学校生活的一切媒介、手段和资料进行广泛影响来实现。科尔伯格将发展作为道德教育的目的,这也是受到了杜威的启示。杜威认为,教育的目的就是生长或发展——理智的和道德的发展。科尔伯格完全赞同杜威的主张。

科尔伯格受皮亚杰的影响也较大。一个偶然的机会科尔伯格读到了皮亚杰 20 多年前的著作——《儿童的道德判断》,这激起了他致力于探讨当时出现的极其尖锐的道德教育问题的强烈愿望,并立即进行研究。经过 5 年工作,他以充分的材料再证和发展了皮亚杰的理论,完成了博士论文。但很意外的是,科尔伯格的博士论文受到的评价虽高,但外界反应冷淡,这反而激发了他进一步研究的决心。经过约 16 年的研究,科尔伯格考察比较了近 10 个国家和地区的儿童道德发展和道德教育,进行了广泛的跨文化比较研究,尤其是对美国 75 名儿童进行的近 16 年的跟踪道德发展研究,取得了大量的研究实证材料,同时他又从理论上对以往的学校道德教育理论进行认真的重新研究和评比,批判了"美德袋"的文化传递理论只是把知识强行灌输给学生的方法,肯定了以发展道德认知能力为主体的杜威进步主义道德教育思想,提出了他的完整理论体系。在之后的近 20 年中他继续研究探讨,不断修改完善,直到 1981 年他把近 30 年研究成果进行系统整理,编辑为《道德发展哲学》《道德发展心理学》《道德发展与道德教育》时,仍对道德判断力发展的三个水平和六个阶段的定义进行修订,反映了他治学严谨和理论体系的深化。在科尔伯格的研究推动下,道德认知发展理论极大促进了当代西方学校道德教育的形成发展,在改革传统道德教育方面立下汗马功劳。他的著作被翻译成世界上多种文字出版,他的理论被广泛应用于现代学校的道德教育研究和教学,被誉为现代学校道德教育的"基石"。

科尔伯格认为,道德教育不是背记道德条例或强迫纪律,而是促进道德认知水平的发展,即一切道德教育的中心就是要坚持发展道德认知力。他说,我这种理论"之所以称为认知的,是由于它认识到道德教育同理智教育一样是以激发儿童就道德问题和道德决策进行积极的思考为基础的,它之所以称为发展的,是因为它把道德教育的目标看作是经过各个阶段的道德发展"。可以说,认知和发展是这一理论的精髓。科尔伯格认为,道德判断的水平取决于儿童的道德认知,从而决定他的道德行动,只有成熟的道德判断才能产生成熟的道德行动,而不是相反。他之所以重视道德判断主要有三个理由:(1)道德判断不是决定道德行为的唯一因素,却是决定道德行为的最根本因素;(2)在影响道德行为的因素中,道德判断是唯一同道德问题有密切关系的因素,而其他如意志、动机、情绪、情境压力和个人喜恶等因素则没有;(3)道德判断的发展具有稳定性,不会倒退和丧失,但其他因素是可以改变的,道德行动也很容易因时因地而变化,但道德判断的水平是不变的,因为它是以认知为基础的。科尔伯格在早期博士论文中对为何把道德判断发展作为道德发展的重点时,就非常明确地指出:必先有价值判断,才会有道德行动;道德判断(即是非对错)都比其他价值判断重要;道德判断和道德行动与自我判断某事好坏有重大关系;道德判断以普遍理性为基础而不会局限于特定情境;道德判断具有较大的广泛性、普适性、一致性和包容性;道德判断以普遍理性为基础,因而具有客观性,不受性格和主观兴趣的影响。科尔伯格研究认为,道德判断的发展是一个过程,并表现为特定的阶段模式,表现其道德判断发展阶段的逻辑规律是以公正为准则的。科尔伯格从个体的公正观出发,详尽地探讨了道德判断发展阶段的基本结构特征和发展顺序等问题。

三、道德两难法

受皮亚杰对偶故事法研究的启发,科尔伯格沿用了对偶故事法中动机和后果不对等的冲突故事情境,但是摒弃了对偶故事法中两个故事的后果差异大可以诱导儿童根据后果来作道德判断的弊端,提出了著名的道德两难问题研究法(moral discussion approach,简称道德两难法)。道德两难法(moral dilemma method)是以道德两难故事为基本材料,让儿童对故事中的道德问题进行讨论并回答围绕该故事提出的相关问题,以此判断儿童所处的道德认知发展阶段并引导和促进儿童进一步发展的方法。其关键在于以两难故事诱发儿童的认知冲突,促进积极的道德思维,从而促进儿童道德判断和推理能力的发展。道德两难法是科尔伯格的道德认知发展阶段理论与其儿童道德教育实践相结合的产物。

道德两难是指同时涉及两种道德规范且两者不能兼顾的情境或问题。最著名的道德两难故事就是科尔伯格虚构的海因茨(Heinz)偷药救妻两难故事。

欧洲有个妇女患了一种特殊的癌症,生命垂危。医生认为只有一种药能救她,那就是本城一个药剂师最近发明的镭。制造这种药要花很多钱,药剂师索价还要高过成本10倍。他花了400美元制造镭,而一小剂药他竟索价4000美元。病妇的丈夫海因茨到处向熟人借钱,一共才借得2000美元,只够药费的一半。海因茨不得已,只好哀求药剂师,说他的妻子快要死了,请求药剂师便宜一点卖给他,或者允许他赊欠。但药剂师说:"不行,我发明这种药就是为了赚钱。"海因茨走投无路竟撬开药店的门,为妻子偷来了药。

故事中"不许偷盗"和"救人性命"两条道德规范狭路相逢,发生不可避免的冲突。海因茨必须在两者之间作出抉择,遵守"不许偷盗"的规则必定违背"救人性命"的规则,而重视"救人性命"的规则意味着只得去偷盗。任何行为决断都会违背其中的一条道德规范,所以称"道德两难"。两难问题还包括囚徒两难、公共财产两难、资源两难及道德两难等,鲁斯的囚徒两难和科尔伯格的道德两难都是经典的两难问题研究。

讲完这个故事,主试就向被试提出了一系列的问题:这个丈夫应该这样做吗? 为什么应该? 为什么不应该? 法官该不该判他的刑? 为什么? 等等。儿童对科尔伯格编制的两难故事中的问题既可作肯定回答,又可作否定回答。科尔伯格真正关心的不是儿童作出哪一种回答,而是儿童证明其回答时提出的理由。因为在科尔伯格看来,儿童提出的理由(即儿童的推理思路)是根据其内部逻辑结构而来的,因此根据儿童提出的理由就能确定出儿童的道德判断水平。

科尔伯格两难故事测验采用9个道德价值上互有冲突的两难故事,让被试在两难推论中作出是非、善恶的判断并说明理由,科尔伯格仔细研究被试的陈述,分出30个不同的道德观念维度,如是非观念、权利义务观念、责任观念、赏罚观念、道德动机与行为后果,等等。

科尔伯格采用纵向法,连续测量记录72个10—26岁男孩的道德判断,达10年之久。此后又将研究结果推广到世界各国去验证。最后于1969年提出了他的关于儿童道德判断发展分为三个水平六个阶段的理论。

四、科尔伯格的道德认知发展阶段理论

科尔伯格认为,儿童道德判断水平发展是有阶段的,这种阶段表明了道德判断的特定的结构水平,这种结构水平就是作出道德判断和作出怎样的道德判断的认知框架,表明道德认知的平衡适切度。科尔伯格把阶段看成是道德判断力发展的转型,是一种标明社会认同的尺度。他以是否了解和认同遵守习俗以

及对习俗约束力的反应来作为衡量道德判断力的发展的中心度,把道德判断划分为前习俗、习俗、后习俗三个水平六个阶段,现根据他几次不同定义和划分标准作一概括归纳。

(一)前习俗水平(9岁以下)

对处于该水平的个体来说,规则是存在于自身以外的东西而不是内化的。儿童遵守权威人物制定的规则是为了避免惩罚或者赢得奖励。他们主要根据行为的直接后果和自身的利害关系来判断是非。该水平的道德是自私的。

阶段一:惩罚和服从定向。这一阶段儿童判断行为好坏是由行为的实际结果来决定的,认为受赞扬的行为就是好的,受惩罚的行为就是坏的。如果一种行为没有被发现或没有被惩罚就不是错误的,唯一错误的行为就是受到惩罚的行为。一个行为造成的伤害越严重或者受到的惩罚越严厉,这个行为就越坏。儿童遵守规则就是为了避免惩罚。下面两种回答反映了这种惩罚和服从定向。

赞成偷药:偷药并不是坏事,因为他准备付钱了。而且他没有破坏其他的东西,也没偷其他的东西,还有他偷的药只值400美元而不值4 000美元。

反对偷药:海因茨偷药是没有得到允许的。他不能够打破窗子进去偷药,而且偷窃这么贵重的东西是很大的犯罪行为,这会使他成为一个不可饶恕的罪犯。

阶段二:相对功利主义定向。对这个阶段的个体而言,道德感是相对的,因为他们认为只有那些受到奖励的行为才是正确的。儿童遵守规则是为了获取奖赏或者满足个人目的。他们可以在某种程度上考虑别人的想法,但是考虑别人也是为了得到回报。道德推理遵循"你为我抓背,我就为你搔痒"的互利原则。下面是两个典型的回答。

赞成偷药:海因茨偷药其实不会对药剂师造成任何损失,他以后可以再把钱还给他。如果他不想失去他的妻子,他就应该去偷药。

反对偷药:药剂师并没有错,他只是跟其他人一样希望赚钱。而且他的妻子在他出狱前可能会死,因而对他没有好处。

(二)习俗水平(9—20岁)

处于该水平的个体已经内化了社会规则,儿童遵守规则和社会规范是为了赢得他人支持或维持社会秩序。他们主要依据行为是否有利于维持习俗秩序、是否符合他人愿望进行道德判断。这时期的儿童已经能够明确意识并认真考虑他人的观点。科尔伯格认为,如果在10—16岁时达到这一道德推理水平就已经很好了。

阶段三:好孩子定向。该阶段的儿童认为,让人高兴,帮助别人以满足他人愿望或受到别人认同的行为都是好的,否则就是坏的。儿童能够根据他人的行为意图进行判断。从下面的典型回答可以看出,阶段三儿童的主要目标是被别人看作一个"好人"。

赞成偷药: 偷药行为是不好的,但是海因茨作为一个好丈夫应该照顾好妻子而去偷药。你不能谴责他因为爱妻子而做出这样的事情。如果他不去救他的妻子,才应被谴责。

反对偷药: 如果海因茨的妻子死了,他不应该受到指责。你不能说他不去偷药就没有良心。药剂师是自私无情的人,海因茨已经尽其所能地挽救妻子了。

阶段四:维护法律和社会秩序定向。该阶段的儿童认为法律是绝对的,尊重权威,维护社会秩序的行为才是正确的,否则就是错误的。儿童能够根据别人的想法作出举一反三的思考,开始考虑普通大众的观点。他们能够区分社会整体观念和社会上少数人的观点,即使是有害于社会的事也可能有一些人一致同意去做。下面的典型回答就反映了这种法律至上的观点。

赞成偷药: 如果药剂师对快要死的人置之不理,那么海因茨就要对妻子的生死负责。但是,海因茨不能因此违反法律,他必须赔偿药剂师,并应因偷窃而受到处罚。

反对偷药: 海因茨想挽救妻子的生命是可以理解的,但是偷窃总是错误的。如果人人都违法去偷东西,社会就会变得很混乱,不管在什么情况下个体都应该遵守规则。

(三) 后习俗水平(20 岁以上)

达到该水平的人主要依据广泛的公正原则或内心的一套标准来判断是非。这种公正原则可能会与制定的法律或权威发生冲突。因为道德与法律并不总是一致的。大多数的行为是以社会规则为基础,但当社会规则与人们内心的道德准则发生冲突时,人们内心的准则往往占优势。个体已经发展到超越现实道德规范的约束,达到完全自律的境界。科尔伯格发现很少有人达到该水平。

阶段五:社会契约定向。在这一阶段中,个体认识到社会契约和个人权利的重要性,把法律看作反映大多数人意愿和促进人类幸福的工具,而不是仅仅因为它们是法律就必须绝对遵守。社会法律应符合大众权益，不符合大众权益的应进行修改，不能以不变的规则来衡量人的行为。从下面两个典型回答中我们已经可以看出守法与道德之间的区分已开始出现。

赞成偷药：在判断偷窃是否违反道德之前，我们必须针对具体情况来考虑这件事情。虽然法律对闯入药店偷药有明确规定，海因茨也知道没有法律支持他的行为，但是任何人处在那种情况都会去偷药的。海因茨的行为是可以理解的，只是法律没有考虑到这种情况。

反对偷药：我知道非法偷药的好处，但是这种结果并不能使其用意合法化。法律代表了人们该如何和谐地生活在一起而达成的一致意见。海因茨有责任遵守这些规定。不论情况多么紧急，都不能采用偷的手段。在那种情况下，你不能说海因茨偷药是完全错误的，但也不能说他做得对。

阶段六：普遍的道德原则定向。在这个道德发展的最高阶段，个体判断是不是根据在良心基础上形成的道德原则。这些原则是对普遍意义上的公正（人权平等、尊重个人等）的抽象的道德原则，他们超越了具体的行为准则和规则。也就是说，个体更多地考虑道德的本质，而不是具体的原则。科尔伯格在后期著作中指出该阶段很少有人能达到，它更多的是一个理想的而非清晰的道德阶段。下面是阶段六的典型回答。

赞成偷药：当一个人必须在违反法律与挽救人的生命之间作出选择时，挽救生命的更高原则使偷药行为在道德上是正确的。尊重生命、保存生命的原则高于一切。

反对偷药：在癌症患者多而药物相对较少的情况下，可能没有足够的药物满足所有人的需要。正确的行为应该是为所有有关的人认可的。海因茨应该依据他认为公正的人在这种情况下的做法去行动，而不是根据自己的意愿或法律，要考虑所有人生命的价值。

科尔伯格认为，个体唯有形成阶段六这种超越世俗的普遍公正原则，才会使他获得生活的最大适切性，领悟人生的真谛，才能从人生价值的高度来处理道德问题，具有为最大多数人的最大幸福献身的普遍的人生原则。

五、对科尔伯格道德认知发展理论的评价

（一）科尔伯格道德认知发展理论的贡献

对于科尔伯格的道德认知发展理论在道德教育中的影响，以色列学者查赞

(Barry Chazan)这样描述:"科尔伯格是现代道德教育复兴运动中最著名的人物,科尔伯格的研究工作支配着高等学校、学术和通俗刊物、讨论会和研究班中的道德讨论。他为哲学家和中学校长、心理学家和监狱看守、社会学家和学校教师所熟悉。在今天道德讨论的学术会议上或资料汇编中科尔伯格的名字无不出现。"可见,科尔伯格的道德认知发展理论在道德发展理论和道德教育中的影响是奠基性的和具有里程碑式作用的。

科尔伯格在研究中先从心理学角度探讨道德发展问题,再从道德教育实践角度探讨道德心理学理论和方法的实践应用与意义问题,即道德教育问题,最后再回述探讨道德发展与道德教育的哲学问题,以探索和解决在道德发展心理学与道德教育实践中出现的悬而未决的哲学、伦理学问题,由此来为道德发展心理学与道德教育学提供一个坚实的道德哲学基础。简言之,科尔伯格的思考与研究过程是沿着"心理学—教育学—哲学"三部分的轨迹顺序发展。他把道德现象中可以进行实证研究的部分交由教育心理学进行实证研究,同时又从道德哲学中吸取思辨的启示与想法。科尔伯格的道德发展阶段理论不但揭示了人类个体道德发展的基本规律,而且还在实证科学的此岸与规范科学的彼岸之间为道德教育架起了一座桥梁。

任何科学理论都是建立在科学方法的基础上。科尔伯格提出的道德认知发展阶段理论也是同样建立在其道德判断测量方法基础上的。道德两难故事就是科尔伯格道德判断测量方法的最重要组成部分。科尔伯格通过道德两难故事来测量学生的道德认知发展阶段,再通过对学生道德认知发展阶段的分析,建立了道德发展阶段的模型,最后形成其道德认知发展阶段理论。可以说,道德两难故事是科尔伯格理论的一把钥匙。

科尔伯格促进了道德教育研究科学化,这不但将道德研究赋予了实证科学的形态,而且从社会认知方面丰富了认知科学的研究。科尔伯格着重研究了个体道德认知的发生发展机制,揭示出个体的道德观念从认知的低级形式到高级形式的发展过程和规律。这一研究的重要意义在于他把道德判断和推理这类认知问题纳入认知心理学的研究领域,把人的认知和思维过程研究扩大到社会认知的范围,从社会认知方面将认知科学推向前进,推向更为深广的领域。

最后,科尔伯格的道德教育理论将道德认知发展理论与道德实践相结合,为学校道德教育提供了榜样。即使在今天,科尔伯格的道德认知发展理论和道德教育实践经验仍然影响着我们的学校教育。

（二）科尔伯格道德认知发展理论的局限性

科尔伯格道德认知发展理论也受到各种批评。具体来说主要有下面五点。

第一，道德发展的阶段在现实生活中并不是分离的、有先后的顺序和固定的。例如，人们给出道德选择的原因常常同时反映了多个阶段的特点，或者一个人在一种情境下的选择符合某个阶段的道德推理，而在另一种情境下的选择又反映了另一阶段的道德推理。许多处于不同道德发展阶段的儿童经常以相同的方式作出反应，而许多处于同一发展阶段的儿童又经常以不同的方式作出反应。

第二，科尔伯格的理论过于关注道德推理，而忽视了道德情感和道德行为。事实上，我们在日常生活中多数情况下并没有经过推理就作出道德选择。同时，情绪、人际关系和现实问题都会影响道德选择。另外，从道德心理结构来看，个体道德发展不仅仅是道德认知的发展，还应该包括道德情感、道德意志和道德行为的发展。只从道德认知的角度探讨个体的道德发展，而不考虑道德情感和道德行为的发展是片面的。

第三，低估了年幼儿童的道德判断能力。该理论在道德推理的低级阶段没有区分社会习俗与实际道德问题。而有研究者认为，3岁儿童就能区分社会习俗与道德问题。例如，他们知道如果对吵闹不加限制，那么在学校里吵闹是可以的，但打人是不允许的，尽管没有这样的规定。到6—7岁时，大多数儿童都能清楚地认识到，某些对他人有害或不公平的行为本来就是错的，而违反被普遍接受的社会习俗的行为（如在公共场合打嗝，叫老师的名字）是不太严肃的。

第四，存在性别和文化的偏见。虽然研究表明，前四个阶段可以在各种文化群体中发现，但后习俗道德推理并非在所有文化中都很多见，它仅适合西方社会中强调个人主义的男性价值观。女性在道德推理上更注重关怀而不是公正；在强调集体主义的文化中，最高的道德价值可能是将集体利益置于个体利益之上。

第五，科尔伯格运用的道德两难法也存在局限。首先，该方法停留于道德判断的发展之上，忽视了道德行为的实践。任何一种道德教育都要归宿到人的道德行为之上，道德教育效果最后也体现在道德行为的结果之上。因此，科尔伯格的研究虽然有效推进了道德判断的认知，但仍未能解决道德教育由知转向行的问题。因为儿童内心和口头上表达的道德认知判断是有可能不被表现为实际行动的。其次，该方法停留在道德判断的逻辑推演之上，忽视了道德冲突问题的解决。科尔伯格将道德教育由单向灌注转变成一个儿童内在道德判断发展由低级向高级推进的过程,这个转变也通过他的实验得到证明,但是科尔伯格没有明确表现出帮助儿童通过道德教育来解决这个道德冲突问题的愿望。最后,道德两难故事过于抽象,与实际生活有距离。科尔伯格将道德冲突置于一个绝对化的、简单的、假设的、被严重限制的情境之中。如在"海因茨偷药救妻"的两难故事中,海因茨怎么也无法凑足钱款。难道他生活在一个完全没有人情味和不人道的社会环境之中吗?要是在实际生活中,可能学生就来给道德教育者质疑,难道他没有可以出售的房子吗?可以变卖的家具吗?难道没有可以借到钱的朋友吗?难道他不能求助于社会慈善机构和公益基金会吗?而那个卖药的药剂师,难道就一点点同情心都没有吗?难道不可以和他签订一个分期付款的合同吗?真实生活不是这样绝对和被严重限制的。因此,有学者批评科尔伯格道德判断的分析太冷酷无情了。不过,科尔伯格后期也意识到了这个问题,他努力以真实两难故事作为道德讨论材料。

六、科尔伯格道德认知发展理论的教育意义

科尔伯格的道德认知发展理论揭示了儿童道德认知发展的特点,肯定了认知发展和教育在儿童道德发展中的作用,对学校道德教育具有一定的指导意义。虽然作为西方的道德教育理论,这一理论不一定完全适合我国的国情,我们不能照搬他们的理论来指导我国的学校道德教育实践,但是它对于我国的学校道德教育仍然有多方面的启发意义和借鉴作用。

第一,学校道德教育应符合儿童的道德发展水平。儿童的道德发展阶段是一个渐进有序的过程。因此,对各个阶段的儿童进行道德教育的内容也不同。它不能超越儿童道德发展的一般进程,应当符合儿童道德发展的实际水平,否则,儿童不能将其内化为自身的道德观念,从而导致教育的失败。如在幼儿园灌输爱国主义思想,讲社会公德,而对大学生谈论基本的道德行为习惯可能不能获得理想的教育效果。

第二,学校应在实践活动中进行道德教育,充分发挥学生的主体作用。学生作为独立的个体,有着巨大的发展潜力,而且存在个体差异。因此,学校在道德教育过程中应首先注重人的主体性,从学生的兴趣和内在需要出发,在活动中为学生提供发展个性的机会,使他们在实践中承担和扮演各种角色,从中因势利导,在实践中不断强化道德认识,培养道德情感,从而提高学生的道德综合素质。

第三,改进学校道德教育的方法。我国传统道德教育的最大特点是以教育者为中心的灌输和说教。教师将道德教育的内容通过讲授等不同的方式传授给学生,使学生接受社会认可的道德观念并最终形成固定的行为习惯。这种单一、僵化的灌输方式忽略了学生是一个个自主能动地进行认识和实践的主体,很容易引起学生的厌恶和反感。因此,教师在课堂上应鼓励学生提问,促进学生间的相互作用;鼓励学生,甚至是学前儿童,去参与道德问题的讨论,使他们产生认知冲突,以促进他们道德思维的发展。

第四,在教育过程中,教师不仅要注重促进学生道德认知的发展,同时也要注重培养学生积极的道德情感,加强学生道德意志的锻炼和良好的道德行为习惯的养成。

第五,要注重学校道德教育研究的科学化。虽然我们在学校道德教育研究中不一定要采用道德两难法进行研究,但是采用客观化研究方法对道德现象、道德实践、道德行为进行量的研究,有助于我们客观地认识道德教育中还存在的问题,也有利于进行客观的道德评价。

第六,教师应该知道对任何一种道德发展理论均不能全盘接受,要选择性地接受。针对西方道德理论的不足,教师在对学生进行道德教育时,应注意性别和文化差异。例如,要考虑到不同性别学生的道德偏好和价值倾向,以及不同民族学生的风俗习惯和道德认同的差异,从而在道德内容的选择和道德方法的使用上要符合不同性别和不同民族学生的特点。

七、皮亚杰与科尔伯格道德认知发展理论的比较

皮亚杰与科尔伯格的道德认知发展理论都基于儿童对公正和规则的理解和判断提出,两者既有共同的方面,也有不一样的地方。

(一)关于道德发展的实质

皮亚杰和科尔伯格认为儿童道德的发展是整个认知发展的一部分。在本质上,道德与认知一样,都按同样的方式发展。道德也是通过主体与道德环境的积极交互作用,借助平衡化建构起来的。皮亚杰和科尔伯格对道德发展的研究都侧重于道德判断方面。他们之所以把研究集中在道德判断上,是因为他们认为,相对于道德情感、道德意志、道德行动等其他道德成分,道德判断相对稳定,不会倒退和丧失。在影响道德行为的因素中,道德判断尽管不是决定道德行为的唯一因素,却是决定道德行为的最根本因素。在关于道德判断的研究

上,科尔伯格的主要贡献是他区分了道德判断的内容与道德判断的结构,并认为道德判断的结构限定道德发展的阶段。道德判断是人在一定道德情境下形式与内容的"道德运算"。与皮亚杰的逻辑运算一样,这种运算包括内容和结构两方面。其中,内容是指思考了什么,而结构是指思考的方式。

(二) 关于道德发展的机制

同化、顺应、平衡、适应、组织是皮亚杰认知发展理论中的几个重要概念。皮亚杰认为,平衡是同化和顺应之间的均衡状态,不平衡是同化和顺应之间的不均衡状态,或可被看作认知冲突的结果,平衡化是不平衡向平衡转化的过程。处于平衡状态下的儿童就会通过同化、顺应的途径来达到平衡状态。在这种平衡—不平衡—平衡的运动中,儿童的认知能力得到发展。同样,儿童在与他人的交往和相互作用的过程中,当他认为自己的观点、推理、判断似乎与别人不同时,就会在心里失去原有的平衡,引起道德认知的冲突,从而使得儿童原先形成的道德判断在新的社会经验的作用下发生变化和改组。道德的发展正是通过同化与顺应两种双向建构的手段实现由平衡—不平衡—平衡逐渐发展的。因此,道德发展的机制是道德判断认知结构的变化和改组,具体表现为道德认知冲突的解决。科尔伯格采用了皮亚杰的建构主义方法,沿用了他有关道德发展机制的概念。不同的是,皮亚杰认为道德发展的过程是一种动态发展的、建构的和产生新知识的操作过程,而科尔伯格认为这一过程不产生新知识,个体只需遵循必须履行的责任,他的研究重点在对道德思维不同发展阶段的描述上。

(三) 关于影响道德发展的因素

1. 影响道德发展的智力发展因素或逻辑认知发展因素

皮亚杰认为,道德发展与智力发展(或逻辑思维发展)密切相关。理智成熟是道德成熟的标志。他把儿童智力发展或逻辑思维发展分成了四个阶段。一般说来,当智力发展到较高层次时,其道德判断与道德选择也达到较高层次,道德也就相应发展到较高阶段。但这并不是说高智力水平就能保证个体有较高水平的道德判断和道德行为。因为智力仅是道德发展的一个必要非充分条件。这一结论,科尔伯格是赞同的。科尔伯格认为,认知是结构性的,可分为智慧性与道德性两种。道德发展的各个阶段均以特定的逻辑运算思维为基础,道德阶段与逻辑阶段在结构上虽然相似,但智力发展往往先于道德发展或与道德发展平行。因此,不能将科尔伯格的道德判断发展阶段看作为皮亚杰的智力发展在道德领域中的推广；道德认知尽管以逻辑思维发展为基础，但它却有着自己独特的结构与阶段。

2. 影响道德发展的社会认知因素

科尔伯格认为，一般的社会经验和社会激励是比智力因素更为重要的影响道德判断发展的另一个必要非充分条件，并称其为角色扮演机会，认为它属于社会认知范畴。因为尽管智力因素是道德发展的一个必要非充分条件，但它并不能直接导致道德发展，而角色扮演机会就成为逻辑发展阶段与道德发展阶段之间的桥梁。这是因为，实质上道德反映的是个体之间或个体与社会之间的一种特殊关系。若个体意识不到他人利益和观点的存在，就不会在行动时考虑他人的利益和观点。若个体意识不到那种代表着社会利益的观点的存在，那这种观点就只能是外在于自我的东西。而角色扮演机会能使个体领会、意识到他人的态度、思想和情感，把自己放到他人的位置上考虑问题。这就为道德判断的发展提供了一个更为直接的机会。科尔伯格研究发现，角色扮演机会依儿童与其家庭、同伴群体、学校的关系，以及社会的地位而变化。关于家庭，父母愈倾向于允许或鼓励儿童进行道德问题的讨论，就愈能促进儿童道德的发展。对于同伴群体，高参与儿童要比低参与儿童的道德发展水平要高。关于社会经济地位，一般说来，中产阶层的儿童较之低产阶层儿童有更多的角色扮演机会，因而有较高的道德认知力。关于学校，科尔伯格非常重视学校的道德教育对儿童道德发展的作用，并先后提出了两种道德教育的模式，即道德讨论模式和公正团体模式。道德讨论模式是通过讨论一些道德两难故事，引起学生道德认知冲突，激发学生进行积极道德思考。公正团体模式是通过师生的民主参与活动，创造一种公正的集体氛围，以促进个人的道德发展。而皮亚杰却忽视了社会因素在儿童社会认知发展中的作用。虽然皮亚杰在其著述中也谈到了儿童心理发展的社会化问题，甚至把社会经验作为儿童心理发展的四因素之一，但这也不能掩盖他忽视社会因素的作用的事实。如关于角色扮演机会，皮亚杰只注意到同伴群体的作用，对于其他形式的角色扮演机会，如成人、家庭、社会文化、教育（包括语言）等都未能给予足够重视，这也是皮亚杰认知发展理论后来受到批评的重要方面。

（四）关于道德发展阶段的划分

皮亚杰和科尔伯格都是儿童心理发展阶段论者，都对儿童道德认知发展划分了阶段，而且都是基于儿童对公平与原则的认知水平来划分的，都分为三个阶段。不同的是,皮亚杰根据儿童是仅仅基于后果来作道德判断,还是根据动机与后果二维来进行道德判断,把儿童的道德认知发展水平分为前道德、他律道德和自律道德三个阶段。科尔伯格将儿童道德认知水平分为三个水平六个阶段,比皮亚杰的划分更为详细和具体,因而对道德教育的指导作用更大,所以其影响力也更大。

(五) 研究方法

皮亚杰的对偶故事法与科尔伯格的道德两难故事法,既有相同之处,也有区别。这两种研究方法都是通过给儿童讲故事,然后再提问要求儿童回答的方式来了解儿童面对道德冲突时的道德认知能力。可见,这两种研究方法在方式上是相同的,而且故事和问题都包含冲突或两难。不同的是,对偶故事法有两个故事,故事中存在着动机与后果不对等的冲突。而科尔伯格的道德两难故事法继承了对偶故事法中的冲突情境,但是不存在动机与后果不对等的情况。科尔伯格认为,皮亚杰在对偶故事法中故意设置动机与后果不对等,可能对儿童问答问题产生诱导,而道德两难故事法不存在这种弊端,更能够揭示出儿童的道德发展水平。

(六) 道德教育

皮亚杰和科尔伯格的道德认知发展理论对学校道德教育都具有重要的指导意义,但相对来说,科尔伯格的道德认知发展理论对学校道德教育的影响更大。一方面是因为科尔伯格的道德认知发展阶段理论更为系统和具体,对学校道德教育的指导性更强;另一方面,科尔伯格比较注重对道德教育实践的研究,他提出的道德讨论模式和公正团体模式都是学校道德教育常用的、有效的方式。而皮亚杰主要是理论家,比较注重发展模式、发展机制等理论上的探讨,他很少亲身研究教育实践。他的理论的教育意义大多是后人根据其理论提出和总结的,而不是皮亚杰自己阐述的,更不要说有实证研究了,因而他的理论的实践指导性也就大打折扣。

第三节   吉利根的关怀道德发展理论

吉利根(Carol Gilligan,1936—   )(见图 4 - 2)是美国女性主义的代表人物,曾是科尔伯格的研究助理。她在整理科尔伯格的数据资料过程中发现,科尔伯格的研究对象都是男性,他们关注的是男性道德——规则,而吉利根认为女性具有不同于男性的道德推理倾向——关怀,特别关注女性对关怀和人际关系在道德判断中的考虑及价值,于是她提出了女性主义道德发展理论——关怀道德发展理论。吉利根的关怀道德发展理论要求聆听女性的声音,要求男性世界重新衡量"自私""关怀""公义"的意义及价值,从而建立了道德认知与道德情感之间的桥梁,也带来了对道德理解的新视角,是对皮亚杰和科尔伯格道德发展理论的有益补充。

图 4 - 2　吉利根

一、吉利根关怀道德发展理论的产生背景

　　吉利根是美国女性主义者、伦理学家和心理学家。她在斯瓦斯莫学院获英国文学学士,在拉德克利夫学院获临床心理学硕士,1964 年在哈佛大学获临床心理学博士学位。1967 年,吉利根开始在哈佛大学教授心理学,并成为科尔伯格的研究助理,1986 年晋身为正教授,1992 年到英国剑桥大学讲学,并被剑桥大学任命为教授,同年获久负盛名的"格劳迈耶(Grawemeyer)教育奖"。2002 年起任教于纽约大学。吉利根教授从性别视角审视批评了西方社会现有的道德发生论的几种主要模式,提出颇具影响的女性主义道德发展理论。1982 年吉利根的《不同的声音——心理学理论与妇女发展》出版,重新解释道德学及其一系列基本概念,表明以关怀道德学为代表的女性主义道德学形成。吉利根的著作《在十字路口相遇》以及论文《倾听差异:联系的理论化》则进一步推动了女性主义道德学的研究与发展。

　　吉利根最初的教学生活是平静的,作为发展心理学家科尔伯格的助手,她同其他同事一样讲授弗洛伊德、埃里克森、皮亚杰和科尔伯格等人的心理学理论。然而,渐渐地,她在自己的研究中发现了一种"不同的声音",一种令她的心绪再也无法平静下去的声音。她在《不同的声音——心理学理论与妇女发展》一书的序言中写道:"过去十余年来,我一直在倾听人们谈论道德和自我。在这一过程中,我开始听出这些声音中的差别——谈论道德问题的两种方式,描述自我与他人关系的两种方式。"她最初是从女性那里听到这些声音的。那些年里,她主要采取访谈的方式,进行了三种经验研究:大学生研究、流产决定研究以及权利与责任研究。与他人不同的是,她在研究中让女性敞开心胸,痛痛快快地去谈论自我和道德,谈论自己在道德观念和选择上的困境,而自己却宁愿充当一个颇具同情心的倾听者,把女孩子和妇女的声音记录下来。然而,当她整理自己的记录时顿感吃惊,发现在庞大的、"人类的"心理学天空之下,却看不到女性的身影,听不到女性的话语,女性或是被置于边缘地位,或是被一种偏见来解释,或是被从研究男性中得出的标准来覆盖,男性被当作了规范。

吉利根女性主义道德理论是 19 世纪女权运动、资本主义经济发展和传统道德理论共同影响下的产物。在吉利根看来,现代西方社会谈论道德发生的几种理论模式普遍存在着一个共同的设计问题,即全都是以对男性的抽样研究作为理论建构的经验基础,把男性的道德发展普遍化人类的道德发展,并以此为标准衡量和说明女性的道德发展或道德偏离。

吉利根首先对弗洛伊德的性别心理发展理论提出挑战。在弗洛伊德看来,儿童在生殖器阶段已经意识到男孩女孩在生殖器上的差别并产生了认同自己性别角色的愿望。男孩通常的做法是以父亲为榜样,通过仿效父亲的行为来解除恋母情结,并努力用父亲的行为规范和道德律令约束自己。女孩则把自己当作母亲去吸引父亲,希望得到父亲的喜爱。但是,女孩的这种嫉妒心不能成为像男孩性别认同方式那样的一种强大的行为动力,因此男孩对道德的内化比女孩更彻底。女性的伦理标准也不同于男性,她们不像男性那样具有公正感,在判断上也更容易受个人好恶的影响。吉利根批评说,弗洛伊德是根据男孩在恋母情结高峰期获得的经验来建立自己的理论。他试图让女性适合他的男性概念,把女性在道德发展上的不同视为发展上的失败,正是因为他总是依据男性来勾勒人类关系的图形,因而也就无法看清女性的关系、道德以及自我意识的发展,当他的理论无法适用于女性时,便把女性从他的发展模式中排除出。

受弗洛伊德的影响,皮亚杰和科尔伯格在说明人类道德的发生发展时,也忽略了女性的存在。吉利根看到:"弗洛伊德对女性公正感的批评——可以视为对女性公正感盲目拒绝的一种让步,不仅再现于皮亚杰的著作中,也再现于科尔伯格的著作中。1932 年皮亚杰在对儿童道德判断作出说明时,女孩成了局外人,令人奇怪的是他把四个重要阶段以一种完全男孩指标的方式应用到女孩,因为孩子被想象为是男性的,也正是遵循着这一研究方法,科尔伯格得出了自己的理论,按照这一理论,女性简直就是不存在的。"吉利根的这段话表明了弗洛伊德、皮亚杰及科尔伯格在说明女性道德发展时所犯的一个共同错误。皮亚杰专门研究了儿童对打弹子游戏规则的认知发展过程,并对女孩进行研究以期证实自己发现的普遍意义。尽管他已经观察到女孩游戏结构的不同以及她们在智力水平上的差异,但他对这些不同和差异不感兴趣,因此,他最终还是削足适履地根据男孩女孩打弹子游戏进行过程的相同性肯定了自己对男孩研究结果的普遍意义,把女孩已经显露出来的不同视为在儿童道德判断的研究中没有价值的东西。

科尔伯格在1958—1981年间对84个男孩进行了潜心的经验研究,设计了一套道德两难问题让不同年龄的儿童回答,得出了一个著名的"三水平六阶段"的道德发展模式,说明了从儿童到成年道德判断的发展过程,并认为这一过程具有成长性、阶段性和连续性的特点。然而,吉利根则把这一理论批评为大男子主义的产物,理由是科尔伯格的研究对象均为男性。如果按照科尔伯格的尺度,在道德发展上似乎不足的人当中首先就是妇女,妇女的判断似乎仅停留在他那六阶段序列的第三阶段上。在这一阶段上,道德被当作人与人之间关系的术语,善等同于帮助和取悦他人。吉利根认为,这种女性在"道德发展上似乎不足"的问题并不在于女性自身,而是由于这一模式的局限性和对生活中真理的忽视。由于生理和文化等因素的影响,男女两性在道德发展上是不同的,他们对道德本质的理解也不尽相同。因此,只有当人们开始研究妇女并从她们的生活中得出其发展结构时,不同于弗洛伊德、皮亚杰或科尔伯格描述的道德概念的轮廓才开始出现,并且宣告了一种不同的发展描述的问世。吉利根对男女两性在道德上发展不同的研究指出了以往在谈论道德发生发展时的一大错误,即对女性的忽视。同时,她也试图把这种"不同"与社会历史、政治、语言及社会结构联系起来,认为男女两性在道德发展上的不同并不是由某种前定的、不可改变的生物学因素决定的,而是权利、社会地位等因素的反映。

吉利根对弗洛伊德、皮亚杰和科尔伯格等人理论的批评主要可以归纳为三点:(1)他们在谈论女性的心理发展中遵循了男性的标准,把女性在心理发展上与男性的不同视为她们发展上的失败,这是一种带有偏见的、不公正的看法;(2)他们把发展等同于个体化、分离、权利以及自主性,排斥依恋、关系和联系以及爱在心理发展中的作用,仅仅强调公正的发展路线,忽视了关怀的发展路线;(3)他们忽视了对女性的自我和道德建构的研究。在吉利根看来,按照男性标准衡量的女性在"道德发展上似乎不足"的问题并不在于女性自身,而在于现有的男性理论模式的局限性和对生活真理的忽视。

二、吉利根关怀道德发展理论的主要内容

吉利根认为,只有当人们开始研究女性并从她们的生活中得出其发展结构时,才能发现一种不同的发展路线。按照这一路线,道德问题来自冲突着的责任而不是竞争着的权利,解决道德问题需要一种联系情境以及描述性的思考方式,而不是一种形式的和抽象的思考方式。吉利根把自己建立在"不同的声音"基础之上的道德发展理论称为关怀道德发展理论,而把科尔伯格等人为代表的道德发展理论称为公正道德发展理论。

吉利根首先借用了科尔伯格设计的"海因茨偷药"的道德两难法来考察男孩和女孩在道德判断上的差异。那么,海因茨是否应当偷药呢?11岁的男孩杰克把这一道德困境建构成财产价值与生命价值的冲突,并根据生命价值的优先权认为海因茨应当偷药。他把法律看成是人为的,能够出错和可以改变的,把道德困境看成人类的数学问题。同样11岁的女孩艾米对这个问题的回答却是不同的。她首先把世界看成是由关系而不是单个人构成的。道德困境不是数学问题而是对关系的叙述。她并没有考虑财产和法律问题,而是考虑做贼对海因茨与妻子关系的影响,并且试图对药剂师的需要作出反应。她把海因茨妻子的生存同关系的保持联系起来,在关系的背景之下考虑他妻子生命的价值,认为让她去死是错误的,因为这将伤害包括她本人在内的许多人。她谴责药剂师没有对他人的需要作出反应,认为如果某人有某种能让他人生命延续下去的东西,那么不把这种东西奉献给他人便是不正当的。尽管如此,她还是想通过关系的对话找出比偷盗解决问题的更好方式。吉利根肯定说,艾米的世界是一个关系以及心理学真理的世界,正是人们之间相互关系的意识带来了对相互责任的承认,道德来自这种承认,相互交流可以作为解决冲突的方式。艾米对道德困境的解决并不代表着天真和认识上的不成熟,而是反映出女性对道德困境特有的解决方式。

同样,在对道德责任问题的回答上,杰克与艾米也不相同。对杰克来说,责任意味着不能为所欲为,因为这会影响到他人。但对艾米来说,责任意味着去做他人希望自己去做之事,而不论自己是否想做。杰克把责任看成为使自己的自主性不受到干涉和伤害而对自身行为的限制,艾米则把责任看成对他人需要的反应和行为的扩展。对杰克来说,道德发展意味着逐渐地把其他人看作与自我是平等的,发现平等是通向安全交往的途径。对艾米来说,道德发展是把自我固定在不断扩大的关系网中。

吉利根曾在《不同的声音——心理学理论与妇女发展》一书中,报告并分析了 29 位 15—33 岁不同种族及背景的女性的两次访谈结果,澄清妇女如何去处理、建构和解决怀孕或堕胎的道德处境。吉利根发现,女性把道德定义为实现关怀和避免伤害的义务问题,与男性对公正及权利探讨时表现出那种抽象的形式逻辑成为强烈的对比。对吉利根来说,女性对判断道德问题的犹豫不是基于缺乏对抽象的权利及正义思考的能力,而是基于对现实复杂性的了解。据此,吉利根认为,人类社会存在两种取向的道德观——公正取向与关怀取向,把这两种道德价值结合在一起才能完整地描述人类的道德发展。同时,道德取向存在明显的性别差异:在道德标准上,男性更注重公正、权利,女性更注重关怀、同情和人际关系的思考;在道德推理上,男性更关注个人利益,女性更关注对他人所负的责任,更倾向于利他主义和自我牺牲,男性考虑的是抽象的道德原则,女性在人际交往中更容易移情,更敏感于他人的想法和情绪。

她认为女性对道德问题有不同的建构,随着年龄增长表现为不同水平,形成关心自己、关心他人以及同时关心自己和他人三个阶段或视角。于是,她把女性关怀道德的发展过程分为三个水平和两个时期:水平一:自我生存定向。自我是关心的唯一目标,自我的观念是最为重要的,这一阶段的人的道德是非常自私的,道德无非就是整个社会强加在个人身上的束缚。第一个过渡时期:从自私向责任感转变。水平二:善良即自我牺牲。这是女性作为照顾者和保护者在习俗水平上的观点。道德判断起源于社会规范和多数人的意见。善良在此与自我牺牲相等,并与关心他人的需要结合在一起。人们则更多地表现为无私的状态。认为自己有义务去关心身边的人,并在选择问题解决方法时,往往采取避免他人受到伤害的方法。第二个过渡时期:从善良转向真实。水平三:非暴力道德。个体利用非暴力原则解决自私与对他人负责之间的冲突。自己与他人之间的道德平等通过平等运用避免伤害的禁令而获得,关怀成为普遍的义务。每个人都应当平等互利,相互关心。关怀俨然已经成为个人的普遍道德义务并可能社会普及。

就像人类社会中男女两性互相依赖一样,吉利根也意欲以公正和关怀两种材料来建筑伦理学大厦,把两者看成人们进行道德选择和道德判断的两种不同的视角,认为以往伦理学家的错误在于没有发现或有意排斥了女性的关怀伦理,没有看到人类的社会关系需要用这两种伦理共同来维系。

三、对吉利根关怀道德发展理论的评价

吉利根通过自己的实证研究,提出了关怀道德发展理论,这是对道德发展理论的重大发展,极大地丰富了道德发展理论的内容。吉利根力图通过在人类发展理论的建构中包含女孩和妇女女性的声音,来彻底打破认知发展心理学内外长期坚持男性主权的传统。吉利根的研究是多学科、跨学科的,她不仅有实证研究,还有对人类生活的洞察,有文献和文学评论、历史和编年史、人类学和人种学等各学科的研究,她的研究不仅拓展了道德发展的视域,而且极大丰富了道德发展的内容。吉利根向"公正是唯一的道德取向"这一传统观念提出了挑战,发出了女性的不同的声音。吉利根关怀道德发展理论开创了道德心理学研究的关爱取向,标志着对关爱的研究开始集中于关于道德情感的探讨,这无疑扭转了道德心理学中忽视道德情感的局面。

正如吉利根自己所意识到的,公正伦理和关怀伦理的不同虽然超越了以往伦理学中理性与感性、利己与利他、理论与实践的对立,但它们都易于被扭曲和变形。公正伦理潜在的错误在于它是以自我为中心的理论,易于把个人观点同客观立场或真理混淆起来,通过把自己置于其他人的境地,以自己的语言来定义其他人的意图,譬如把男性等同于人类,导致女性被忽略的"不公正"。关怀伦理潜在的错误在于忘掉个人的语言和进入他人视角的企图,即通过以他人的语言定义自我,把自己视为"无私的",譬如把关怀同自我牺牲等同起来,造成没有表现出关怀本意的"不关怀"。

四、吉利根关怀道德发展理论对道德教育的启示

从关怀道德发展理论的视角看,我国的道德教育还存在一些问题。

首先,我国的道德教育中忽视了道德中的情感因素。关怀道德发展理论认为绝不能把道德情感排除道德发展之外,同时关怀道德发展理论理解的情感与个体的道德经验相联系。从我国的道德教育理念来看,我国对道德教育中的个人情感关怀明显不够,忽略个人情感,并无视个人的道德需求、道德情感体验。

其次,道德教育中忽视了道德的情境性。在关怀道德发展理论的实证研究中,吉利根使用了四个两难道德情境故事,编撰和使用了涉及对他人同情、爱护、关心、照顾、慷慨等因素,旨在让被试自发且自然地表露道德取向。在我国的道德教育中,出现少数把道德的行为、道德的信条当作道德,比如组织某种活动,提出某个口号,没能触及学生的心灵,反而教会了学生不考虑他人的感受,

主观安排他人的想法和生活。

再次,道德教育方法上强调灌输,缺乏对话和连续性。关怀道德发展理论是从访谈研究中得出来的,而且这些访谈都与被试的生活情境相关。我国的道德教育存在从老师到学生的强制灌输方式,缺乏双方沟通,方法显得相对简单化。

最后,我国的道德教育中的内容往往是封闭的,与学生的生活联系不紧密,教育的过程往往局限于课堂,学校与社会脱节。吉利根认为,道德问题说到底就是人与人的关系问题,道德教育与社会互动、社会依恋密切相连。可是,我们的学校道德教育还处于封闭状态,学校道德教育脱离社会生活实际。在学校传授的是理想的社会道德规范,往往与现实相悖。

吉利根的关怀道德发展理论对我国当代的道德教育也具有重要的启示作用,主要表现在以下三个方面。

首先,道德教育应回归学生生活。"学会关心"应该成为当代道德教育的主题,这就要求我们在道德教育中重视道德情感的培养。因此,道德教育不仅要注重感知觉等理性因素,更要注重情感、意志等非理性因素;不仅要关注既定美德和道德规范的传授,更要注意与学生的生活世界相连,关注学生关心的周围的一些重大问题,如学生心理上和成长过程中遇到的问题。

其次,改变道德灌输,采取多种模式与方法进行教育。吉利根并不主张在学校道德教育中建立一种预先安排好的程序,而是召集一些教师和学生,让他们就日常生活中的一些道德困境进行讨论;同时她还特别强调学生与教师之间真正的、能够引起共鸣的关系,在这种关系中,学生能够坦率说出自己的思维、想法和感受;另外,从吉利根的关爱道德看来,个体不仅存在公正取向,而且存在关爱取向,因此,道德教育应该根据不同的取向采取不同的教育模式和教育方法,尤其要关注关爱模式。

最后,在道德教育领域中应该重视性别差异,贯穿性别的视角。从女性主义角度来看,道德教育领域中没有注意到性别的差异性,道德教育在一定程度上忽略了女性群体,因此在道德教育中要重视性别差异,我国道德心理学研究者也应该适当地把目光投向这一片天地,研究女性的道德水平、道德意识、道德情感以及她们面临的道德冲突等,同时要注重培养女性的主体意识,提高女性的道德素质,在女性教育中,要培养和高扬女性的主体意识,同时应该有针对性地培养女性整体的道德素质。

第四节　霍夫曼的道德移情发展理论

　　霍夫曼(Martin L. Hoffman)是美国心理学家,纽约大学儿童与发展心理学教授。他的道德移情发展理论关注亲社会性的道德移情,他从道德移情发展的机制、方法入手,提出了人们通过移情可以感受他人的处境,促使人去帮助受困难者,实现道德认知向道德行为的转化。霍夫曼的道德移情发展理论对缺乏知行统一的道德教育提供了很好的借鉴,对我国道德教育也有着重要的启示。

一、霍夫曼道德移情发展理论的主要内容

　　霍夫曼通过三十多年对移情的系统研究,在全面系统综述儿童亲社会道德发展和实践之后,提出了道德移情发展理论。

(一)道德移情的概念与类型

　　移情是对另一个人产生同感的情感反应。霍夫曼把它理解为通过感受他人的心情从而理解他人,最终产生关爱他人的道德情感。霍夫曼从个体情感发展以及它作用于个体使之产生具有道德意义的行为动机的角度,去探讨移情问题。这样的移情就是道德移情,这样产生的情感,霍夫曼称之为移情性道德感(empathic moral affect)。不过,霍夫曼关注的焦点是移情忧伤,因为他认为,亲社会道德行为通常包含帮助某个不愉快、痛苦、危险或其他形式的忧伤中的人。

　　霍夫曼把道德移情分为四种类型:(1)移情愤怒。当一个人使他人陷入危险或者困难的时候,观察者的注意力就会从受害者的身上转移到肇事者身上,观察者会对肇事者感到愤怒,因为他同情受害者,或者是因为他对受害者产生了移情。(2)同情忧伤。这是在移情忧伤的基础上发展而来的,当受害者的痛苦或不幸是由于自然原因或者某些人力无法控制的原因时,如火灾、水灾等导致的时候,移情忧伤就会转化为同情忧伤,这种同情忧伤就会促使人去帮助受害者。(3)以移情为基础的内疚。这种移情发生的原因是移情观察者感受到对受害者应该提供帮助,但是由于害怕受到牵连或者其他一些主观原因而没有对受害者提供帮助,从而导致受害者的忧伤继续发生的时候,他们就会产生内疚。霍夫曼认为,以移情为基础的内疚是一种亲社会行为。(4)以移情为基础的不公正感。这种移情感受的出发点是观察者对受害者有一定的了解,他会对受害

者是否应该遭受痛苦作出推断,当观察者和受害者属于同一个民族或者阶级的时候往往更容易产生不公平感的移情。

（二）道德移情的产生

霍夫曼认为,道德移情是在情感性唤起和对他人的社会认知能力的发展基础上产生发展的。个体最初的移情性情感唤起是自动的、非随意性的,也谈不上道德含义,如新生儿听到其他婴儿的哭叫会跟着哭叫起来。随着个体的成长,一个人的移情性情感的唤起可以通过语言的使用或设身处地的思考之类的认知活动而激发。这时,它就会具有某种道德意义。霍夫曼同时指出,这种情感性唤起若针对的是他人遭遇到的压抑,如处于痛苦、危难或被剥夺的情境之中,那么它就与个体对他人的社会认知能力的发展有关。

关于移情是如何产生的,霍夫曼给出了五种唤醒移情的机制:（1）模拟状态。如当我们看到一个打击正准备打在另一个人的腿上的时候,我们会自然地缩回我们自己的腿。因为观察者会自动地模仿他人的表情,他人的表情会在观察者身上产生与受害者的情感相匹配的感受。（2）经典性条件反射。如当儿童看到母亲忧伤的时候,也会产生同样的忧伤,于是就会反思自己的行为。（3）直接联想。就是当看见他人遇到困境的时候,会想象相同的事情发生在自己的身上,于是产生对他人的同情。（4）间接联想。是指通过语言为媒介的道德移情,语言媒介可以使观察者想象自己处在受害者的位置,从而产生道德移情。（5）角色选取。这是一种较高水平的移情机制,它是以高级水平的认知加工为前提的,角色选取通常有两种方式:一种是以自我为中心的角色选取,第二种是以他人为中心的角色选取,前者是把自己当作他人去感受他人的处境,而后者就是直接想象他人的处境。霍夫曼认为,以自我为中心的角色选取会比以他人为中心的角色选取获得更多的移情情感,更有利于做出帮助他人的行为。

（三）道德移情的发展阶段

霍夫曼在大量有关研究的基础上,勾画了道德移情发展的四阶段模式。

第一阶段,普遍性移情（globle empathy）。约在个体出生后第一年的婴儿期。个体不能意识到别人是完全不同于自己的一个人,但通过最简单的情绪唤起方式仍能体验到他人正在遭遇的不幸,并显得自己好像也在遭遇不幸一样。例如,在研究中观察到,看到有个孩子摔了一跤而哭泣时,一位 11 个月的女孩似乎也马上要哭出来,接着她一面咬着自己的大拇指,一面把头往母亲怀里挤,似乎是她自己在遭受伤害和经历痛苦。

第二阶段,自我中心移情(egocentric empathy)。在 2 岁左右,儿童能区分自我与他人,能分别形成自我的表象和他人的表象,这使普遍性移情发生变化。这时,儿童已经意识到他人的存在,意识到是他人而不是自己遭遇不幸,但对他人内部的心理状态还不清楚,并认为与自己一样。如在研究中观察到,一名 1.5 岁小孩看到自己的伙伴哭泣时,会拖着自己的母亲去抚慰他,尽管伙伴的母亲也在旁边。

第三阶段,对他人情感的移情(empathy for another's feeling)。约在 2—3 岁,儿童开始能承担角色和使用语言了,开始能意识到别人与自己有不同的情感、需要以及对事物的理解。这使个体能更多地对涉及他人真实情感的诸多线索作出反应,用语言表达各种日益复杂的情绪。这时,儿童在关注受害者不幸的同时会重视受害者因丧失自尊引起的甚或为维护自尊不愿受助而引起的内心焦虑,最后即使受害者不在现场也会因获悉他的不幸信息而唤起移情性情感。

第四阶段,对他人生活状况的移情(empathy for another's life condition)。个体进入童年晚期,认识到自己和他人各有自己的历史和个性,不仅能从当前情境,而且能从更广阔的生活经历来看待他人感受的愉悦和痛苦。个体对他人当前不幸不仅仍会作出移情反应,而且当认识到这种不幸是长期而不是暂时的时候,这种移情反应就会变得强烈起来。这时个体唤起的移情性情感会与他人遭受不幸或被剥夺的心理表象相结合,随着各种社会观的形成和能力发展,它还会与反映整个群体或阶层(如贫困者、受压迫者、流浪者、发展迟滞者)的困境的心理表象相结合,促使人去重视减缓不幸者的困境。这样的移情水平对人尤其是青少年而言能提供一种促进其道德和思想理念发展并形成行为倾向的动力基础。

(四)道德移情的功能

霍夫曼认为,道德移情对个体的道德发展具有重要功能,这种功能主要表现在对道德价值取向、道德判断和道德行为等方面的影响上。

1. 对道德价值取向的影响

我们通过学习皮亚杰、科尔伯格和吉利根的道德发展理论知道,公正和关怀是主要的两大道德价值取向。公正的道德价值取向主要与坚持平等、公道、权利、义务等准则有关;关爱的道德价值取向主要与笃信、关怀、爱护、照顾、助人等准则有关。霍夫曼认为,道德移情的发展使一个人能够去注意引发他人情感状态的各种线索,注意到他人情感的发生和发展,也使一个人能够感受到他人真实的生活状况,感受到个人状况与其情感的种种联系。这些会使个体形成强烈的心理倾向:或是必须保障他人应该享有的权益和维护他人应该拥有的资源,或是必须帮助不幸的人走出困境和让处于压抑心境的人得到呵护。

2. 对道德判断的影响

道德判断主要是指面对权利、义务、情感诸方面有矛盾冲突的道德问题时,一个人会作出何种价值判断。霍夫曼认为,道德移情对道德判断的影响是通过激活人头脑中特定的道德准则而发生作用的,即一个人是依据特定的道德准则去推理和作出判断的。道德移情及其发展会使一个人对人们的权益受到侵犯或对人们不愿履行义务深感不平和愤慨,也会使一个人对他人的不幸处境和身心痛苦产生发自内心的同情,甚至因不能为之"解困"而内疚自责,这时的"设身处地""将心比心"就会使意识中与当前问题有关的道德准则更为突显和活跃,随之就更有可能把它作为在思考道德问题时的重要依据,并最终得出相应的道德判断。

3. 对道德作为的影响

道德行为是人在一定的道德认识指引下,在一定的道德情感激励下表现出来的具有道德意义的具体行为。一个人从面对特定的道德问题情境到表现出实际的道德行为是受诸多因素影响的复杂心理过程。霍夫曼认为,在这一过程中,个体的道德移情起着重要作用。如,道德行为的发生首先需要一个人能够感知到自己当前面临的是一种道德的问题情境,并能够从道德的角度去予以诠释和理解。此时,一个具有较高道德移情水平的人往往就具有较为强烈的道德敏感性,更能够从道德意义的角度去看待当前的事件,后继的道德行为自然也就越有可能发生。需要指出,个体的道德移情发展只有达到了前面霍夫曼描述的道德移情发展的第三和第四阶段,即形成了"对他人情感"和"对他人生活状况"的移情能力时才会对一个人的道德发展产生上述诸方面的作用。

二、对霍夫曼道德移情发展理论的评价

霍夫曼的道德移情发展理论从情感动机的视角来描述道德行为的产生,提供了理解道德发展的新视角。霍夫曼认为,他的理论与皮亚杰、科尔伯格等人强调道德判断的理论不同,他是从道德动机的角度界定道德行为的,而道德动机的主要来源是移情。

霍夫曼还区分了对道德原则的"冷"认知与"热"认知。他认为,道德判断、道德推理是对道德原则的"冷"认知,而与移情相联系的对道德原则的认知属于"热"认知,即移情使得道德原则具有道德意义,并促进相应的道德行为的产生。

霍夫曼把道德移情看作道德认知转向道德行为的中介。移情是以道德认知为基础的,但是移情具有动机作用,可以促使个体产生相应的道德行为。在霍夫曼的理论中,关怀与正义的道德原则都是通过移情来起作用的。这一观点与以往的观点有很大的不同。以往的道德哲学家和道德心理学家都认为,道德原则是人的信仰系统,可以直接影响人的行为,而不必通过移情的中介作用来使其具有道德意义。

此外,霍夫曼把移情的发展分为四个阶段,认为移情是按照这四个阶段顺序依次发展的,而且是以认知发展为基础的。因此,从描述发展顺序的角度看,霍夫曼的理论似乎与皮亚杰、科尔伯格的发展阶段观点相同,但是霍夫曼认为,他的理论与皮亚杰、科尔伯格的理论有着本质的不同。皮亚杰和科尔伯格提出的道德发展阶段理论,目的是要说明儿童道德认知(核心是道德思维)发展的特点,而霍夫曼的道德阶段理论则侧重于描绘道德移情的发展和表现形式。而在霍夫曼的理论中,移情不仅促进了道德行为,而且还促进了道德判断能力和对道德规则认知的能力的发展。

可见,霍夫曼的道德移情发展理论丰富了道德发展理论,弥补了皮亚杰、科尔伯格等人的道德认知发展理论的不足,强调了道德移情在道德行为和道德发展中的作用,揭示了道德行为产生的内在机制,为道德教育理论的发展和道德教育实践作出独特的贡献。

三、霍夫曼道德移情发展理论对道德教育的启示

长期以来,我国道德教育强调理性教育,将道德认知作为道德教育的出发点,教育孩子首先要认识什么是道德的,然后在实际生活中做出相应的行为。但实际上这会导致认知和行为的脱节,孩子们往往知道什么是道德的行为,但缺乏行为的动力。霍夫曼的道德移情发展理论强调要对身边的人产生移情,实际上也就是增强了道德行为的动机。可见,霍夫曼的道德移情发展理论对我国的道德教育有着重要的启示。

其一,道德教育应该注重对学生的情感等非理性因素的引导。道德移情强

调换位思考,教师在道德教育过程中应该充分理解学生的道德需求和道德情感,引导学生发挥合理的非理性因素。像欲望、情感、意志等非理性因素是与人的生活相伴随的,是个体行为的内在的精神动力因素。因此,教师在道德教育过程中应该注重对学生的情感等非理性因素的引导。尤其是在道德认知转化为道德行为过程中,要注重道德情感的培养,要教育学生对他人产生同情感,激发内在的帮助困难者的道德需求和道德欲望,从而将自己的道德认知完美地转化为道德行为,实现道德知行的统一。

其二,道德教育应该培养学生的利他精神。一个人若只是关注自己的行为,就不可能体察到他人的境遇,考虑他人面临的痛苦,也就不能站在他人的立场上为他人着想,这样的人必然是一个以自我为中心,社会责任感缺失的人,在这种情况下他就不会产生有利于他人的移情。因此,教育者要注重培养学生利他精神。具体来说,在道德知识的传播过程中,要调动学生关注他人的积极性,只有当学生的积极情绪被调动起来的时候才有可能实现道德知识接受的最大效应,并有利于将道德知识内化为道德情感,最终外化为道德行为。同时,要让学生以客观的视角关注他人的需求,摆脱以自我为中心的狭隘局限,要让学生知道,不同的人群有着各自的生活习惯、思维习惯和行为习惯。在具体的实施过程中应该通过道德实践活动,实现道德主体与道德接受的客体之间的双向互动,来体验移情。另外,还要让学生学会倾听和沟通,这样才有利于培养学生的道德情感的敏感性。

其三,道德教育要增强学生的社会责任感、减少移情偏见。目前,许多学生在家庭环境下的成长过程中,主要感受到的是家长对自己的关爱和付出,很少有学生主动去关心家人的感受和情绪,因而也会表现出对社会关心的不足。在霍夫曼的道德移情发展理论中,有一个核心的理论目标就是,道德移情的最终目的是要落实到亲社会行为中来。因此,道德教育要通过对学生道德移情的培养,增强学生对社会的责任感。具体来看,首先要让学生增强自身的社会认同感,要把自己当作社会的一个因素,要认识到个人在社会中的重要地位,从而产生强烈的社会责任感。在具体的操作过程中可以采用社会实践等方式,让学生亲临社会,帮助身边的弱者,帮助远处的困难者,在这样的活动中让学生感受到自己的力量虽然微弱但是依然对他人的幸福起到一定的积极作用。此外,要让学生认识到社会的多样化,认识到这个社会中还存在着许多需要我们关注的人群,进而引导学生尽可能对更多人产生移情和帮助。

【思考题】

1. 评述皮亚杰道德认知发展理论对道德教育的启示。
2. 评述科尔伯格道德认知发展理论对道德教育的启示。
3. 比较和评价皮亚杰与科尔伯格道德认知发展理论。
4. 评述吉利根关怀道德发展理论对道德教育的启示。
5. 评述霍夫曼移情道德发展理论对道德教育的启示。

【推荐阅读】

[1] 陈会昌.道德发展心理学.合肥：安徽教育出版社,2004.

[2] 郭本禹.道德认知发展与道德教育.福州：福建教育出版社,1999.

[3] 科尔伯格.道德发展心理学：道德阶段的本质与确证.郭本禹,何谨,黄小丹,
谢冬华,等译.上海：华东师范大学出版社,2004.

[4] 张治忠,马纯红.皮亚杰与科尔伯格道德发展理论比较.扬州大学学报(高教
研究版),2005(1)：71-75.

[5] 肖巍.女性的道德发展——吉利根的女性道德发展理论评述.中国人民大学
学报,1996,10(6)：54-59.

[6] [美]马丁·L.霍夫曼.移情与道德发展：关爱和公正的内涵.杨韶刚,万明,
译.哈尔滨：黑龙江人民出版社,2003.

第五章

个体差异与因材施教

【学习目标】

1. 掌握根据学生的智力差异因材施教。
2. 掌握根据学生的气质类型因材施教。
3. 掌握根据学生的性格差异因材施教。
4. 掌握根据学生的性别差异因性施教。

　　从因材施教的视角来看,差异心理既可以包括人格特征差异,也可以包括性别差异。其中人格特征差异又包括智力差异、气质差异和性格差异。了解学生的差异心理,目的是因材施教,更好地促进学生的发展。

　　因材施教自古有之。最著名的当属孔子的因材施教案例。如《论语》中记载这样一段对话。子路问:"闻斯行诸?"子曰:"有父兄在,如之何其闻斯行之?"冉有问:"闻斯行诸?"子曰:"闻斯行之。"公西华曰:"由也问'闻斯行诸?'子曰'有父兄在';求也问'闻斯行诸?'子曰'闻斯行之'。赤也惑,敢问?"子曰:"求也退,故进之;由也兼人,故退之。"(《论语·先进》)这里的"退"和"兼人"分别是指冉求和子由的性格特征。这表明,孔子当年就已经能够根据学生的性格特征来进行教育。后来,朱熹在《四书集注》中根据孔子因人施教的教学思想,感慨道:"孔子教人,各因其材,于此可见。"(《四书集注·论语集注》卷六)这就是因材施教教学原则的来源。可见,古代因材施教中的"材"主要指的是学生的性格特征,而现代人在使用这一概念时,把"材"的内涵扩展了,泛指学生原有的发展水平和心理特征,不仅指学生的气质和性格等人格特征,还包括学生原有的知识基础、智力水平、态度和动机水平等。

　　因材施教包括教学生学知识、学做人、学做事。因材施教能够根据学生的原有特点,发挥学生的特长,促进学生的最优化发展。在古代个别化教学形式的背景下,学生有限,学生的原有基础不同,学习进度不同,因材施教是必要的,且较容易实施。而在今天班级授课制的教学组织形式下,学生人数多,因材施教难以实施。也正是因为如此,因材施教目前已经作为一条教学原则,要求教师必须遵守。那么,如何实施因材施教呢?本章将从智力差异、气质差异、性格差异、性别差异四个方面来阐述如何实施因材施教。

第一节　智力差异与因材施教

"智力"(intelligence)是一个为大众所熟知的词,但是如何确切地界定这个词的含义却不容易。早期人们对智力概念的界定主要局限于认知能力方面,包括观察、注意、记忆、思维、想象等能力,其中思维能力是核心。到 20 世纪 70 年代以后,一些认知心理学家认为,智力不仅应该包括认知方面的能力,而且还应该包括元认知能力。到 20 世纪 80 年代以后,还出现将非认知因素融入智力概念中去的倾向,于是出现了社会智力、情绪智力、文化智力等概念。加德纳和斯滕伯格等人提出多元智力理论后,人们更难界定智力的内涵到底是哪些。不过这也表明,智力的内涵是在不断发展变化的。目前有一种综合的观点认为,智力是一种综合心理能力,这种综合心理能力是以个体遗传素质为基础的,是个体在适应生活环境时运用经验和支配知识来解决问题的能力。本节将综合传统智力和当代智力的内涵,从个体智力差异的视角谈谈如何根据智力差异进行因材施教。传统的智力差异主要是指智力水平差异和智力表现早晚差异,而当代的智力差异更强调智力类型差异。本节将分别探讨如何根据学生的智力水平差异、智力类型差异和智力表现早晚差异来因材施教。

一、根据智力水平差异因材施教
(一) 智力水平差异

智力发展水平的高低一般通过智力测验得到的智商来确定。智力按发展水平的高低,可以分为智力超常、智力中常和智力低常三种类型。智力超常是指智力发展水平大大超过同龄人的水平,一般把智商在 130 以上确定为智力超常。不过,智力超常的人有的是指某一方面得到专门发展,有的也指多方面智力水平都达到很高的层次。一般智商在 70—130 之间确定为智力中常。智力中常的儿童又被分为愚鲁(70—80)、中等智力(90—110)、聪慧(110—120)、优秀(120—130)四个层次。对于优秀和聪慧学生,由于他们的接受能力和学习能力较强,在学习知识的过程中往往能够做到触类旁通、举一反三;中等智力的学生,他们的接受能力和学习能力一般;愚钝的学生,他们的接受能力和学习能力较差。智力低常是指智力发展水平远远低于同龄人水平,表现出学习和社会适应的障碍。一般把智商在 70 以下确定为智力低常,按照智商和适应性行为的缺损程度,智力低常又可以分为轻度(50—70)、中度(25—50)、重度(25 以下)。轻度智力低常者具有相当程度的实际生活能力,能够自己照顾自己,通过训练能够较好地适应社会生活,但缺乏创造力和灵活性。中度智力低常者自理能力较差,缺乏社交能力,但通过训练能够掌握一些简单的生活技能。重度智力低常者严重缺乏生活能力,难以照顾自己。

(二)针对学生智力水平差异进行教育

1. 设置不同的教育目标

学校设置的教育目标是针对大多数智力中常学生的。对于智力超常的学生,教学目标应该设置得稍微高一些,使其多方面能力和潜能都得到充分开发。对于智力落后的学生,教学目标应该设置得低一些,要根据其智力水平来确定。如对于轻度智力落后的学生,教育目标是通过训练使其能够掌握基本的生活能力,较好地适应社会生活;对于中度智力落后的学生,教育目标是通过训练使其能够掌握一些简单的生活技能和社交技能;而对于重度智力落后学生,教育目标是通过训练使其掌握一些生存能力和简单的生活自理技能。

2. 采用不同的教学方式

首先,对于智力超常的学生要根据其不同水平进行有差异的教学。智力超常小学生不仅认知能力超群(感知敏锐,注意集中,观察能力、记忆能力、思维能力和语言表达能力强),而且非认知能力也很强(兴趣广泛,求知欲旺盛,独立性、自觉性、好胜心、自信心都很强,有独创性)。因此,对智力超常学生的教育方式可以采取四种方式:(1)加快进度。如果各方面表现优异的话,允许其提早入学或跳级,让他们在较短的时间内完成学业。(2)增加额外课程,即提供常规课程以外的课程,以满足智力超常学生"吃不饱"的需要。(3)适当增加难度,即提供比同等年龄的学生难度更深的学习材料和学习任务。(4)提供更多的充满脑力挑战的课外活动。但是,对于超常儿童的教育,也要符合他们的需要和心理特点。因此,对于超常儿童的教育也要注意:要满足他们成长的需要,不要遏制他们的发展;对他们的要求要适当,不要操之过急;要为他们制订个性化的培养方案,既要全面发展,又要发挥特长;将教育、指导与自我指导、自由发展相结合。

其次,对于智力中常的学生也要根据其不同水平进行有差异的教学。对于聪慧、优秀学生,在教学中可以给他们多设置一些有难度和深度的问题来发散他们的思维,挖掘他们的潜力,让他们不断地突破自我;对于中等智力的学生,教学中设置的问题需要侧重基础知识,让他们夯实基础;对于愚钝的学生,给他们设置的问题应该容易和简单一些,以此来帮助他树立自信心。

再次,对于智力低常学生也要进行教育,目的是使他们能够达到"三个适应":职业适应(自立)、社会适应(团体生活)和个人适应(自理)。因此,对智力落后学生的教育方式可以采取以下四种方式。(1)提供更多的锻炼机会。教师要给予智力落后学生更多的锻炼机会,让他们从简单的小事做起,给他们以鼓励和自信心。(2)传授生活、劳动必需的基本知识,加强智力落后学生生活自理、自助技能的培养。(3)以活动课程为主。活动可以帮助智力落后学生积累丰富的感性经验,激发学习兴趣,加快思维活动,促进他们智力的发展。(4)激发动机,增强信心。由于成绩差、自信心低下,所以智力落后学生对学习有恐惧心理。教师要激发学生的学习动机,鼓励他们学习他们感兴趣的内容,增强学习的信心。

可见,教师在教学中要注意学生的智力发展水平上存在的差异,在设置教学问题和布置学习任务的时候,就需要凸显层次性,兼顾不同智力水平的学生。

二、根据智力类型差异因材施教

(一)智力类型差异

当代智力心理学认为,儿童的智力差异主要不是智力水平上的差异,而是智力类型上的差异,因此更强调根据儿童的智力类型差异进行教育。

传统的智力类型差异主要指智力的构成要素发展不均衡等方面,如有的人记忆突出,但逻辑思维能力较差;有的人观察能力较强,但想象能力较差。即使是同一种智力要素,也会存在不同的认知风格差异,如同样是感知觉能力,有的人擅长综合和概括,从总体上把握对象的特点,而有的人擅长分析和比较,关注知觉对象的细节方面。

当代智力心理学所指的智力类型差异更多的是根据加德纳对智力类型的

划分。加德纳的多元智力理论认为,人的智力结构中存在着八种相对独立的智力,每种智力都有其解决问题的独特方法,都有其自身的符号系统。这八种智力是:(1)言语智力,指处理词和语言的能力,包括口头言语和书面言语,能说会道、妙笔生花是言语智力高的表现。(2)逻辑-数学智力,指数学和逻辑推理的能力以及科学分析的能力。(3)视觉-空间智力,指在脑中形成一个关于外部空间的模式并能够运用和操作该模式的能力。(4)音乐智力,指感知并创造音调和旋律的能力。(5)身体-动觉智力,指运用整个身体或身体的一部分解决问题或制造产品的能力。(6)人际智力,就是理解他人的能力,人际智力高者善于处理人际关系,善于与人交往。(7)自知智力(自我内省智力),指能深入自己内心世界的能力,善于了解自己的内心感受,进行自我内省的能力。(8)关于自然的智力,即识别自然界中的模式的能力。这八种智力在每个人身上的组合方式是不同的,因而表现出每个人智力的独特性。加德纳指出,大部分人只在某个特定领域展现创意,并非每个人都能成为伟大的艺术家、作家或科学家,但是当每一个人不同类型的潜能都有机会得到挖掘时,他们就会高效地学习,并将在认知、情绪、社会甚至生理各方面展现出前所未有的积极变化。根据多元智力理论,我们在教育中不仅要根据学生的智力水平差异进行教育,更要根据学生的智力类型差异进行教育。对于有某方面特长(如语言,或数学,或音乐,等等)的学生要加以引导,给予适宜的教育,甚至还可以给予特殊的辅助性教育,以发挥其特长,使其特殊潜能得以更好开发。

(二)根据智力类型差异进行教育

1. 及早发现学生的智力倾向,扬长补短

每位学生的智力类型是不一样的,教师首先应注意观察每个学生的智力表现,发现他们的智力倾向,然后再帮助他们利用这些优势智力更好地学习。比如,观察学生在课堂上一些"不规矩的表现",通常语言智力发达的学生爱说话,空间智力发达的学生爱涂涂画画。这些课堂上特殊而不规矩的表现其实是一种信号,是学生在向教师展示他们的特长,希望被教师认可并接受。此外还可以利用课余时间,跟他们在一起活动,看看他们在做些什么。当然还可以运用其他方法有意识地收集学生活动的资料,如比较学生不同学科的学习成绩,访谈学生家长或询问学生本人,或设计专项活动等,来考察学生不同类型的智力的表现。

除了要发现学生的优势智力外,教师也要重视及早发现学生发展的弱项。

如果能够及早发现学生某项智力上的弱点,就有机会尽早改进它,或设计特殊的训练方法进行弥补。我们知道,加德纳提出的八种类型智力是相互独立的,但它们在解决问题时却表现为相互支持,一个人不可能仅运用优势智力去解决所有问题,弱势智力的发展可以成为重要的补充。多元智力理论认为,人与人的智力差异不仅在于优势智力的不同,而且主要在于人与人之间具有的智力组合的不同。一个人可能在任何一种智力上都没有特殊的天赋,但如果其拥有的各种智力被巧妙地组合在一起,说不定在某方面会很出色。因此,单纯强调优势智力成分的扬长避短式的发展是一种片面的发展。因材施教的目的就是要发扬学生的智力优势,弥补学生的智力弱项,即扬长补短而非扬长避短。

2. 利用不同类型智力之间的互补

上面已经提到,根据多元智力理论,一个人如果拥有的各种智力被巧妙地组合在一起,说不定在某方面会很出色。因此,智力之间的互补对于取得成功具有重要意义。此外,人们在处理问题时,往往会运用优势智力去弥补弱势智力的不足。比如,一个用数理逻辑智力难以理解的内容,可能运用空间智力或运动智力去理解反而变得容易了。这实际上是要求教师根据学生学习方式的差异,设计出符合其学习特点的活动。如果教师能用多种方式进行教学,为学生取得成功提供多种选择,那么就会大大减少学生在学业上遭受的挫折和失败。如果教师能根据每项智力采取不同的教学方法,学生就可能会利用其最擅长的智力去学习。美国教育家阿姆斯特朗(Thomas Armstrong)曾根据 7 项智力提出了 35 种教学方法,其中有:(1)语言智力教学法,主要是指通过讲故事、出主意、录音、写日记、出版学生作品等进行教学;(2)数理逻辑教学法,主要指通过计算、分类、分等、问答、启发进行教学;(3)视觉空间教学法,最容易的方法是帮助学生把学习内容变成图画形象,让学生闭上眼睛想象他们正在学习的东西;(4)身体运动教学法,主要指通过身体或手势动作来学习,如肢体回答、表演话剧、编排木偶戏等;(5)内省智力教学法,如通过给学生一定的反应时间,让学生对新知识进行消化,或让学生联系实际进行思考。也就是说,如果每个学生都能用自己的优势智力来弥补自己的不足,就可以在达到标准的基础上实现富有个性特点的、全面的、主动的发展。

多元智力理论主张扬长补短,即以学生的强项为突破口,进而在发展学生优势智力成分的同时,帮助他们将优势智力成分中的特点迁移到其他弱项领域中去。这样就可以利用学生的优势领域带动其他领域的学习。因为学生在其优势领域的成功感使他在面对弱项领域的困难时压力减小,因此在弱项领域的坚持性也相应增强。因此,教师要通过肯定学生在优势智力领域中取得的成绩来帮助学生建立自信心和自尊心,然后有意识地引导学生将获得的自信心和意志品质迁移到弱势智力领域中。

3. 正确看待"差生"

传统的观点认为,如果学生在班级学习成绩差,拖累了班级平均成绩,这类学生往往被冠以"差生"。"差生"产生的原因比较复杂,其中一个原因是智力水平偏低。根据加德纳的观点,传统 IQ 测量的只局限于他提出的八种智力中的前三种。因为前三种智力与学习成绩关系较大,前三种智力水平偏低的学生可能学习成绩也较差,很有可能被当成"差生"。但是,根据加德纳的多元智力理论,前三种智力水平较低的学生可能第四种、第五种或第六种智力水平很高呢!因此,我们要抛弃传统的评价学生的思想和方法,辩证地看待学生的智力水平,把"差生"看成是"特长生",即可能认知能力较差,但是一些特殊能力,如音乐能力或运动能力很强,这类学生可能平常的学习成绩较差,但是某一方面能力超群,这类学生应该被看成"特长生"。对待这类特长生也要扬长补短。

4. 促进学生多方面智力的发展

传统智力的内涵主要涉及认知能力,而多元智力却具有更丰富的内涵,不仅包括认知能力(如语言智力、逻辑-数学智力、视觉-空间智力等),还包括一些特殊能力(如音乐智力、身体-动觉智力、自然智力等)、社会智力(如人际智力)、元认知能力(如自知智力)等。因此,要树立"大智力"观,教师在教学过程中要面向学生多方面智力,开展多方面活动,运用多种方式方法,因人而异地促进学生多方面智力的发展。

三、根据智力表现早晚差异因材施教

(一)智力表现早晚差异

一般认为,智力的发展是一个连续的、按一定顺序发展的过程。上学前的 6 年智力发展非常迅速,随着年龄的增长,儿童青少年时期的智力发展仍然较快,但是相比学前儿童,其智力发展的速率有所下降。智力发展有早晚差异,有的人是天生聪慧,在很小的时候就表现出较高的智力水平,这叫早慧。有的人"大器晚成",即智力的充分发展在较晚的年龄才表现出来。

智力表现早晚差异除表现在年龄上,还表现在不同类型智力的发展速度不同。某些智力的发展或成熟较早,而另一些智力的发展或成熟较迟。其实,各种智力在达到顶峰之后的衰退速度也不一样。美国心理学家卡特尔把智力分为流体智力和晶体智力。他认为流体智力主要与神经生理的结构和功能有关,很少受社会教育影响,它与个体通过遗传获得的学习和解决问题的能力有联系。例如,瞬时记忆、思维敏捷性、反应速度、知觉的整合能力等。这种智力几乎可以转换到一切要求智力练习的活动中,所以称为流体智力。晶体智力则主要后天获得,受文化背景影响很大,与知识经验的积累有关.是流体智力运用在不同文化环境中的产物。例如,知识、词汇、计算等方面的能力,它包括大量的知识和技能,与学习能力密切联系着。这种智力表现为来自经验的结晶,所以称为晶体智力。一些研究表明,流体智力与晶体智力的发展曲线不同,流体智力随生理成长曲线而变化,到十四五岁时达到高峰,而后逐渐下降;而晶体智力不仅能够继续保持,而且还会有所增长,可能要缓慢上升至 25 岁或 30 岁以后,一直到 60 岁才逐渐衰退。

(二) 针对智力表现早晚差异进行教育

针对智力表现早晚差异,教师和家长要进行针对性的教育。对于早慧这类学生,教师需要充分挖掘他们的潜力,着重培养他们的特长,发挥他们的优势,让他们学有所长,更上一层楼。同时,要持续不断地给予智力支持,提供充分的、最优化的环境条件,而不是因为早期表现好就放任不管。如果忽视对早慧儿童的特殊教育,那么早慧儿童也会像王安石笔下的"方仲永"一样,最终"泯然众人矣"。

不是每一个人都能成为智力早熟的神童,但是每一个人却都有可能成为大器晚成的人才。大器晚成有多方面的原因,但多数是由于小时候家庭条件或学习环境较差,或个体小时候不知道学习的重要,或不知道如何学习而导致的。对于想学习和深造的成人,成人高考和老年大学等是较好的学习平台,许多成年人通过这样的平台实现了自己的大学梦,找到了实现人生价值的出路。在当前信息化、网络化的时代,通过线上学习、网络学习实现人生梦想变得更加容易了。而这也是当代因材施教的一种特殊方式。

此外,在中小学的教学过程中,针对智力水平差异、智力类型差异或智力表现早晚差异,实行能力分组、合作学习是一种较理想的学习方式。总之,只要教师理解学生的智力差异,并有意识地针对学生的智力差异进行教育,发扬优势,克服不足,就一定能够收到较理想的效果。

第二节　气质差异与因材施教

在心理学中,气质(temperament)是指我们通常所说的脾气。如有的人脾气比较暴躁,有的人脾气比较温和。这里的暴躁、温和就是我们心理学所说的气质特征。每个人的气质都不完全一样,气质使得一个人的行为具有鲜明的个性特征。人类很早就开始研究气质,根据人的言语、思维、情绪、意志、行为表现等方面的表现将气质划分为不同的类型。最典型的是古希腊医生希波克拉底(Hippocrates)根据人体内四种体液(黄胆汁、血液、黏液和黑胆汁)的不同配合比例,将人的气质划分为胆汁质、多血质、黏液质和抑郁质四种不同类型。苏联生理学家巴甫洛夫依据神经过程的强度、平衡性和灵活性,把气质分为兴奋型、活泼型、安静型和抑制型四种类型,从而揭示了气质的神经机制。了解人的气质类型,可以预测一个人在某种情境下的行为表现及可能的后果,这对于人际交往、工作与学习都具有重要的意义。作为教师,了解学生的气质类型,有助于因势利导,促进学生更好地成长。

一、气质类型与测量

(一)气质类型

气质是表现在心理活动的强度、速度、灵活性、指向性等方面的一种稳定的心理特征。气质是先天的,受神经活动的影响较大;气质本身没有好与坏之分,每种气质类型的人都可能是品德高尚的人或低级趣味的人;气质也不决定一个人的成功与否,每种气质类型的人都有可能取得成功。但是气质会影响一个人的行为方式,使得一个人的学习、生活、工作、人际交往等都带有明显的气质色彩。

典型的气质类型有四种:胆汁质、多血质、黏液质和抑郁质。这四种典型气质类型的名字虽然是沿用了希波克拉底的气质体液说中的名字,但是现在这四种气质类型的内涵与当年希波克拉底提出的四种气质类型的内涵已经有了很大的改变,可谓是"旧瓶装新酒"。下面对这四种典型气质类型的特征作简要表述:胆汁质的特征是直率、热情、精力旺盛、情绪易于冲动、心境变换剧烈等;多血质的特征是活泼、好动、敏感、反应迅速、喜欢与人交往、注意力容易转移、兴趣容易变换等；黏液质的特征是安静、稳重、反应缓慢、沉默寡言、情绪不易外露，注意稳定但难于转移，善于忍耐等；抑郁质的特征是孤僻、行动迟缓、体验深刻、善于觉察别人不易觉察到的细小事物等。但属于某一种典型气质类型的人其实很少，我们大多数人属于中间型或混合型，如胆汁-多血质、多血-黏液质、黏液-抑郁质、胆汁-抑郁质等，还有的人属于多项气质混合型，即兼有四种类型的特征。

(二) 气质测量

人的气质类型可以通过一定的方法加以测量。但是，由于气质的复杂性，有时个体的行为表现又会"掩盖"真实的气质特征。因此，对气质的测量应该综合运用观察、实验、测验等方法，多方面收集资料并加以综合，最终概括出一个人的气质。但是，这样的测量显得比较麻烦，通常我们只运用自陈量表法进行测量。自陈量表法是指要求被试对一系列经过标准化的量表中的问题进行回答，然后根据回答的结果，分析被试的气质特征。测验人的气质可以用的量表很多，目前国内运用较多的气质测验量表主要有瑟斯顿气质量表、艾森克人格问卷和陈会昌等人编制的气质调查量表。

瑟斯顿气质量表（Thurstone Temperament Schedule）是由美国心理学家瑟斯顿（Louis Leon Thurstone，1887—1955）等人在 1953 年编制的气质量表。该量表被认为是最早建立在因素分析基础上的多变量气质量表。主要测量 7 种特质：活动性、健壮性、支配性、稳定性、社会性、深思性和冲动性。全量表共 140 题，每 20 题测量一个特质。被试用"是""否""不一定"的三选一方式来回答。

艾森克人格问卷（Eysenck Personality Questionnaire，简称 EPQ）是由英国心理学家艾森克（Hans Jürgen Eysenck，1916—　）以人格结构层级说和三维度人格类型说为基础编制的。他认为，人格是由行为和行为群有机组织而成的层级结构。最低层是无数个具体反应，是可直接观察的具体行为；较高层是习惯性反应，它是具体反应经重复被固定下来的行为倾向；再高一层是特质，是一组习惯性反应的有机组合，如焦虑、固执等；最高一层是类型，是由一组相关特质的有机组合而成，具有高度概括的特征，对人的行为具有广泛的影响。他通过对人格问卷资料的因素分析研究，确定了人格类型的三个基本维度：内外向性（E）、神经质（N）和精神质（P），人们在这三方面的不同倾向和不同表现程度，便构成了不同的人格类型。中国的艾森克人格问卷由陈仲庚等人于 1981 年修订。它是一种自陈量表，各包括 4 个分量表：E——内外向；N——神经质，又称情绪性；P——精神质，又称倔强、讲求实际；L——说谎或自身隐蔽。L则是效度量表，也表现社会性朴实、幼稚的水平。其中，内外向（extraversion）分数高表示人格外向，可能是好交际、渴望刺激和冒险，情感易于冲动。分数低表示人格内向，可能是好静，富于内省，除了亲密的朋友之外，对一般人缄默冷淡，不喜欢刺激，喜欢有秩序的生活方式，情绪比较稳定。神经质（neuroticism）反映的是正常行为，与病症无关。分数高可能是焦虑、担心、常常郁郁不乐、忧心忡忡，有强烈的情绪反应，以至于出现不够理智的行为。精神质（psychoticism）并非暗指精神病，它在所有人身上都存在，只是程度不同。但如果某人表现出明显程度，则容易发展成行为异常。分数高可能是孤独、不关心他人，难以适应外部环境，不近人情，感觉迟钝，与别人不友好，喜欢寻衅搅扰，喜欢干奇特的事情，并且不顾危险。掩饰性（lie）测定被试的掩饰、假托或自身隐蔽，或者测定其社会性朴实幼稚的水平。L与其他量表的功能有联系，但它本身代表一种稳定的人格功能。艾森克人格问卷不仅得到许多实验的证实，而且得到数学统计和行为观察之佐证，受到各国心理学家的重视，已广泛地应用于医疗、教育和司法领域。

陈会昌和张拓基根据四种气质类型的特征编制了气质调查表，每种气质类型 15 题，共 60 题。测验方式是自陈式，计分采用数字等级制。记分时，"完全符合"自己情况的记 2 分，"比较符合"的记 1 分，介于"符合""不符合"之间的记 0 分，"比较不符合"的记 −1 分，"完全不符合"的记 −2 分。根据得分确定气质类型。该调查表简便易行，信度和效度均较高。

二、根据气质差异因材施教
（一）教师在教育过程中应尊重学生的气质，扬长避短

气质是非常稳定的，气质不因情境变化而变化，所谓"江山易改，禀性难移"最能够表现气质的稳定性特征。作为教师，了解气质这一特点，就要尊重不同气质的学生，根据学生不同的气质特征因势利导。同时，气质没有好坏之分，任何一种气质都具有容易形成某些优良性格和某些不良性格的可能性。如胆汁质的学生容易形成勇敢、爽朗、有进取心等良好品质，但也容易形成粗心、急躁、粗暴等缺点；多血质的学生容易形成活泼、机敏、富于同情心等良好品质，但也容易形成不踏实、感情不真挚等缺点；黏液质的学生容易形成稳重、安静、坚毅、实干等良好品质，但也容易变得冷淡、固执、拖拉等缺点；抑郁质的学生容易形成细心、守纪律、富于想象等良好品质，但也容易出现多疑、怯懦、孤僻和缺乏自

信心等弱点。总之,每个人的气质有其所长,也有其所短,作为教师,要尊重学生的气质,要从学生的气质出发,分别采取各种相适应的教育管理方法,扬长避短,帮助学生克服消极因素,形成良好的个性特征。因此,教育的目的不是设法改变学生原有的气质,而是要在学生原有气质特征的基础上建立更优良的个性特征。

(二)教师要针对不同气质特征采用不同的教育方法,因势利导

不同气质类型的学生具有不同的特征,教师在教育过程中要了解学生的气质类型和特征,做到因材施教。例如,对课堂上不遵守纪律的学生进行严厉的批评,这对于多血质的学生,可能能够起到使他遵守纪律的作用;而对于胆汁质的学生,他可能会与老师顶牛;对于黏液质和抑郁质的学生,则可能使他羞于见人。因此,对于多血质的学生,教育批评要"热"(及时),对于胆汁质的学生,教育批评要"冷"(延缓),对于黏液质和抑郁质的学生,教育批评要"温"(情感关怀)。又如,从一种活动转入另一种活动,多血质的能较快地适应这种改变,而黏液质的学生对这种转变则感到困难。因此,有经验的教师,在给多血质的学生讲解新知识时可以稍微快一些,而给黏液质学生的讲解则可以稍微慢一些。

气质虽然不能决定一个学生掌握知识技能的多少,但它能够影响学生知识技能掌握的方式和效率。气质类型不同的学生,在学习同一门学科时,其难易、快慢程度和方式方法各不相同。因此,教师要针对学生的气质特征,在学习途径、方式方法上进行个别指导,使不同气质的学生,按照各自特有的学习"风格",达到同样的教学要求。

对于胆汁质的学生,进行具有说服力的严厉批评,可以促使他们遵守纪律,约束自己的任性行为;在日常工作学习中要去锻炼他们的自制力,沉着冷静地对待事物;要用慈爱和信任去感化他们,不要在人多的场合批评他们,当他们激动、发脾气时要避其锋芒,设法使其冷静下来,不能激怒他们,等他们稳定情绪以后再动之以情、晓之以理、导之以行。这种类型的人承受力比较强,在对其批评教育的时候可以比较严厉,但一定要有说服力,帮助他们正确认识自己的错误和缺点,同时也要注意发现这些学生身上的闪光点,及时地给予鼓励,激发他们的上进心。

对于多血质的学生,在管理中要注意把握他们的气质特点,多给他们创造条件,使他们的聪明才干更好地发挥出来。同时,要注意批评和引导。可以交给他们更多的任务,让他们有机会参加更多的活动,在活动中磨炼他们意志的坚韧性、情绪的稳定性。要注意培养他们的耐心和毅力，平时要严格要求，防止自由散漫。这类学生接受道理快、表态快，但是往往也忘得快，个别沾染不良习气的学生可能会大错不犯、小错不断，对于他们首先要严厉指出其长此以往的不良后果，教育他们一定要改掉坏习惯。在批评教育他们的时候语调要激烈，态度要严肃。对于一些不肯轻易认错，事后否认或掩饰或嫁祸于别人的同学，更要注意当时、当场、当事批评教育，切忌秋后算账。

对于黏液质的学生，需要更耐心地进行教育，指出他们的缺点和错误时应给予更多的思考时间，使他们逐步认识自己的问题所在；要注意在学习、生活中处理问题时不要急于求成，多给他们一个反省的机会，培养他们敏捷、勤奋和进取的精神。引导他们多与同学交往，消除心理障碍。当这些同学犯了错误，在教育时一定要注意方式方法，主要采用暗示的手段，利用旁敲侧击的方法，间接给予提醒，启发学生自己认识错误并加以改正。

对于抑郁质的学生，需要给予更多的关怀和照顾，在学习、生活中关心和信任他们，多接近他们，使他们愿意说出心里的话。要注意培养他们自信、自尊、自爱、自重和自强的精神。鼓励他们多与大家交流，增强他们参加集体活动的勇气，使他们体会到人间和班集体的温暖，逐步养成活泼、大方的性格。对这种同学一般也不要在公开场合批评他们，要在能接受的范围内，以免伤害他们的自尊心，对他们的教育要循序渐进，循循善诱，温情疏导。

在现实生活中，我们看到的气质的表现并非像这样典型，实际上大多数人的气质是混合型的，兼有不同气质特点。比如，我们常说的活泼冷静、大胆谨慎、粗中有细，等等。了解并把握气质的这些特点，对我们的教育工作具有很大的帮助。

第三节　性格差异与因材施教

性格（character）是指一个人在个体生活中形成的对现实稳固的态度，以及与之相适应的习惯化的行为方式。例如，有的人宽以待人，对人热情、真诚；有的人对人尖刻、虚伪；有的人严于律己，谦虚谨慎；有的人则自高自大，盛气凌人；有的人遇到危险和困难时，勇敢无畏，有的人则怯懦退缩。这些表现在人对现实的态度和行为方式中的心理特征就是性格。

　　性格是人格特征中最具核心意义的特征。性格有好坏之分,如有的人大公无私,有的人自私自利;有的人勤快,有的人懒惰;有的人做事细心,有的人做事马虎;等等。因此,性格具有道德评价含义。同时,性格对其他个性心理特征具有重要的影响,如"勤能补拙"就说明了性格对能力不足的弥补作用,而只有具有良好个性品质的人能最大限度地发挥自己的聪明才智以获得成功。因此,教师要了解学生的性格特征,在此基础上帮助学生形成积极的性格特征,克服不良的性格特征,长善救失,完善自我。

一、性格的类型与测量

(一) 性格类型

　　性格的类型是指在一类人身上共有的或相似的性格特征的独特结合。长期以来,一些心理学家试图按一定标准对性格进行分类,提出了许多分类学说。以下介绍几种有代表性的性格类型学说。

　　1. 理智型、情感型和意志型

　　这是英国心理学家培因(Alexander Bain,1818—1903)和法国心理学家里博(Théodule Armand Ribot,1839—1916)等提出来的一种分类,是按照理智、情绪、意志三种心理机能何者占优势来确定性格类型。理智型的人,通常以理智来衡量一切,并以理智来支配自己的行动;情绪型的人,则情绪体验深刻,言行举止受情绪左右,外部表露明显;意志型的人,具有较明确的活动目标,行动具有主动性,自制力强。

　　2. 独立型和顺从型

　　根据个体的独立性程度,可将性格分为独立型和顺从型。独立型人的主要特点是善于独立地发现问题和解决问题,不易为次要因素所干扰,在紧急、困难情况下表现为沉着镇静,易于发挥自己的力量;顺从型人的主要特点是独立性差,易受暗示,容易不加分析地接受别人的意见,按照别人的意见办事,在紧急、困难情况下表现为张皇失措。

　　3. 冲动型和沉思型

　　冲动型和沉思型主要反映的是个体在加工信息、形成假设和解决问题过程的速度和准确性方面的差异。沉思型学生在碰到问题时倾向于深思熟虑,用充足的时间考虑、审视问题,权衡各种问题解决的方法,然后从中选择一个满足多种条件的最佳方案,因而错误较少。而冲动型学习者倾向于很快地检验假设,根据问题的部分信息或未对问题作透彻分析就仓促作出决定,反应速度较快,但容易发生错误。研究发现,与冲动型学生相比,沉思型学生表现出具有更成熟的解决问题策略,更多地提出不同的假设。而且,沉思型学生能够较好地约束自己的动作行为,忍受延迟性满足,比冲动型学生更能抗拒诱惑。在学习方面,沉思型学生阅读成绩好,再认测验及推理测验成绩也好于冲动型学生。不过,在某些涉及多角度的任务中,冲动型学生则表现较好。

4. 经济型、理论型、权力型、社会型、审美型和宗教型

德国哲学家、教育家斯普兰格(Eduard Spranger,1882—1963)根据人类的六种生活方式,把人的性格划分为相应的六种类型。(1)经济型:以经济的观点看待一切事物,从实际效果来判断事物的价值。具有这种性格类型的人以获得财产、追求利润为生活目的。(2)理论型:冷静而客观地观察事物,根据自己的知识体系来判断事物的价值,但遇到实际问题时无法处理。理论型的人以追求真理为生活目的。(3)审美型:不大关心实际生活,从美的角度来判断事物的价值。艺术家多属审美型。(4)权力型:重视权力,并努力去获得权力,总想指挥别人或命令别人。(5)社会型:重视爱,以爱他人为其最高价值,有志于增进他人或社会的福利。(6)宗教型:相信宗教,有感于圣人相救之恩,坚信永存的绝对生命。斯普兰格相信,纯粹属于某种类型的人是没有的,多数人是各种类型的混合,称混合型。

5. 现实型、研究型、艺术型、社会型、企业型和常规型

美国心理学家霍兰德(John Lewis Holland,1919—2008)根据人格特征与职业选择的关系,也把性格分为六种类型。(1)现实型:这种人重视物质的、实际的利益,他们遵守规则,喜欢安定,感情不丰富,不善于外交,缺乏洞察力。在职业选择上,他们希望从事有明确要求的、按一定程序进行的工作,如机械、电工技术等。(2)研究型:这种人有强烈的好奇心,重分析,好内省,较慎重。在职业选择上,他们喜欢从事有观察、科学分析的创造性活动,如天文学研究等。(3)艺术型:这种人想象力丰富,有理想,易冲动,好独创。在职业选择上,他们喜欢从事非系统的、自由的活动,如表演、绘画等。(4)社会型:这种人乐于助人,善于交际,容易合作,重视友谊,责任感强。在职业选择上,他们愿意选择教育、医疗等工作。(5)企业型:这种人喜欢支配别人,有冒险精神,自信,精力旺盛,好发表自己的见解。在职业选择上,他们愿意从事组织、领导工作,如厂长、

经理等。(6)常规型:这种人易顺从,能够自我抑制,想象力差,喜欢稳定、有序的环境。在职业选项上,愿意从事重复性、习惯性的工作,如出纳员、仓库管理员等。

6. 荣格的八种人格类型说

瑞士心理学家荣格(Carl Gustav Jung,1875—1961)认为,力比多流动的方向决定人的性向。个体的力比多活动倾向于外部环境,就是外向型的人;个体的力比多活动倾向于自己,就是内向型的人。外向型的人,重视外部世界,爱好社交、活跃、开朗、自信、勇于进取,对周围一切事物都很感兴趣,容易适应环境的变化。内向型的人,重视主观世界,好沉思、善内省,常常沉浸在自我欣赏和陶醉之中,孤僻、缺乏自信、易害羞、冷漠、寡言、较难适应环境的变化。荣格还提出四种思想机能:感觉、思维、情感和直觉。荣格根据内、外倾与四种思想机能的组合,提出了人格的八种类型:(1)思维外倾型。按固定规则行事,客观而冷静;积极思考问题;武断、感情压抑。(2)情感外倾型。极易动感情;尊重权威和传统;寻求与外界的和谐,爱交际;思维压抑。(3)感觉外倾型。寻求享乐,无忧无虑,社会适应性强;不断追求新异感觉经验,或许好吃,对艺术品感兴趣;直觉压抑。(4)直觉外倾型。作决定不是根据事实,而是根据预感;不能长时间地坚持某一观点,好改变主意;富于创造性,对许多无意识的东西甚为了解;感觉压抑。(5)思维内倾型。强烈渴望私人的小天地,缺乏实际判断力,社会适应性差;智力高;忽视日常实际生活;情感压抑。(6)情感内倾型。安静,有思想,感觉过敏,孩子般地令人难以理解;对别人的意见和情感漠不关心,无情绪流露,思维压抑。(7)感觉内倾型。易受情境决定,被动、安静、艺术性强;不关心人类的事业,只顾身旁刚发生的东西;直觉压抑。(8)直觉内倾型。偏执而喜欢做白日梦,观点新颖但稀奇古怪;苦思冥想,很少为人理解,但不为此烦恼;以内部经验指导生活。

(二)性格的测量

由于性格的复杂性和特殊性,对性格的鉴定比对能力和气质的鉴定更为困难。对性格进行鉴定的方法很多,有观察法、交谈法、作品分析法、自然实验法、自陈量表法、投射测验法等,为了准确了解一个人的性格特点,一般组合采用多种方法。在心理测验中,单纯测量性格的量表并不多,大多数的性格测验是通过人格测验进行的。因此,这里介绍两种人格测验方法——自陈量表法和投射测验法。

1. 自陈量表法

自陈量表法通常是列出许多问题,由被试根据自己的实际情况去回答,然后根据他们的回答情况进行分析和评定。最常用的量表有明尼苏达多相人格调查表(Minnesota Multiphasic Personality Inventory,简称 MMPT)、爱德华兹个人爱好量表(Edwards Personal Preference Schedule,简称 EPPS)、十六种人格因素问卷(Sixteen Personality Factor Questionnaire,简称 16PF)等。

自陈量表法的优点是题目数固定,题目内容具体而清楚,因此施测简单,记分方便;其缺点是因编制时缺乏客观效标,效度不易建立;而且测验内容多属于情绪、态度等方面的问题,每个人对同一问题常常会因时空的改变而选择不同的答案;另外,使用这种方法时,还难免出现反应偏向。例如,有些被试对量表中提出的各种问题总是选择赞同的态度,这种反应偏向影响到对人格作出客观的评定。因此,测验的结果不可作为临床诊断的依据,只可帮助我们大致了解一个人的性格。

2. 投射法

投射法是与精神分析学派对人格的理解相联系的。在精神分析学派看来,人的行为由无意识的内驱力推动。这些内驱力受到压抑,不为人们觉察,但却影响着人们的行为。根据这种理解,对于一些难以通过问题直接了解的情感和欲望,可以给他们一些模棱两可的问题,通过他们的无意识有可能把有些问题投射出来。投射测验就是根据这种思想设计出来的。比较著名的投射测验有罗夏墨迹测验和主题统觉测验。

罗夏墨迹测验(Rorschach Inkblot Test)是由瑞士精神病学家罗夏(Hermann Rorschach,1884—1922)用一些墨迹图来测试自己的患者,要求他们描述图上有什么。10 年以后,罗夏精心选用了 10 张墨迹图,构成了一套墨迹测验。其中 5 张为黑白图片,墨迹深浅不一,2 张是黑白图片加上红色斑点,3 张为彩色图片。这 10 张图片都是对称图形,且毫无意义。施测时,墨迹图以一定顺序呈现给被试,要求被试进行回答。如问被试:"你看这可能是什么?""这使你想到什么?"在记分时,研究者既要注意被试的反应是否指向整个图形,或图形的某个部分,如形状、颜色或活动数量等,也要注意反应的目标或内容是人、动物、植物,还是非生物。研究者除了注意被试对墨迹的反应外,还应注意被试是否紧张,他们是否要花较多的时间对图形进行研究等。

主题统觉测验(Thematic Apperception Test)是由美国心理学家默里(Henry

A.Murray,1893—1988)创立的一种人格测量技术。如果说,罗夏墨渍测验主要用于对精神异常者的诊断,那么主题统觉测验则主要用来确定人们的需要和成就动机。主题统觉测验包括内容模棱两可的 30 张图片,其中多数是人物图片,少数是景色画。施测时,给被试一张图片,要求他们根据自己的想象编出一个故事。故事的内容要求包括:(1)画面上发生了什么事情;(2)为什么会出现这种情境;(3)画面上的人正在想些什么;(4)故事的结局是什么。默里认为,人们潜在的需要和欲望,常常会表现在所编的故事情节中,并借助故事中的人物发泄出来。因此,通过分析被试编写的故事,有可能对他的需要和动机作出鉴定。

投射法的优点是弹性大,被试可在不受限制的条件下随意作出反应。由于投射测验使用墨渍图或其他图片,因此便于对没有阅读能力的人进行测验,进而推论其性格倾向。投射法的缺点是,评分缺乏客观的标准,对测验的结果难以进行解释。同样的反应由于施测者的判断不同,解释很可能不一样。

二、根据性格差异因材施教

学生的性格差异相对于智力差异来看可能更大,每个学生都有自己鲜明的性格特点,因此,教师在教育过程中更需要了解学生的性格特点,进行因材施教。其实,因材施教的教育思想已经深入教师之心,关键是教师要知道如何因材施教,这是一种教育艺术,需要不断实践和体会。这里也只能概括地、笼统地谈谈如何依据学生的性格差异进行因材施教。

(一)教师要在了解学生性格特点的基础上实施个性化教育

因材施教的前提是了解学生的性格特点,所以教师首先要结合日常的教学活动和其他活动,有意识地对学生的言行进行观察、分析,必要时也可以进行性格测量,以了解学生的性格特点。只有在了解的基础上,才可能设计个性化的教育方案,进行因材施教。

在了解学生性格特点的基础上,教师就要思考如何针对学生的性格特点进行个性化教育。如:对于外向型学生来说,由于他们的典型特点是心理活动倾向于外部,开朗外向,乐于交往,兴趣广泛,社会适应力强,因此教师要根据这些特点支持学生广泛地参与社会活动,使他们的性格优势在活动中得到充分的体现。同时,由于外向型学生容易出现急躁、粗心、大大咧咧、不思考、冲动等问题,因此教师要在活动中提醒学生细致、沉稳、三思而后行等,或者直接交给学生那些需要细心、精加工的任务,使学生的性格劣势得到锻炼和培养。而对于内向型学生来说,由于他们的典型特点是心理活动倾向于内部,内向沉静,不善交往,内省深思,社会适应力较弱,所以教师根据这些特点,在学生平时的生活和学习中要鼓励他们积极参与集体活动,或交给他们需要慎思、稳重的任务,使他们看到自己在集体活动中起的作用,正确认识到自己的价值。同时,鼓励他们与别的同学进行交往,增强他们的人际交往能力。

从独立型与依存型性格来看,由于在学习方式上,依存型的学生更喜欢与他人合作,更需要教师的反馈,而独立型的学生更喜欢自己独立探索,具有较强的内在动机,因此教师的教育方式也要与学生的学习方式相匹配。

同样,对于冲动型的学生,教师在肯定他们反应快的同时,要教育他们三思而后行,考虑问题要周到;对于沉思型的学生,教师要教育他们积极主动,敢于发表自己的不同见解,不必拘于细节而畏首畏尾。

其实,每个学生身上都有积极的性格特点和消极的性格特点,关键在于教师要认识到学生性格中的优点和缺点,选择与学生的人格特点相匹配的教育方式,以激发他们的积极性,使他们的优点得以发扬光大,缺点得以修正和克服,这就是因材施教,这才是真正的教育。

(二) 教师要借助各种活动不失时机地培养学生的优良性格品质

在教育教学过程中,教师可以借助德育课、心理健康教育课、班会、故事会、宣传板报等途径对学生加强优良性格养成教育,通过提供实践锻炼机会,克服身上不良的性格,发扬优良的性格,为此教育者在为学生提供实践锻炼机会的同时,要提出明确的锻炼目的与要求,并监督、检查,使实践活动真正起到培养学生良好性格的作用。

此外,教师要充分重视学校教育对性格形成的重要作用。教师可以通过加强校园文化建设,营造宽松自由的人际环境,树立良好的班风,形成正确的集体舆论,发挥教师的榜样示范作用等,促使学生的性格得到良性发展。

(三) 教师要针对学生的性格缺陷进行有意识的矫正

学生的性格中还存在许多缺陷,如过于内向、偏执、依赖、胆怯、懦弱等,为此,教师可通过疏导、行为强化与惩罚等方式来改变他们的性格缺陷,如当他们表现良好时要及时强化,当他们展示缺陷的性格时要及时纠正或给予惩罚;同时为有性格缺陷的学生提供可模仿的榜样,示范给他们对人、对事的正确态度和方式,要求他们向榜样学习。在教育教学或实践锻炼过程中,对于表现出良好性格品质的学生,教师要及时表扬或奖励,并进行宣传,为有性格缺陷的同学提供替代强化,鼓励后者要向表现好的同学看齐,如果他们有进步,再及时给予强化,这种教育方式对于矫正性格缺陷非常有效。

(四)教师要引导学生加强自我教育,养成良好的性格品质

学生性格的形成是从"他律"向"自律"发展的,性格教育要从被动转向主动,让学生通过自我教育和自我调节将外在的教育影响转换为内在品质。因此,教师引导学生自我教育是培养学生良好性格的重要途径和方法。

教师在引导学生进行自我教育过程中,要对学生的性格特点进行恰当的评价,让学生知道自己性格的优点和不足。评价的方式多种多样,既可做口头评价,也可做书面评价,其中给学生写一份性格评定是一种行之有效的方式。

教师还要帮助学生学会自我分析、自我评价、自我教育和自我调节。自我分析是自己对自己性格的基本认识、分析,这种分析要客观和实际。自我评价是自己在分析基础上对自己的性格进行评价判断,找出性格的优势和劣势。性格的自我分析和自我评价的过程,也是一个自我认识不断深化的过程,是性格不断完善的重要环节。自我教育包括自省、自警和自炼。自省,就是经常反思自己的思想和行为,总结自己性格的优势和劣势,并思考对自己性格劣势进行改造的方法。自警,就是自我警示,经常对自己的缺点和不良行为进行自我提醒、自我警戒。自炼就是有意识地给自己创造一些磨炼的机会,使自己的性格品质获得锻炼,特别是艰苦的环境更能培养学生乐观向上、勇于拼搏、不畏艰苦的良好性格。最后,教师要帮助学生学会自我调节的方法,及时消除学生的不良情绪,使学生保持积极的、良好的性格品质。

第四节   性别差异与因性施教

性别,既可以指生物性别(sex),也可以指社会性别(gender)。其中,生物性别是指生物学意义上男性和女性的解剖学和心理学特点。而社会性别则是指由社会文化形成的对男女差异的理解,以及在社会文化中形成的属于女性或男性的群体特征和行为方式。它强调的是建构性别的社会属性,是从社会的角度分析了男女差异及地位的不平等的实质和根源。社会性别作为女性主义理论的一个中心概念,它在探索妇女受压迫的原因、不平等性别关系的形成以及推动妇女的思想解放等方面发挥了重要作用。20 世纪 60 年代末出现的美国当代女性主义者将生物决定论作为首要目标进行批判,而批判的第一个重要步骤就是区分生物性别和社会性别。女性主义认为,生物性别是与生俱来的,而社会性别概念是由社会文化概念孕育而来。性别差异既包括分生物学意义上的性别差异,也包括社会属性的性别差异。从教育的角度来看,区分性别差异有利于教师根据学生的性别进行针对性教育,即因性施教。

一、性别差异的概念与表现及形成原因

(一)性别差异的概念

根据社会性别理论,性别可以分为生物性别和社会性别。

生物性别是由人的生物特征决定的,是先天的,受遗传和生理成熟影响较大。生物性别差异主要是指男女在生理解剖学上的差异以及因生理解剖学上的差异而导致的心理特征和行为方式上的不同。

社会性别是在特定社会文化中形成的性别规范、性别角色及两性的行为方式,是后天文化习俗影响的结果。社会性别差异较复杂,因为它不仅因时间而异,而且因民族、地域而异,会随着社会发展变化而变化。社会性别差异主要表现在社会性别角色上的差异。儿童初生下来,父母会根据遗传获得的生理形态确认儿童的性别,此后父母就有意无意地以不同的抚养方式和教育方式对待男女儿童,向他们传递性别角色标准的信息,塑造他们不同的行为,最后形成符合社会规范的不同性别的心理特点。在这个过程中,传统观念、社会习俗、社会规范、社会行为、榜样等都强化了儿童按社会提供的性别取向发展,而儿童自我意识的发展和社会认知水平的不断提高也促进了性别角色的社会化。社会性别角色会在很大程度上影响不同性别儿童的发展方向,导致男女在言语能力、数学与空间能力、情绪情感、性格特征和行为方式等方面的发展差异。

(二)性别差异的表现

从内容上看,性别差异主要表现在智力、情绪情感、人格等方面。

在智力表现上,性别差异主要表现在智力类型上的差异。大量研究表明,在总体智力水平上,男女智力的差异不明显,性别差异主要表现在智力类型上,如数学能力、言语能力及空间能力等。在数学能力上,男生在算术理解、空间关系、抽象推理等方面较占优势。在言语能力上,男女也各有优势,女孩言语获得比男孩早,在言语流畅性和读、写、拼等方面占优势,但男孩在言语理解、言语推

理以及词汇丰富方面比女孩强。在空间能力方面,男性在空间知觉和心理旋转测验中明显优于女生,而在空间想象力测验中,男女差异不显著。

在情绪情感差异中,女性更容易或更敢于报告和承认自己的害怕恐惧和焦虑情绪,男性则羞于承认甚至压抑这种情绪表现。另外,女性更富有同情心,更倾向于为他人设身处地地着想,更能准确地感受他人的情绪。

由于家庭教养方式和社会角色规范的要求,男女生在社会态度、行为方式等方面也逐渐形成具有性别特色的性格特征,如男性通常比女性更果断大气、敢于探索、争强好胜、坚强、更自主,也更富有侵略性等。而女生则偏向温和文静、心思缜密、感情丰富,也更顺从等。于是,人们也逐渐形成关于性别的刻板印象。

从发展上看,在不同的年龄阶段,两性智力发展的速度有所不同。在学龄前,两性智力发展的差异不是特别明显,但有所表现,即女孩智力发展速度略快于男孩,特别是在言语能力方面,多数女孩要强于同龄段的男孩。进入小学阶段,两性智力的发展从总体水平来看,差异加大,女生智力发展速度快于男生,这表现在女生此时的观察能力、注意能力、记忆能力、想象能力及具体形象思维能力都占有一定的优势,这种优势可一直持续到女生青春发育期——初中。初中以后,随着男生青春发育高峰的出现,其智力发展的速度显著加快,优势逐渐上升,这种优势可一直持续到整个男性青春发育结束为止。以后,两性智能发展的速度才逐渐趋于平衡。

（三）性别差异形成的原因

从性别心理差异形成的原因来看,既有先天遗传因素的影响,也有后天的环境与教育的作用。从先天因素上来看,男女两性心理发展的差异是与两性不同的染色体遗传特性、脑的两半球偏侧性功能专门化发展的差异以及性腺激素分泌的不同有关的,尤其是大脑的发育状况,与人的心理发展有着很大的关系。一般来说,女性在右脑半球偏侧性功能专门化上比男性要早,而且优势明显,而男性则在左脑半球偏侧性功能专门化上优于女性,这种大脑两半球偏侧性功能专门化发展的性别差异在一定程度上导致了智力发展中阶段性的性别优势与不足的出现,也可以说是两性智力结构发展为什么具有一些不同特色的一个的原因。

但是,两性心理发展的特点及差异更多的还是源于后天的环境和教育因素。从环境因素来看,一方面,环境因素有可能改变大脑的发育,尤其是在大脑发育的早期阶段,环境可以促进和阻碍生理的成熟,从而间接地影响心理发展;另一方面,环境还会直接作用于人的心理,促进不同性别的人产生与其性别角色相一致的各类言行。这种直接作用主要是通过社会习俗、家长的导向和个人从模仿到最终的自我归类与认同来实现的。比如,两性在创造能力方面差异的形成,主要是受环境因素影响,而不是先天遗传所致。因为女孩之所以在创造能力方面普遍低于男孩,这与她们活动范围的狭窄以及行为方式的单一有关,而这种活动及行为的不足又与成人对她们的限定和引导直接相关。再比如,男性坚强品性的形成也与幼年时成人的不断强化有很大关系,男孩摔了跤,并不能放声大哭,因为哭不会博得同情,只有勇敢地站起来,才会赢来成人的赞赏。因此,环境对两性心理特征的形成有时有积极影响,有时也会产生消极作用。

可见,两性差异既与先天遗传的某些因素有关,更与后天两性所处的环境和教育相关。因此,不仅在家庭中要注意因性施教,在学校教育中也要注意因性施教。

二、根据性别差异因性施教
(一)根据性别差异进行教学,扬长补短

因性教育要充分利用了学习者的优势进行教学。如某些女生在视觉非言语型的学习中具有优势,善于运用视觉通道加工来处理图片或图表,于是,教学就应该多采用图片、图表等形式来呈现教学内容;而有些男生在言语抽象思维方面具有优势,善于运用形式逻辑推理来解决问题,所以教师可以多给他们提供一些用于锻炼抽象逻辑思维的问题。这就是因势利导。

因性教育也要根据学习者的劣势或弱项进行补偿性的教学。如果两性学习者在学习中可能不具备某种加工信息的能力,那么,这时的教学就要根据他们的不足作些改动,以使他们在不具备相关处理能力的情况下也能进行学习。

因性教育要发扬学生的优势。如对于女生,要利用她们的言语表达和形象思维优势,促使她们在文学、艺术、人际交往等方面产生兴趣,施展她们的才华。对于男生,要利用他们的言语抽象思维优势,引导他们在数学、计算机科学、物理学等领域发挥特长。

因性教育要弥补学生的不足。如在能力方面,对于女生,要设法开发她们的空间想象能力、创造性思维能力和抽象思维能力,等等;对于男生,要注重培

养他们言语表达能力、视觉空间能力等。在人格方面，对于女生，应注重其自信心、勇敢精神及抗挫折能力等品质；对于男生，则应侧重培养他们的忍耐力、坚持性及控制能力等品质。

（二）实行双性化教育

双性化人格是一种综合的人格类型，即在一个人身上同时具备男性与女性的兴趣、能力和爱好，尤其是心理气质方面具备男性与女性的长处与优点。男性气质多表现为独立、勇敢、自信而且具有支配感和成就感，喜欢竞争性强的激烈活动。女性气质多表现为温和、敏感、被动、缺乏自信和果断精神。而双性化人格则同时具有男性与女性气质的优点，既独立又合作，既果断又沉稳，既敏感又豁达，既自信又谨慎，既热情又成熟。男女双性化人格在自我概念、社会适应、情绪调控、压力化解、人际关系上都优于单性化者。研究结果证明，双性化者思维敏捷，有一定的专业研究能力，乐于助人，适应能力强，行动充满魄力，沉着，言行一致，独立积极，代表了一种健康的心理模式。该研究还发现，双性化者 90％ 担任各级学生干部，成绩优异，在班级综合考评中名列前茅；不仅能恰当地处理好学习与工作的关系，而且兴趣爱好广泛，常常在舞台上、辩论竞赛中和运动场上看到他们的英姿。

双性化人格的提出是对传统的两极性的男性化、女性化观点的革命和批判，展示了人格教育、两性平等教育和心理教育等方面的美好前景。它从根本上打破了先天因素决定论的消极影响。传统的先天因素决定论暗含了一个偏见，即男性要优越于女性，新的看法不但同时肯定了两者各自的优越性，并且认为这两者在同一个人身上都可以具备，都可以通过教育的方式获得。

双性化人格的优势对教育启发意义是，应该着力培养男女学生的人格双性化，从而形成理想的性别角色，防止传统性别观念的影响，消除性别图式。而培养女性具有某些男性化特质（即男性的长处），赋予女性化的特质以价值，是培养双性化人格和消除性别图式的核心思想。

那么，如何开展双性化教育？有专家提出了如下四点建议。

其一，鼓励孩子向异性学习。不论是男孩还是女孩，都应在发挥自己性别优势的同时，注意向异性学习，克服自己性格上的弱项。如男孩多学习女孩的细心、善于表达和善解人意，女孩则多多学习男孩的刚毅、坚定和开朗。

其二，增加男孩女孩接触的机会。孩子向异性学习应通过自然而然的接触，故应为他们提供共同交流、一起玩耍的机会。

其三,不宜将性别特征作刻板区分。不少性格或行为特征(如热情活泼、独立自主、坚忍不拔、富有责任心、善解人意、无私善良等)是男女两性都具备的,不宜被视为某种性别专有,教师在培养学生时不应怀有性别成见,而应客观平等对待,这正是双性化教育的内核。

其四,顺其自然,避免走向极端。在鼓励孩子向异性学习时,必须顺其自然,切忌威逼强迫,不然效果会适得其反。同时,鼓励孩子向异性学习要有"分寸",避免走向极端。要是男孩学过了头,就会显得"娘娘腔";女孩学过了头,就会成为"假小子",这自然违背了双性化教育的初衷。

(三) 教学中要男女平等,防止性别刻板印象

性别差异虽然表明男女有别,并要求教育要因性施教,但是教师在思想上要有男女平等的观念,在日常的教育活动中,一方面要平等对待男女学生,另一方面也要要求异性学生间相互尊重与礼让,互相关心与爱护等,共同遵循的社会道德规范和学校规章制度,避免形成性别刻板印象。

性别刻板印象(gender stereotype)亦称性别偏见,是人们对男性或女性角色特征的固有印象,它表明了人们对性别角色的期望和看法。它具有三个特点:第一,它是对社会人群进行极为简单化的性别分类;第二,在同一社会文化或同一群体中,性别刻板印象具有相当的一致性;第三,性别刻板印象常常与客观事实不相符合,因此被称为性别偏见。

性别刻板印象从内容上看,通常包括四个方面:外表形象(如女性娇小柔弱,男性高大威猛)、人格特征(如女性情绪化、自卑感强,男性理智、自信)、角色行为(如女性照顾孩子,男性修整房屋)和职业(如女性是秘书,男性是经理)。这几方面是彼此联系的,其中外表形象是最有影响力的因素。

两类性别中均存在刻板印象,而且有正反面的特征。例如,正面的女性刻板印象认为,女性是亲切的、善于教导的、考虑周全的;相反负面的则认为她们是优柔寡断的、被动的和过于情绪化的。同样,正面的男性刻板印象认为,男性是果断的、自信的和积极的,负面的男性刻板印象认为,男性是富侵略性的、感觉迟钝的和傲慢自大的。

性别刻板印象是影响学生社会化的重要因素,也是教师凭借主观臆断进行教育的思想根源。因此,教育者要避免产生性别刻板印象,不能只见森林不见树木,要切实了解每个男生或女生的优点与缺点,依据学生的具体特点实施个性化教育,这才是真正的因性施教/因材施教。

【思考题】

1. 简述如何根据学生的智力差异因材施教。
2. 简述如何根据学生的气质差异因材施教。
3. 简述如何根据学生的性格差异因材施教。
4. 简述如何根据学生的性别差异因性施教。

【推荐阅读】

[1] 钟启泉.差生心理与教育.上海：上海教育出版社,1994.

[2] 刘万伦,戴敏燕.智力研究的演变与展望.浙江师范大学学报(社会科学版),2015(3)：70－76.

[3] 周龙影,欧阳华.从多元智能理论看因材施教.江苏大学学报(高教研究版),2003(3)：16－19.

[4] 段琳琳.浅谈学生的气质差异及其对学校教育的启示.新课程学习(中),2012(6)：8－9.

第六章

行为主义学习理论

【学习目标】

1. 掌握行为主义、条件反射、泛化、分化、强化、替代强化、潜伏学习、观察学习、程序教学、自我效能感等基本概念。

2. 掌握巴甫洛夫、桑代克、华生、斯金纳、托尔曼、班杜拉等人学习理论的基本观点。

3. 能够对巴甫洛夫、桑代克、华生、斯金纳、托尔曼、班杜拉等人的学习理论进行评价。

4. 能够根据巴甫洛夫、桑代克、华生、斯金纳、托尔曼、班杜拉等人的学习理论解释或解决教育教学中的问题。

行为主义(behaviorism)由美国心理学家华生(John Broadus Watson,1878—1958)于 1913 年创立,并由斯金纳等人发展,在西方主流心理学统治达半个世纪之久,被称为心理学的"第一势力"。以 1930 年为界线,西方的行为主义可分为早期行为主义和新行为主义。而对行为主义的创立产生重要影响的有巴甫洛夫的经典性条件反射理论和桑代克的联结主义学习理论。行为主义以行为的观察取代意识的内省,注重运用自然科学的客观方法来研究人的外在行为,从而导致了一场心理学的革命。行为主义学习理论是在对动物学习进行实验研究的基础上,通过揭示动物学习过程中的一些外显的行为变化,进而推断人类的学习过程和规律,并据此总结出来的学习理论。在行为主义看来,学习就是刺激—反应的联结(S—R),学习过程就是形成刺激—反应联结的过程,学习条件是不断得到强化。此外,早期行为主义者和激进行为主义者重视外在的环境事件对学习的影响,而认知行为主义者则强调认知在学习中的作用。本章首先介绍巴甫洛夫的经典性条件反射理论和桑代克的联结主义学习理论,然后介绍华生的早期行为主义学习理论、斯金纳的操作性条件反射理论和托尔曼的认知行为主义学习理论(符号学习理论),最后介绍班杜拉的社会学习理论。本章在分析各个行为主义学习理论产生背景的基础上,重点阐述各个学习理论的主要观点及其在教育中的应用,以帮助学习者建立有关行为主义学习理论的整体印象,并为读者运用这些理论指导教学实践奠定基础。

第一节　巴甫洛夫的经典性条件反射理论

巴甫洛夫的经典性条件反射理论对行为主义的创立产生了重要的影响。因此,在学习行为主义学习理论之前,需要首先了解经典性条件反射理论。本节将系统介绍巴甫洛夫的经典性条件反射理论的产生背景、基本观点及其在教育中的应用,以帮助读者系统了解经典性条件反射理论,并学会把经典性条件反射理论运用于教育教学实践和生活实践之中。

一、巴甫洛夫生平

巴甫洛夫(Ivan Petrovich Pavlov,1849—1936)(见图 6-1)是苏联生理学家,是苏联生理学和与之相关的客观心理学的代表性人物。他主要从事有关心脏的神经机能、消化腺和大脑的高级神经中枢的研究。他因消化腺方面研究取得的突出贡献而于 1904 年获得诺贝尔生理学或医学奖。他的有关条件反射的理论和实践是对人类作出的最伟大的科学贡献之一。

图 6-1　巴甫洛夫

20 世纪初,为了更好地理解消化的本质,巴甫洛夫进行了一系列与狗分泌唾液有关的实验研究。他的典型做法如下:先对狗进行一次小手术,在狗的嘴角处做一个切口,以便将狗分泌的唾液收集到一个小杯子里;然后把狗固定在一个位置上,给它喂一些食物,并测量狗的唾液分泌量。巴甫洛夫发现,可以通过某种方式来控制狗分泌唾液的反应。最初,狗见到食物,唾液分泌量才增加,后来发展到看见送食物的实验助手走进实验室,或者听到实验助手的脚步声,唾液分泌量也会增加。显然,这只狗似乎已经懂得实验助手的出现意味着食物即将到来,于是就开始产生唾液分泌反应。巴甫洛夫对这个现象很感兴趣,他改变了自己的研究重点,从看到或闻到食物才分泌唾液的消化活动过程转变为研究狗在看到实验助手进来或听到实验助手脚步声就开始分泌唾液的现象。该研究重点的转变也是从对生理现象的研究转向对心理现象的研究的重大转变。

二、经典性条件反射理论的基本观点

(一)经典性条件反射的实验研究

针对狗这种提前分泌唾液的现象,巴甫洛夫设计并进行了他的经典性条件反射实验研究。在巴甫洛夫的一个经典实验中,研究者将狗置于一个控制严格的实验室内。实验刚开始时,只有食物可以诱发狗的唾液分泌反应,食物被称为无条件刺激(unconditioned stimulus,简称 UCS),由食物引起的唾液分泌反应被称为无条件反应(unconditioned response,简称 UCR),这是先天形成的、自动发生的无条件反射。实验开始后,研究人员在向狗呈现铃声刺激后间隔半分钟给予食物,同时观察并记录狗的唾液分泌反应。在实验刚开始阶段,狗听到铃声并不产生唾液分泌反应,这时的铃声刺激被称为中性刺激。而当铃声与食物多次匹配呈现之后,即使单独呈现铃声而不呈现食物时,狗也会产生唾液分泌反应,这时的铃声刺激变成条件刺激(conditioned stimulus,简称 CS)。由这种条件刺激引起的唾液分泌反应被称为条件反应(conditioned response,简称 CR)。这就是经典性条件反射形成的基本过程(见图 6-2)。

通过上述实验可以知道,经典性条件反射发生在两个刺激出现的时间相隔不久的情况下。其中一个刺激为无条件刺激,它能够引起有机体的无条件反应;另一个刺激经过与无条件刺激多次联结后,也开始能够引起有机体的反应,变成一个能引起条件反应的条件刺激。通常,条件反射的建立和形成相当迅速。对一个有机体来说,两个刺激配对出现 5 次或 6 次便能形成条件反应,有时甚至一次配对就能建立条件反应。

当条件刺激在无条件刺激之前(如前面的实验所述)出现时,经典性条件反射最有可能出现。因此,一些心理学家将经典性条件反射描述为一种信号学习(signal learning)。因为条件刺激先出现,所以它成为一种预示着无条件刺激即将出现的信号。

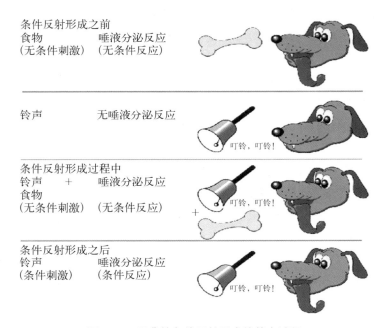

条件反射形成之前
食物　　　　　唾液分泌反应
(无条件刺激)　(无条件反应)

铃声　　　　　无唾液分泌反应

叮铃，叮铃！

条件反射形成过程中
铃声　＋　　　唾液分泌反应
食物
(无条件刺激)　(无条件反应)

叮铃，叮铃！
＋

条件反射形成之后
铃声　　　　　唾液分泌反应
(条件刺激)　　(条件反应)

叮铃，叮铃！

图 6 - 2　经典性条件反射形成的基本过程

(二) 经典性条件反射的基本原理

经典性条件反射通常涉及对不随意反应(即不受学习者控制的反应)的学习。在经典性条件反射的视角下,当一个刺激引发一个反应时,这个刺激往往自动地导致一个反应。在多数情况下,条件反应与无条件反应是相似的,两者的不同之处主要体现在反应由哪种刺激引起以及反应强度上的差异。

后来,巴甫洛夫与其他行为主义者进一步探讨了与经典性条件反射有关的现象。例如,泛化(generalization)、分化(discrimination)、消退(extinction)、联结偏好(associative bias)、相倚性(contingency)和高级条件作用(higher-order conditioning)等,这使经典性条件反射理论得到进一步完善。泛化是指对相似的刺激也以同样的方式作反应。如狗对某种铃声刺激作出唾液分泌的反应后,对类似的不同节奏或不同音调的铃声都作出唾液分泌反应。分化是指能对相似但不同的刺激作出不同的反应。如给狗呈现连续铃声后给予食物,而呈现断续铃声后不给予食物,反复几次后,狗就学会区分铃声,当呈现连续铃声时就作出唾液分泌反应,而呈现断续铃声时就不出现唾液分泌。消退是指在已经形成条件反射之后,如果呈现条件刺激而不给食物强化,那么狗产生唾液分泌会越来越少,最终反应完全消退。联结偏好是指某些刺激之间建立联系比在其他刺激之间建立联系更容易些。例如,与声音或光相比,食物更有可能与恶心的感觉联系起来。这种偏好可能是演化的结果:我们的祖先为了更好地适应环境,会本能地去寻求反映事物之间正确因果关系的关联,如将恶心的感觉与新食物联系起来,以避免被它诱惑。相倚性是指当无条件刺激跟随条件刺激出现时,即当条件刺激作为无条件刺激即将到来的信号时,潜在的条件刺激才会转化为真正的条件刺激。如果两个刺激经常分开出现,或只是偶然有几次一起出现,那么经典性条件反射就不大可能出现。高级条件作用是指一种条件刺激与反应之间的联结建立在另一个联结基础上的现象。例如,在狗学会听到铃声就分泌唾液后,如果将铃声与另一中性刺激联合呈现(如光刺激),那么该中性刺激便也能够引起狗的唾液分泌。因此,这种高级条件作用也称为二级条件作用。

从学习的视角看,学习的过程就是条件反射形成的过程;从学习的结果来看,有机体习得了条件刺激的信号意义,或者说使中性刺激变成具有信号意义的条件刺激;从学习的条件来看,无条件刺激物是学习或条件反射形成的必要条件。

三、经典性条件反射理论在教育中的应用

巴甫洛夫的条件反射理论可以解释日常生活和教学中出现的行为习惯、情绪、态度等问题。教学中也可以运用条件反射原理(包括泛化、分化和消退原理)来巩固学习和良好行为,或矫正不良行为、消极态度和情绪。

第一,在教学过程中,让学生在积极的氛围中学习课程内容,将学习与愉悦的情绪相联结。经典性条件反射理论的刺激—反应联结及其泛化原理提示我们,在学生入学的第一天为其营造积极的课堂氛围很有必要。学生应在能引发愉悦情绪(如享受、兴奋)的环境中进行学习,而不是会引发焦虑或生气的环境。当学生将学习内容与积极情绪联系在一起时,会更自觉地学习。如果学习者在早年对书有愉快的体验,那么日后他们就更可能经常地、广泛地阅读书籍。相反,如果学生将学校功课或老师与失败、惩罚或挫折等联系起来,学校和课程就会变成高焦虑的来源。

第二,在学习习惯塑造中,如果要消除一个坏习惯,学习者必须用一个新的

刺激—反应联结来取代旧的联结。打破旧的刺激—反应联结的一种方法是,开始时呈现非常微弱的刺激,使个体不能对其产生习惯性反应。然后,一点点增加刺激强度,每次增加的幅度都很小以至于个体仍不会作出反应。例如,当一个学生有测验焦虑时,老师可以先让学生完成一些类似于测验但远非测验的趣味性任务。然后,随着时间推移,老师逐步呈现一系列更接近真实测验的任务让他去完成,这样可以逐渐消除学生的测验焦虑。

第三,在学习效果评估中,通过观察行为的改变来评估学习。如果要确定学生在学习中学到了什么,就必须去观察和发现教学给学生带来的行为上的改变。只有行为的改变(如更高的学习成绩或更好的学习习惯),才能让我们确定学生确有发生。

四、对经典性条件反射理论的评价

巴甫洛夫的条件反射理论和研究方法在学习领域产生了巨大影响,尤其是他作为生理学家对动物行为的精确观察和测量及对配对反应的探讨,为人类学习行为的研究建立了宝贵的知识框架。巴甫洛夫的条件反射理论关注铃声等信号意义的习得,使得像唾液分泌这种原本的纯生理学现象的研究变成具有条件意义的心理学研究,这对科学心理学的发展具有重要的方法论意义。巴甫洛夫对条件反射的研究是他那个时代最系统、最经典的研究,对后来的条件反射以及学习的研究都产生了重要的启发作用,尤其是对华生的行为主义创立产生重要的影响,后来许多行为主义理论家都采用巴甫洛夫的概念和术语以及研究方法去研究行为及其改变。

第二节　桑代克的联结主义学习理论

对行为主义理论的创立产生直接影响的理论,除了巴甫洛夫的经典性条件反射理论外,还有桑代克的联结主义学习理论。桑代克通过动物学习的开创性研究,得出"学习是刺激与反应的联结"的联结主义观后来成为行为主义的基本公式。本节将在简要介绍联结主义学习理论产生背景的基础上,重点阐述联结主义学习理论的主要观点,并依据联结主义学习理论总结出适用于教育活动的具体措施。

一、桑代克生平

桑代克（Edward Lee Thorndike，1874—1949）（见图 6 - 3）出生于美国马萨诸塞州。1895 年入哈佛大学，师从詹姆斯。1896 年在哈佛大学开始用小鸡做实验，研究动物的学习，因而被称为动物学习研究的开创者。后来得到卡特尔的帮助，转到哥伦比亚大学学习，继续用猫、狗等动物做实验，1898 年以《动物的智慧：动物联想过程的实验研究》论文获得博士学位。1903年，出版了《教育心理学》一书，1913 年这本书被扩展为三卷本，这本《教育心理学》的出版标志着教育心理学成为一门独立的学科，因此桑代克也被看成是教育心理学的奠基者。

图 6 - 3　桑代克

由于受到詹姆斯和卡特尔两位机能主义大家的影响，桑代克的心理学理论反对研究意识，主张研究行为，明显带有机能主义的倾向，虽然他不承认自己是机能主义者，只承认自己是联结主义者。桑代克的联结主义学习理论对后来华生的行为主义创立产生重要的影响。

二、联结主义学习理论的基本观点

（一）桑代克的动物学习实验研究

桑代克的联结主义学习理论建立在他对动物学习研究实验结果的基础上。在桑代克的一系列研究中，最著名的实验是猫的迷笼实验。桑代克将饥饿的猫关在他专门设计的迷笼里（见图 6 - 4），迷笼的外面有引诱猫的美味佳肴。迷笼内有一个可以打开门的开关，按压或拉动这个开关就可以打开门。关在迷笼里的猫一开始并不知道通过按压或拉动开关可以打开门，经过一番盲目的冲撞后，由于一个偶然的动作触动了打开迷笼的开关，得以跑出迷笼吃到食物。

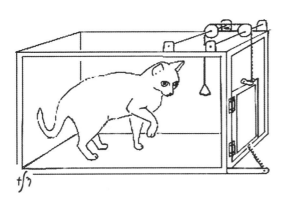

图 6 - 4　桑代克迷笼

此后,桑代克再把猫关进去,如此反复多次,猫从被关进迷笼到打开开关跑出迷笼的时间越来越短,所犯的错误越来越少,最终猫学会通过按压或拉动开关打开迷笼。

(二) 联结主义学习观

桑代克通过对动物学习行为的研究,提出了他的联结主义(connectionism)学习理论。桑代克认为,学习的实质是通过"尝试"在一定的情境与特定的反应之间建立某种联结,即尝试错误学习(trial-and-error learning)。不过,他这里的联结是指刺激情境与正确反应之间的联结(简称 S—R 的联结),而不是联想主义的观念之间的联结。一定的联结是在尝试与错误中建立起来的。在尝试中,个体会出现错误,通过反馈,个体会放弃错误的尝试而保留正确的尝试,从而建立正确的联结。从学习的过程来看,学习是一种尝试错误的过程,因而有人将桑代克的联结主义学习理论称为尝试错误学习理论。桑代克认为,在尝试错误学习中,行为的后果是影响学习最为关键的因素,如果行为得到了强化,证明尝试是正确的,行为就能保留下来,否则就会作为错误行为而放弃。

桑代克根据动物学习的研究结果提出效果律、练习律、准备律三条学习律。效果律(law of effect)是指,如果学习者对某一情境作出特定反应之后能获得满意的结果,那么反应与这一特定的刺激情境之间的联结就会加强;反之,如果反应之后得到的是烦恼的结果,那么这种联结便会减弱。简而言之,奖赏将使反应增加,而惩罚将使反应减少或消失。桑代克最初认为奖赏和惩罚对个体的行为具有同等效力,但方向相反,分别起到增强和削弱作用。然而,桑代克在研究中发现,运用惩罚来削弱个体的行为并不很有效。在一项研究中,桑代克要求大学生完成一个西班牙语多项选择测验,选出与某个西班牙语词汇相匹配的正确的英文释义。每次当学生从五个选项中选出正确的英文释义时,实验者就说"对"(这可理解为对被试这一反应的奖赏),但当被试作出错误选择时,实验者就说"错"(这可被理解为对被试反应的惩罚)。经过对一系列相同多项选择题的反应训练,被试选择那些曾受到奖赏的选项的次数确实增加,但对那些曾受到惩罚的选项的选择并未减少。在此基础上,桑代克对效果律加以修正,不再强调惩罚的作用,但仍坚持奖赏对行为具有强化作用。练习律(law of exercise)是指,刺激情境与特定反应的联结强度决定于使用该联结的频次,即练习或使用的频次越多,联结越强;反之,如果不使用该联结或没有练习,则该联结会变得越来越弱。在桑代克后期的研究中,他发现没有奖励的练习是无效的,联结只有通过有奖励的练习才能增强。准备律（law of readiness）是指，在学习者准备好时给予相应的活动，则会感到满意，如果有准备而不给予相应的活动，或无准备而强制给予活动，都会感到烦恼。

此外，桑代克还与他的好友伍德沃斯（Robert Sessions Woodworth，1869—1962）一起提出迁移的共同要素说。也就是，只有当原先的学习情境与新的学习情境有共同要素时，原先的学习才能在新的学习中发生迁移；只有当两种心理机能有相同要素时，一种心理机能的改进才能引起另一种心理机能的改进。

三、联结主义学习理论在教育中的应用

桑代克的联结主义学习理论对现阶段的教育实践具有重要的指导价值。

首先，尝试错误学习理论强调学习是一种渐进的尝试与错误（反馈）直至最后成功的过程。在实际教学中，教师应给学生创设或提供尝试和犯错的机会，如给学生布置一定量的课后作业，并对学生上交的作业给予反馈，指出对在哪里和错在哪里。然而，在现实中，有些教师可能会给学生布置大量的作业，但对学生辛苦做完提交上来的作业却不反馈或较少反馈，这不仅不利于学生掌握知识和技能，而且会增加学生的课业负担和厌学情绪。

其次，桑代克总结的三条学习律也能指导教师的现实教学工作。效果律指导教师在教学中使用一些具体奖励（如糖果、口头表扬等）来塑造和强化学生的学习行为。例如，在实际的教育过程中，教师应努力通过具体奖励使学生形成良好的学习习惯和达到满意的学习结果。练习律指导人们对所有学生进行大量重复练习或操练来训练学生。桑代克对教师提出的劝告是"集中并训练那些应结合的联结，并奖励所想要的联结"。桑代克举了数学中的一个刺激—反应联结的例子：不停地重复乘法表，并总是给予奖励，最终形成刺激（8×9＝　）和反应（72）的联结。准备律指导人们帮助学习者做好学习准备，以促进学习发生和更有效学习。例如，提前告知学生下次课程的教学内容，要求学生对课程重点内容进行资料查阅和预习，使学生带着知识储备和自身思考投入到新知识的学习之中。

四、对联结主义学习理论的评价

桑代克提出的尝试错误学习模式对人类学习或学生学习具有借鉴意义。科学发展史上的许多发明创造和技术革新，便是通过尝试错误的过程获得。在

学习过程中,教师应允许学生犯错误,并鼓励学生从错误中进行学习,这样获得的知识或许更能长久保持。桑代克的三条学习律揭示了奖励、练习和准备情况对学习和行为习得的影响,对学习理论和教学的发展也有重要意义。

然而,桑代克的联结主义学习理论也有其局限性。他混淆了人与动物学习的本质区别,把动物学习的规律推广到人类学习上;对学习的心理机制的解释过于简单,忽视了人类学习复杂的心理过程和意识水平;他还将学习过程看作是盲目的,抹杀了人的主观能动性和学习的目的性。桑代克的联结主义学习理论对后来的行为主义理论(如操作性条件反射理论)产生了深刻的影响。

第三节　华生的行为主义学习理论

华生是美国心理学家,行为主义心理学的创始人。华生继承和发展了机能主义心理学贬低意识的思想传统,以可观察的行为作为研究对象,同时吸收了动物心理学的研究模式,反对内省法,主张运用客观化的方法研究行为,掀起了一场行为主义运动,为心理学科学化做出重要贡献。本节将简要介绍华生的生平简介,重点介绍华生的行为主义学习观,并阐述其在教育中的应用。

一、华生生平

华生(John Broadus Watson,1878—1958)(见图 6-5)出生于美国南卡罗来纳州格林威尔城外的一个农庄。12 岁进入一所公立学校学习,在校表现不佳。1894 年,华生 16 岁那年,他勉强说服伏尔曼(Forman)大学接受他,成为一名正

图 6-5　华生

式的学生。在大学期间,他幸运地遇到一个叫穆尔(G. B. Moore)的老师,这位穆尔老师曾经在芝加哥大学进修过,对心理学的前沿有一定的了解,建议华生去阅读冯特、詹姆斯、铁钦纳等人的心理学书籍。这使得华生对心理学产生了浓厚的兴趣。1900 年,华生进入芝加哥大学攻读研究生,跟随杜威(John Dewey,1859—1952)学习哲学,但是他很快对杜威和哲学课程丧失了兴趣,转而喜欢安吉尔(James Rowland Angell,1869—1949)的心理学课程。他的博士论文是在安吉尔和唐

纳森的指导下完成的。从 1901 年开始，华生开始研究老鼠神经系统的发展与行为发展的关系。1903 年，华生以《动物教育：白鼠的心理发展与神经系统成长关系的实验研究》的论文获得芝加哥大学的博士学位。博士毕业后，华生留校任助教，讲授实验心理学。1908 年，华生接受约翰斯·霍普金斯大学的邀请，任心理学副教授。从 1904 年开始，华生就开始思考以行为作为心理学研究对象，抛弃无法测量的意识，但是这一想法没有得到安吉尔的支持。经过多年的思考之后，华生最终于 1913 年在《心理学评论》上发表了行为主义的宣言书《行为主义者心目中的心理学》，这篇文章的发表标志着行为主义的诞生。同时这篇文章也给华生带来了巨大的荣誉，1914 年华生被推选为美国心理学会主席，而这一年华生才 36 岁。1920 年，华生因婚外恋的丑闻辞去了约翰斯·霍普金斯大学的教职，去广告公司任职。华生把行为主义理论运用到广告设计中，取得很大的成功。同时，心理学也没有完全抛弃华生，1957 年美国心理学会为了表彰华生对心理学作出的贡献，授予华生荣誉金质奖章。第二年，华生因病去世，享年 80 岁。

华生受到巴甫洛夫和桑代克所做工作的影响，认为一切行为都以经典性条件反射为基础，学习就是形成 S—R 的联结。华生是美国第一个将巴甫洛夫的研究作为学习理论基础的心理学家。他相信，巴甫洛夫的经典性条件反射模式适合用于建立人类行为的科学，人类出生时只有几种反射（如打喷嚏、膝跳反射等）和情绪反应（如恐惧、愤怒等），所有其他行为均是通过条件反射建立新的刺激—反应联结而形成。

二、华生行为主义学习理论的基本观点

华生从行为主义的立场出发，借用巴甫洛夫的生理学名词（如肌肉运动、腺体分泌、肢体反应等）替换传统心理学中的感觉、思维、情绪等概念，把条件反射作为一种具体的实验技术加以采用。后来，华生又把反应分为非习得性反应和习得性反应两类。非习得性反应是行为的基本元素，其神经的种种联系大致在婴儿时就已确定好了。习得性反应是在学习过程中通过建立条件反射把非习得性反应组织起来形成的。

华生认为，学习过程就是把条件刺激与条件反应组织起来，形成一定联系的过程，即行为习惯形成的过程。在华生看来，不仅动物的学习在于形成习惯，人类的学习也在于形成习惯。他认为，人的各种行为不外是"肢体的习惯""言

语的习惯""肺腑的习惯",都是通过条件反射建立刺激—反应(S—R)联结而形成的。华生根据经典性条件反射理论做了一个著名的婴儿恐惧形成实验(见图6-6)。

图6-6 婴儿恐惧形成实验

实验被试是一个叫阿尔伯特的11个月大的婴儿。实验者首先让阿尔伯特接触一些中性刺激——实验室里的小白兔,这时阿尔伯特毫无害怕的表现,似乎想用手去摸它。后来,当小白兔出现后,紧接着用铁锤敲击金属棒,发出使婴儿害怕的声音(无条件刺激)。小白兔与敲击声经过3次结合后,单独出现小白兔也会引起婴儿的害怕和防御性反射(条件反射建立);经过6次结合后,婴儿的害怕反应更加强烈。后来,阿尔伯特的恐惧反应越来越严重,对任何有皮毛的物体都感到害怕(泛化),如老鼠、动物标本、有皮毛的动物玩具等,甚至对老爷爷的胡须、圣诞老人的面具也害怕。根据这个实验结果,华生认为,学习的实质就是经典性条件反射的建立,即形成刺激与反应(S—R)的联结,从而形成习惯;学习的过程就是条件反射形成的过程,即形成S—R的过程。

在学习规律方面,华生主张频因律和近因律,不同意桑代克的效果律,认为这会把问题引向神秘化。频因律(law of frequency)就是指某种动作经多次重复练习后就容易形成连续的动作习惯,同时重复其他动作的次数减少,从而使要学习的动作不断得到巩固。近因律(law of recency)就是指学习者往往容易学会一个动作序列中最后学习的动作,而且在下次练习时又倾向于提早出现。

由于华生坚信有什么样的刺激就有什么样的反应,因此被称为环境决定论者。他被引用得最多的一段话是这样的:"给我一打健康而没有缺陷的婴儿,把他们放在我设计的特殊的环境里培养,我可以担保,我能够把他们中间的任何一个人训练成我所选择的任何一类专家——医生、律师、艺术家、商界首领,甚至是乞丐或盗贼,而无论他的才能、爱好、倾向、能力,或他祖先的职业和种族是什么。"

三、华生行为主义学习理论在教育中的应用

基于行为主义学习理论设计的教学程序可以应用于教育的诸多领域。首先,在教学工作中,学生通过条件作用学到的一些可能影响学业表现的情感和态度可以通过特定程序加以打破。例如,一些学生可能不喜欢外语,因为他们将外语与被要求在课堂上大声阅读和翻译句子这样的不愉快经历联系起来。他们因在全班同学面前回答不出问题而感到羞愧。这导致他们对外语产生焦虑,形成对外语恐惧的条件作用。在课堂教学中,为帮助学生建立起适应性情感,教师可以将快乐事件作为学习任务的无条件刺激。教师不断给予学生关心和鼓励,创造温暖、舒适的课堂环境,使学生将这些体验与学习事件联系起来,从而喜欢学习。

另外,教师可以帮助学生自愿、成功地体验会引发不愉快情绪的情境,以帮助学生如何更好地适应情感反应。例如,如果学生害怕在全班同学面前发言,就让这名学生先坐着向一个小组同学朗读一段文字,接着站着读,随后只报告重点而不逐字逐句读,然后逐步让学生走到讲台上,向全班同学做报告。

打破旧有的刺激—反应联结的另一种方法是消耗法(exhaustion method),即持续不断地呈现刺激,直到个体筋疲力尽以至于无力再用习惯化的方式作出反应为止。这样,个体会产生一种新的反应方式,从而形成一种新的刺激—反应联结。例如,如果一个学生不断地用某种行为来扰乱课堂秩序(如乱扔东西),那么教师可以让这个孩子在放学后留下来,不断重复他的不良行为(扔东西)直到他无力再做,这样就可以消除他的不良行为。

最后,基于行为主义学习理论,教师可以帮助学生辨认情境间的差异或相似之处,从而使他们能恰当地进行分化和泛化。例如,向小学生解释,使他们明白拒绝陌生人的礼物是正确的,但如果父母在场,那么接受这种好意也是安全的。再如,让那些有高考焦虑的学生相信,这次考试与其他考试是一样的。

四、对华生行为主义学习理论的评价

华生是行为主义心理学的创始人,他建立的行为主义心理学派对后来心理学的发展产生深远的影响;他主张用客观化的研究方法来研究心理学,对于心理学走向科学化的道路具有重要意义;他用刺激—反应来解释心理对于打破心理活动的神秘性起重要作用;他的理论还使得心理学家相信,在人的发展中,学习是一个最主要的决定因素,人的行为、人格、情绪等都可以通过学习获得,这

对于批判遗传决定论、重视环境教育在发展中的作用具有积极的意义。

然而,华生也是一位机械唯物论者,他力求把人的各种心理现象简化为肌肉或腺体的活动和习惯,完全否认人的意识而把人完全机械化,以至于有人把他的行为主义心理学称为"肌跳心理学"。从学习理论方面看,华生的行为习惯说并不是一个严谨的学习理论,他只是借鉴巴甫洛夫的术语和条件反射理论来解释学习的发生;而他提出的学习定律和影响学习的因素也没有超出联结主义学习理论和动物实验心理学的研究成果。

第四节 斯金纳的操作性条件反射理论

虽然人类的某些行为确实是由特定的刺激引发的,但反射性行为只能解释所有行为中很小的一部分。美国心理学家斯金纳指出,人类的有些行为是在没有明显的无条件刺激(如食物)存在的条件下对环境作出的操作,这可称之操作性行为(operant behavior)。基于对操作性行为的研究,斯金纳提出了操作性条件反射学习理论。在本节,我们首先简介斯金纳的生平,然后系统阐述与操作性条件反射有关的基本原理、基本概念(如强化)和常见现象。在此基础上,我们将梳理和总结操作性条件反射与经典性条件反射的异同,以及操作性条件反射理论在实际教育工作中的应用。

一、斯金纳生平

斯金纳(Burrhus Frederic Skinner,1904—1990)(见图6-7)是美国心理学家,新行为主义的主要代表人物,是操作性条件反射理论的创始人和行为矫正技术的开创者。他于1904年出生于美国宾夕法尼亚州东北部一个叫萨斯奎汉纳的小城镇。1922年进入纽约汉密尔顿学院主修英国文学,1928年进入哈佛大学学习心理学,师从心理学家波林(Edwin G. Boring,1886—1968)。1929年,国际生理学大会在哈佛大学医学院召开,斯金纳聆听了巴甫洛夫的发言,对条件反射

图6-7 斯金纳

产生了兴趣。同时斯金纳接受华生的观点,认为心理学应该以行为为研究对象,于是开始研究人类和动物的行为。1930 年和 1931 年分别获得心理学硕士学位和哲学博士学位。此后 5 年时间留在哈佛大学从事研究工作。1936—1944年在明尼苏达大学任教。第二次世界大战期间曾参与美军秘密作战计划,采用操作性条件反射原理训练鸽子,用以控制飞弹和鱼雷。1945 年出任印第安纳大学心理学系主任。1948 年重返哈佛大学,担任心理学终身教授,直至 1970 年退休。

斯金纳的一生获得多项重大的荣誉奖:1958 年获美国心理学会杰出科学贡献奖,1968 年美国政府授予他最高科学奖——国家科学奖,1971 年美国心理学基金会赠给他一枚金质奖章,1990 年美国心理学会授予他心理学毕生贡献奖。

二、操作性条件反射理论的主要内容
(一)操作性条件反射

斯金纳深受实证主义哲学和巴甫洛夫条件反射理论的影响,把物理学的操作主义和生物学的进化论结合起来,构建一种更为激进的操作性行为主义理论体系,即排除内在的心理过程,只研究可观察测量的外在行为,因而它被称为激进行为主义。

斯金纳认为,行为可分为两种:一种是由已知刺激引起的行为,称为"应答性行为";另一种是不需要刺激引发,在一定情境中自然产生并因结果的强化而固定下来的行为,称为"操作性行为"。应答性行为由刺激控制,是被动的;而操作性行为是自发的,无法确定反应的出现由何种刺激引起,它代表着有机体对环境的主动适应。这类行为是动物和人类中最多的,也是心理学研究的主要对象。斯金纳认为,两种不同类型的行为必然会导致两种不同的条件反射。应答性行为导致的是反应性条件反射,而操作性行为导致的则是操作性条件反射。巴甫洛夫的经典性条件反射是反应性条件反射,而斯金纳的主要贡献是发现了操作性条件反射现象。经典性条件反射重视刺激对引起期望的反应的意义,而操作性条件反射强调行为后果对行为反应的意义。斯金纳为研究其操作性条件反射现象,设计和发明了一种学习装置——斯金纳箱(见图 6-8),对白鼠的操作性行为进行了一系列研究,并从中得出了操作性条件反射建立的规律。

图 6 - 8　斯金纳箱

斯金纳把一只白鼠放在斯金纳箱中，白鼠在箱内可以自由活动，一开始可能表现出乱窜、乱跑等行为。当白鼠偶然碰到实验者有意设置的杠杆时，就会有食物落下，从而强化了白鼠按压杠杆的行为。经过多次尝试和强化，白鼠就建立了按压杠杆的操作性条件反射。而其他行为如乱窜、乱跑等行为则因缺乏强化而消失。可见，操作性行为以及伴随其后的强化是操作性条件反射形成的关键。

根据斯金纳的动物实验结果，可将操作性条件反射的基本原理概括为一种伴随着强化物的反应会被增强，进而更有可能再次出现。换言之，受到强化的反应频率可能增加，而这种行为频率的增加意味着学习的发生。斯金纳认为，操作性条件反射的建立依赖于两个因素：操作及其强化。强化在斯金纳操作性条件反射中如此重要，以至于有人称他的行为原理为操作-强化学说。

（二）强化（物）的种类

斯金纳详细研究了强化（物）的种类。一般来说，凡能增强反应发生频率的刺激或事件都可以称为强化物（reinforcer）。强化物可区分为初级强化物和二级强化物。初级强化物（primary reinforcement）能满足人和动物的基本生理需要，如食物、水、氧气和温暖等。应当指出，一种结果是否对个体具有初级强化物的效力，存在着个体差异。例如，某种药物对物质成瘾者来说是一个初级强化物，但对一个非物质成瘾者来说则并不必然是强化物。二级强化物（secondary reinforcement）指任何一个中性刺激与初级强化物反复结合后，自身获得强化效力,可分为社会强化物(拥抱、微笑)、信物(金钱、积分)和活动强化物(玩游戏、听音乐)。在日常生活中,初级强化物与二级强化物的影响程度,很大程度上取决于人们的经济环境。当食物、居所处于匮乏状态时,初级强化物及其相关的二级强化物(如金钱)可能会成为人类行为的主要强化物。但在经济富裕的时期,当人们拥有充足的食物和温暖的居所时,优异的成绩、参加游戏之类的二级强化物则更有可能在学习过程中发挥强化作用。

斯金纳把强化分为正强化和负强化。正强化(positive reinforcement)是通过呈现行为者想要的、愉快的刺激以增强反应发生的频率。可见,正强化涉及反应之后呈现积极的刺激。积极的刺激或强化物可以区分为物质强化物(如食物、玩具)、社会强化物(如微笑、赞扬)和活动强化物(reinforcer)(如玩游戏、看电视)等。负强化(negative reinforcement)是通过消除或中止厌恶的、不愉快的刺激来增强反应频率。在这里,"负"并不代表一种价值判断,它是指某种东西从某种情境中被移除这一事实。负强化可以解释动物和人类的逃避行为。例如,假设斯金纳箱里的一只白鼠经常遭到电击。当这只白鼠发现按压杠杆可以终止电击后,它按压杠杆的行为就会显著增加。在人类身上,学生可能通过谎称肚子疼和经常旷课而逃避让人沮丧的学业任务。

斯金纳还比较了惩罚和负强化。斯金纳认为,负强化是通过排除厌恶刺激来增加反应发生的概率,而惩罚是降低反应发生的概率。惩罚也可以分为呈现性惩罚和移去性惩罚。呈现性惩罚是通过呈现厌恶刺激来降低反应发生的概率;移去性惩罚是通过取消愉快刺激来降低反应发生的概率。动物实验表明,惩罚对于消除行为来说并不一定十分有效,厌恶刺激停止作用后,原先建立的反应仍会逐渐恢复。斯金纳认为,惩罚并不能使行为发生永久性的改变,它只能暂时抑制行为,而不能根除行为。因此,惩罚的运用必须慎重,惩罚一种不良行为应该与强化一种良好行为结合起来,才能取得预期的效果。

(三) 强化程式

强化程式(schedules of reinforcement)是按合乎要求的反应次数以及各次强化之间的时距的适当组合而作出的各种强化安排。斯金纳通过大量的实验研究,总结出一套复杂的强化作用模式。他把强化程式分为连续强化和断续强化。连续强化(continuous reinforcement)是指每次反应之后都给予强化;断续强化(intermittent reinforcement)是对有些反应而不是所有反应给予强化。

斯金纳特别深入研究了断续强化程序。他把断续强化又分为间隔强化和比例强化。间隔强化是借助时间进行强化,两次强化之间有一定的时间间隔,若几次强化之间的时间间隔是固定的,称为固定间隔强化,若时间间隔不固定,则称为可变间隔强化。固定间隔强化会塑造出这样一种反应模式,即每次强化结束后,开始的一段时间内个体的反应会很少,其处于强化后的停顿状态,直到间隔时段临近结束时,反应才再次回升。举例来说,中小学校一般一个学期会安排一次期中考试和一次期末考试。教师常常会发现,学生在临近期中和期末考试时会更加努力学习,而一旦考试结束,学习的努力程度便会快速下降。可变间隔强化塑造的典型反应模式是一种缓慢、平稳的反应模式。例如,被告知可能会进行随机课堂测验的学生,即使不知道自己的付出哪天会有回报,但仍可能每天都会学习一会儿。比例强化是指被试作过一定次数的反应之后才能得到强化,若反应的次数是固定的,称为固定比例强化,否则称为可变比例强化。固定比例强化会使个体在一定时间段内产生高频率的稳定反应,但接受该强化程式的个体通常会在每次强化后出现一种强化后停顿现象,即表现出反应暂时性减少。例如,员工被告知只有在卖出规定数量的蛋糕时才会得到一份报酬,这时他们将会按要求努力售卖蛋糕,等达到规定数量,会进入类似"咖啡时间"的休闲状态。通过可变比例强化程式塑造的行为反应对消退具有更强的抵抗力,因为总是有可能在下一次反应时获得回报。赌徒持续地向赌博机(如老虎机)投入硬币是可变比例强化的一个例子。赌徒往机子里投入硬币次数越多,他就越可能获得强化,即从机子里吐出硬币的次数就越多,但机子并不是在他投入固定数量的硬币后就一定会吐出硬币,它是不可预测的。

如上所述,强化的安排可以有很多种,不同的强化安排可以起到不同的强化效果。一般说来,断续强化的效果比连续强化的效果好;可变间隔强化和可变比例强化的效果好于固定间隔强化和固定比例强化的效果。此外,在选择强化物时,可以遵循普雷马克原理(Premack principle),即用高频活动作为低频活动的有效强化物,它又被称为祖母法则。例如,告诉小学生做完作业以后就可以玩游戏。

(四)操作性条件反射出现的条件

有一些重要的条件影响着操作性条件反射出现的可能性。首先,强化物必须紧随反应之后出现。具体来说,在一个反应出现之前呈现强化物很少能对反应起到强化作用,而且一个强化物往往对之前刚刚出现的那个反应具有强化作用。但是,现实的教育通常采取延迟强化,即通过期中或期末成绩来评定学习效果,而不是在平时当学生有良好表现时及时给予反馈。其次,强化物必须与反应相倚。强化物最好只在个体出现积极反应时才给予，即强化物与个体的反应具有相倚的关系。例如，在允许学生参加娱乐活动之前，教师申明学生需要达到特定的条件，如完成事先安排的学习任务。如果有些学生没有完成，教师仍允许他们参加活动，那么教师就没有做到反应与强化相倚。学生甚至可能认为规则是可以打破的。

（五）操作性条件反射中的常见现象

1. 迷信行为

迷信行为（superstitious behavior）是指随机实施的强化往往能对强化物出现之前刚发生的任何反应产生强化作用，学习者会增加那种反应的频率。例如，斯金纳曾把八只鸽子整夜锁在装有食物托盘装置的笼子里，这个机械装置会按设定的要求定时为鸽子提供食物强化，而不管它们当时做了什么样的反应。到了第二天早上，斯金纳发现有六只鸽子表现出怪诞的行为。其中一只重复不断地伸头去啄笼子顶端的一角，有两只鸽子一直有节律地摇摆着身子在笼子里踱步。迷信行为实际上是学习者把不相关的某种反应与强化看成是相关的。例如，一个足球明星总是在比赛开始之前举行特定的祈祷仪式；有的学生在考试时一定要带某个物件，这也是迷信行为。

2. 消退

在操作性条件反射中，如果一个反应不再受到强化，那么该反应的发生频率将会降低，出现消退（extinction）现象。例如，那些举手想回答问题却从未被老师点名的学生，将会放弃参与课堂讨论的努力。因此，在教学中，教师要确保学生的良好行为能够得到足够的强化以免良好行为的消退，但是可以运用消退原理矫正不良行为。

3. 连锁

连锁（chaining）指的是在行为塑造过程中首先只强化一个单独的反应，随后强化两个连续的反应，然后再强化三个系列的反应，以此类推，最终对一系列完整的动作进行强化。例如，对于网球学习者，当学生学会正确的握拍方式后给予强化，随后当其学会接球时面朝球网两脚分开站立并正确握拍后给予强化，以此类推，最后对整个复杂的连锁反应进行强化。

三、操作性条件反射与经典性条件反射的比较

在操作性条件反射和经典性条件反射中，有机体都表现出某一特定反应的增加。然而,两者存在重要的差异(见表 6-1)。经典性条件反应的形成条件是无条件刺激和后来变成条件刺激的中性刺激配对呈现。有机体学会对该条件刺激形成一个新的条件反应,从而建立起条件刺激—条件反应的联结。由于条件刺激的发生是自动的、不随意的,所以有机体实际上无法控制它的发生。相反,操作性条件反射的形成是由于一个反应之后跟随着一个强化刺激。在此情况下,有机体是将反应与特定的结果相联系,从而形成反应—强化物联结,而不是刺激—反应联结。这样习得的反应是有机体有意而为之的结果,即有机体完全能控制某种反应是否发生。

表 6-1 经典性条件反射与操作性条件反射的差异

	经典性条件反射	操作性条件反射
行为	应答性行为,被动的	操作性行为,主动的
发生的条件	无条件刺激与条件刺激配对呈现	在反应之后跟随一个强化
反应的实质	不随意的:由刺激诱发	随意的:由有机体主动作出
形成的联结	条件刺激→条件反应	反应→强化刺激
学习的结果	习得刺激的信号意义	行为性质发生改变

四、操作性条件反射理论在教育中的应用

(一) 程序教学

程序教学(programmed instruction)是斯金纳将操作性条件反射理论运用于教学的典范。程序教学是指将各门学科知识按其中的内在逻辑联系分解为一系列的知识项目,这些知识项目之间前后衔接、逐渐加深,然后让学生逐个学习每一项知识、回答对应的问题,并及时给予强化,使学生最终掌握所学的知识。程序教学方法包含操作性条件反射的原理和概念。第一,学生必须对每一个知识项目都作出(主动)反应。第二,教学活动从学生知道的知识点开始。新的材料被分解为很小的单元,通过循序渐进地呈现不同难度的单元来推进教学。当依次呈现材料单元,越来越难的问题得到解答,那个可以证明个体已经掌握相关主题的终点行为便被逐渐塑造出来。第三,行为塑造的进程非常缓慢,因此学生几乎每次都能作出正确回答。这种方式能确保学生作出适当的反应,而不是不当的反应,并得到"回答正确"的反馈强化。第四,程序教学是自定步调的,

允许学生按照自己的速度来推进一个教学单元。

　　程序教学中的程序可以是直线式的,也可以是分支式的。在直线式程序中,学生将按照固定的顺序学习同样的知识内容;在分支式程序中,学生要完成一些小测验,只有通过小测验才能进入下一个知识目标的学习,否则要重新学习。程序教学中的程序化教材是以练习册、软件程序、录像带等形式呈现。假如教师能够精心地编制程序教材,控制程序教学材料的呈现顺序,那么学生就可以不需要教师的指导而能独立地学习,因此程序教学有助于学生的自学。斯金纳的程序教学思想和方法为计算机辅助教学(computer-assisted instruction,简称 CAI)奠定了基础。计算机辅助教学的优势包括:计算机能够根据各个学生的反应自动呈现适当的后续知识项目;计算机能处理图像(如视频、动画),所以计算机辅助教学能以纸笔式程序教学无法实现的方式呈现材料信息;计算机能够记录和保留每个学生的进度数据(正确和错误的频率、回答问题的速度、学习的进度等)。因此,教师可以根据这些数据来检测每个学生的进展,找出有特殊困难的学生。

　　(二)课堂管理

　　要维持良好的课堂秩序,需要对好的行为予以强化,对不良的行为予以惩罚。根据行为主义的强化和惩罚原理,对于课堂上出现的不同行为采取不同的措施,分别予以强化或惩罚。对于表现良好的行为给予强化,而对于课堂上出现的与课堂氛围不协调的行为,要及时处理。例如,要养成小学生举手发言的习惯,对于不举手就发言的小学生不予理睬,让此不良行为自行消退,而对于积极举手并等待老师提问的学生,让其回答老师的提问,并进行表扬。研究还表明,对于学生的不正确行为,单纯给予惩罚的效果不明显,要让学生知道什么是正确的行为,用正确的行为替换不正确的行为比单纯抑制不正确的行为要好。当我们想要学生从事某一种学生可能感到枯燥的活动时,我们可以运用普雷马克原理,把这种活动与学生喜爱的某种活动结合在一起。比如,当学生按要求完成课堂作业后,就与学生一起玩游戏。

　　强化和惩罚都有多种形式。对学生的强化可以使用不同的强化物,如食物或其他实物(如奖品)、语言(如口头表扬)、代币(可以换取自己喜爱的东西)、移去令学生厌恶的刺激(如减少家庭作业)、学生喜爱的活动(如打球或游戏)、获得成功感或满足感等。需要注意,特定的强化物并不必然对所有学生都有效,教师要识别对每一位学习者真正具有强化效用的结果。这要求教师观察特定学生一段时间或询问学生本人及其父母,发现哪种结果真正有效。同时,教师必须考虑到在对某个学生给予奖励时,它给其他学生带来的影响。一些证据表明,如果教师向没被奖励的学生解释获得奖励的途径,那么教师的个别奖励不会对其他学生产生不利影响。惩罚的形式有体罚、斥责、代价(失去某种本属于自己的东西)、孤立、剥夺学生喜爱的东西或活动、告诉家长等。在教学过程中,需要明确告知学习者何种行为将受到惩罚。概括起来说,教师要根据课堂具体情况灵活而合理地运用强化和惩罚。当面对学生的高侵犯性和高危害性问题行为时,教师或治疗师则需要对学生进行集中系统的干预。但是,不管运用何种形式的处理方法,教师都要清晰地意识到以下四点:一是处理的后果如何(有效性问题);二是对学生心理的影响(符合教育性,不伤害学生的人格和自尊心);三是学生的具体特点和水平(针对性、适用性问题);四是对他人的影响(被模仿或被警告)。教师只有明确地认识到强化或惩罚使用的各种条件、后果和方法(成为有意识的教师),才能取得自己想要的效果。

(三)行为塑造与矫正

行为塑造(shaping)原理是通过小步强化最终达成目标,也就是将目标行为分解成一个一个小步子,每完成一个小步子就给予强化,直到最终达到目标,这种原理也叫连续接近法。例如,训练老鼠走迷宫,第一步训练它学会第一个左拐弯,第二步训练它学会第二个左拐弯,如此一步一步训练,直到学会到达终点(见图6-9)。

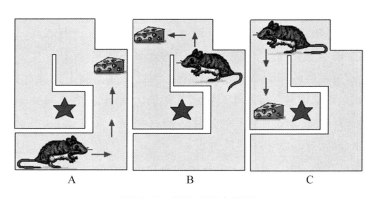

图6-9   训练老鼠走迷宫

斯金纳认为教育就是塑造行为,任何复杂的行为,包括儿童的行为习惯,都可以借助强化通过塑造来获得或养成。比如,可以按照行为塑造的原理训练某小学生主动阅读的习惯。当这位小学生去拿书的时候就给予强化,当他把书翻开时给予强化,当他开始阅读时给予强化,当他把一段文章阅读完给予强化,当他再次阅读时又给予强化,直到养成阅读习惯为止。在塑造行为时,要注意这样一个原则:学生必须在他们力所能及的行为范围内得到强化,同时这些行为又必须能向新的技能延伸。比如,学生能在 15 分钟内解决 10 道数学题,若他能在 12 分钟内解决就应给予强化,但不能要求其必须在 8 分钟内解决才给予强化。

同理,可以按照这种原理来矫正儿童的不良行为。行为主义者认为惩罚可以抑制不良行为,当儿童出现某种不良行为时,通过给予惩罚加以矫正。例如,某小学生有咬铅笔的不良习惯,我们可以适当运用惩罚来矫正这种不良行为。当我们看见这位小学生在咬铅笔时,就给予一定的惩罚,如没收他的铅笔,或罚他把嘴张开一分钟。下次发现他再咬铅笔时再给予惩罚,或看见他准备咬时就给予惩罚。下次看见他咬自己的手指头时也给予惩罚,看见他咬自己的衣袖或其他东西时也给予惩罚,直至改掉这种不良习惯为止。而且,行为主义者认为,在不良行为出现之初进行惩罚的效果要比出现之后进行惩罚的效果好。同时,根据这种惩罚的原理可以干预儿童的行为强迫症。行为主义者还运用系统脱敏(systematic desensitization)技术治疗恐惧症,让那些对某种刺激感到极度焦虑的个体(如前面讲述的阿尔伯特对小白兔形成的恐惧),在身体放松的同时,设想自己处于逐渐增大的刺激压力中。这样,他们会渐渐用放松的反应来取代原来焦虑的反应。或者,通过使用计算机合成图像和虚拟现实技术,让他们去模拟"体验"一系列压力情境,并要求他们在此过程中一直努力放松自己。

五、对操作性条件反射理论的评价

斯金纳的理论体系对心理学产生了巨大的影响。20 世纪 60 年代到 70 年代,斯金纳及其追随者统治了学习心理学领域。不仅如此,斯金纳的行为主义理论还被人们广泛应用于教育领域以及行为治疗和行为矫正,这使得他的理论的生命力延续至今。斯金纳的学习理论具有重大的学术意义,他揭示的操作性条件反射现象,丰富了条件反射的研究,同时也打破了传统行为主义的"没有刺激,就没有反应"的错误观点。但是,斯金纳仍然是一个行为主义者,犯有和早期行为主义者同样的错误,即只注重描述行为,不注重解释行为;只注重外部行为及结果,不探讨内部心理机制。斯金纳自始至终都反对认知心理学的研究,反对学习过程和行为塑造过程的认知解释。此外,斯金纳把通过动物学习的研究结果直接运用到人类学习中,忽视了人与动物的本质区别,被批判为"把人看成是更大的老鼠"。

第五节　托尔曼的符号学习理论

早期的行为主义者坚持认为,只有把学习界定为行为的改变,心理学才能成为一门真正的科学,而且他们只关注刺激与反应之间的直接联系,忽视认知过程。以托尔曼为代表的认知行为主义者相信,把认知因素考虑进来,将更有助于理解人类和动物学习过程中蕴含的刺激与反应之间的关系。本节首先分析了托尔曼符号学习理论的产生背景,随后结合托尔曼开展的典型动物实验研究,重点阐述了符号学习理论的基本观点以及在教育中的应用。

一、符号学习理论的产生背景

托尔曼(Edward Chace Tolman,1886—1959)(见图 6 - 10)是美国新行为主义的代表人物之一。托尔曼出生在美国马萨诸塞州的牛顿城,他先在麻省理工

图 6 - 10　托尔曼

学院学习工程技术,但他学习工程技术只是出于家庭的压力。其实他对工程技术并不感兴趣,大四那年,他读到了詹姆斯的《心理学原理》,被詹姆斯的心理学吸引。1911 年,托尔曼从麻省理工学院毕业后进入哈佛大学,学习哲学和心理学,在机能主义心理学家闵斯特伯格(Hugo Münsterberg,1863—1916)的指导下攻读博士学位。但是闵斯特伯格教授的实验心理学仍然是铁钦纳的内省法,对此托尔曼产生怀疑。幸运的是,托尔曼修了另外一门心理学课程,而这门课程使用的教材是华生的《行为:比较心理学导论》。华生对内省法的批判以及其行为主义观点对托尔曼产生重大影响,他接受了华生的行为主义观点,并认定行为主义才是心理学正确的发展方向。在其研究生学习的第一年末,托尔曼前往德国准备他的博士生德语考试。其间,他在德国吉森大学(University of Giessen)和格式塔心理学家考夫卡(Kurt Koffka,1886—1941)一

起度过了一个月，了解了格式塔心理学，并深受格式塔心理学的影响。十年之后的 1923 年，托尔曼还专门又去了一趟吉森大学，接受了另一位格式塔心理学大师勒温(Kurt Lewin，1880—1947)的指导。不难看出，托尔曼的理论中为什么会强调认知因素了。1915 年，托尔曼从哈佛大学毕业，获得博士学位。毕业后，他先在西北大学任教，后来去了加利福尼亚大学任比较心理学教授，1950 年转至哈佛大学，1953 年又转至芝加哥大学，最后又回到加利福尼亚大学。托尔曼 1937 年任美国心理学会主席，1957 年获美国心理学会杰出科学贡献奖，并曾任第 14 届国际心理科学联合会主席。

　　托尔曼不像其他行为主义者那样只关心一个个动作，而是注重有机体整个的行动。托尔曼把行为区分为分子行为(molecular behavior)和整体行为(molar behavior)，认为声音、光等刺激引起的肌肉反应和腺体分泌是分子行为，而动物在复杂情境中走迷宫及儿童上学、打球等则是整体行为。他认为，人们生活中的大多数行为都是整体行为。托尔曼经常用动物的动机、预期、意向和目的等来描述动物的行为。他关心行为理论如何与知识、思维、计划、推理、目的、意向等概念相联系。因此，他的理论被称为目的行为主义、整体行为主义、符号完形说等。

二、符号学习理论的基本观点

　　托尔曼通过一系列的动物位置学习实验来探究有机体学习的实质。其中一个典型的实验是训练小白鼠走迷宫到达食物箱(见图 6 - 11)。该迷宫包括一个出发点、一个食物箱及从出发点到达食物箱的三条长度不等通道(即通道 A、B 和 C)。实验开始时，将白鼠放在出发点，让它们自由地在迷宫内探索通道。一段时间后，检验白鼠的学习效果。检验时，仍将白鼠置于出发点，但会对通道作一些处理，观察它们的行为。结果发现，如果三条通道都畅通，小白鼠会选择最短的通道(即通道 A)到达食物箱；如果 X 处堵塞，小白鼠选

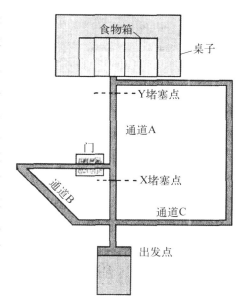

图 6 - 11　小白鼠位置学习实验所用的迷宫

择通道 B 到达食物箱；如果 Y 处堵塞，小白鼠会选择最长的通道 C 到达食物箱。托尔曼认为，小白鼠在走迷宫时之所以选择最接近食物的路线，是因为它学会的不是简单的、机械的刺激—反应配对，而是学到环境中不同部分（即到达一个目标的符号或线索）的位置关系，在头脑中形成环境的认知地图（cognitive map）。

为了进一步检验认知地图的存在，托尔曼又开展了小白鼠的潜伏学习实验。托尔曼将参加实验的小白鼠被分为 A、B、C 三组。A 组是强化组，从第一天到最后一天，小白鼠每次跑到目的地就能得到食物（即经常得到奖励组）。B 组是非强化组，小白鼠始终没有获得食物强化（即无食物奖励组）。C 组小白鼠在前 10 天与 B 组一样，没有食物。从第 11 天开始，C 组小白鼠每次跑到目的地都能得到食物。结果显示（见图 6 - 12），A 组犯错误的次数一直在下降，说明奖励促进了学习效果。B 组小白鼠操作水平一直较低。C 组小白鼠在没有得到食物强化的前 10 天中，犯错次数与 B 组相似。然而，从第 11 天开始接受食物强化后，其犯错次数急剧下降，学习效果骤然提高，甚至超过 A 组。托尔曼认为，三组小白鼠的学习程度其实是相同的，没有得到强化的小白鼠实际上也在学习，它们在获得外在强化之前也学习了迷宫的空间关系，形成了认知地图。在到达目的地没有获得强化的情况下，其学习结果没有显示出来，表现为潜伏学习。

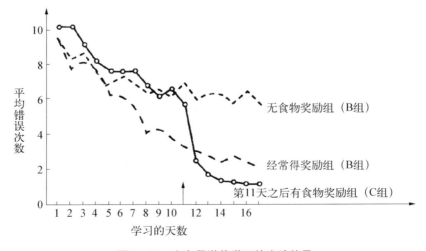

图 6 - 12   小白鼠潜伏学习的实验结果

此外，托尔曼认为，个体的行为由对目标的预期来引导。托尔曼于 1932 年描述了他的学生艾里奥特（Elliot）开展的一项实验。在实验中，小白鼠在完成走迷宫任务后会接受两种强化物中的一种。实验组到达目的地后得到的是小白鼠喜欢的食物,即麦芽糖(bran mash);控制组得到的是相对无诱惑力的葵花籽(sunflower seeds)。结果发现,实验组完成迷宫任务的速度要快于控制组,这是由于它们预期越快完成任务就会得到更美味的"佳肴"。在第 10 天,实验组小白鼠的强化物换成葵花籽,而控制组不变。在发现强化物改变后,实验组小白鼠完成迷宫任务的速度比以前显著变慢,甚至不如控制组小白鼠。这说明,当奖励物不如预期的奖励物时,有机体的操作水平出现了下降。

综上所述,符号学习理论的基本观点是,学习是对环境中由符号构成的完形的认知,是形成认知地图。具体来说,学习不是简单的刺激(S)与反应(R)的联结,而是有机体在达到目标的过程中,根据预期进行有目的的尝试,不断对周围环境进行认知,在头脑中形成整体的认知地图。因此,在外部刺激(S)与行为反应(R)之间存在中介变量(O)(O 代表有机体的内部变化),学习是 S—O—R 的过程。

三、符号学习理论在教育中的应用

托尔曼在讨论学习发生机制过程中作出的主要贡献是引入内部心理过程,强调在学习和问题解决过程中(内部)信息组织过程的重要性。根据符号学习理论可知,如果学生想要学到东西,仅在课堂上有积极的行为反应(或者说身体活动)是不够的,学生在课堂上还需要有积极的心理活动。那些从心理上积极参与到学习主题中的学生,往往能够更好地理解学习主题和有更高的学习效率。因此,在教学过程中,教师必须努力通过提高学生的认知过程的卷入度来促进学习。

此外,根据符号学习理论的基本观点,在实际的教学过程中,教师给学生布置任务时,应明确学习的目标和具体要求,使学生对未来的学习结果产生一种积极的预期,并让学生对目标是什么、达到目标要做些什么和通过怎样的努力来达到目标等形成一个良好的认知地图。同时,教师要意识到学生学习过程中潜伏学习阶段的存在,在学生没有完全表现出所学行为时给予鼓励和指导,以促进学习行为的出现。

四、对符号学习理论的评价

托尔曼的符号学习理论把认知主义的观点引入行为主义的学习联结理论,

改变了联结主义的学习观把学习看成是盲目的、机械的观点。托尔曼重视学习的中介变量，即认知过程的研究，强调学习的认知性和目的性，这些思想对认知学习理论的产生和发展具有深远的影响。托尔曼的另一个贡献是用设计严密的实验的方式对行为主义学习理论进行批评并延伸出对学习的认知解释，这种研究范式促进了认知心理学的诞生。然而，由于符号学习理论建立在小白鼠学习的基础上，在一定程度上忽视了人类学习与动物学习的本质差异。

第六节　班杜拉的社会学习理论

自 20 世纪 40 年代以来，行为主义心理学家已经开始将目光聚焦于儿童如何获得社会行为这一课题。社会行为包括合作、竞争、分享和攻击等行为，社会行为比操作性行为更为复杂，所以对社会行为学习的研究更能够揭示人类行为习得的特点。美国心理学家班杜拉认为，人类具有语言和聪明的大脑，因而人类的行为不一定要通过直接操作来获得，可以通过观察和模仿来习得。于是，班杜拉提出了社会学习理论（social learning theory）。在本节中，我们将分析社会学习理论的产生背景，重点阐述与社会学习理论相关的基本观点，在此基础上探讨社会学习理论的应用价值，以及社会学习理论与前述行为主义学习理论的差异等。

一、社会学习理论的产生背景

班杜拉（Albert Bandura，1925—2021）（见图 6-13）出生在加拿大一个叫蒙代尔的偏僻山村，并在加拿大温哥华市的不列颠哥伦比亚大学学习心理学。大学毕业后，班杜拉去美国艾奥瓦大学继续深造，师从赫尔（Clark Hull，1884—1952）的学生斯彭斯（Kenneth Wartinbee Spence，1907—1967），1952 年获得临床心理学博士学位。1953 年在斯坦福大学从事儿童心理学的教学和研究工作，1964 年升任正教授。在这期间，受赫尔派学习理论家米勒（Neal Elgar Miller，1909—

图 6-13　班杜拉

2002)、多拉德(John Dollard,1900—1980)和西尔斯(Robert Richardson Sears,1908—1989)的影响,他把学习理论运用于社会行为的研究中。他的奠基性研究使得社会学习理论诞生,也使他在西方心理学界获得较高的声望;此后,除了1969年任行为科学高级研究中心研究员一年外,他一直在斯坦福大学任教,其中1976年至1977年出任该校心理学系系主任。1974年班杜拉当选为美国心理学会主席,1977年获卡特尔奖,被称为“认知理论之父”。1980年,当选美国西部心理学会主席,同年当选美国艺术与科学院院士;同年获美国心理学会颁发的杰出科学贡献奖。1989年,班杜拉当选美国科学院医学部院士。1999年,他担任加拿大心理学会授予的名誉主席;他一生中还获得过包括不列颠哥伦比亚大学在内的16所大学授予的荣誉学位。此外,他还担任了《美国心理学家》《人格与社会心理学杂志》《实验社会心理学杂志》等20余种杂志的主编。2001年获行为治疗发展学会终身成就奖;2002年获美国西部心理学会终身成就奖。2016年美国政府授予班杜拉国家科学奖,以表彰他作为一名心理学家对人类的思想启蒙和进步作出的杰出贡献。

　　班杜拉原来信奉新行为主义,后来由于新行为主义受到认知主义和人本主义的挑战,自20世纪60年代起,班杜拉逐步从传统的行为研究中走出来,由偏重外部因素作用的行为主义观向兼顾内在和外在因素的新观点转变,逐步建立起他的社会学习理论。该理论主要用于说明大多数人类学习都涉及观察及与他人互动的事实。由于该理论融合了许多认知主义的观点,即关注信念、期望和自我强化等认知因素在社会学习和行为反应中的作用,因此它也被称为社会认知理论(social cognitive theory)。

二、社会学习理论的主要内容

(一) 观察学习

　　班杜拉认为,社会学习是通过观察环境中他人的行为以及行为结果来进行的学习。从学习的结果来看,主要是习得社会行为及行为方式;从学习的方式来看,主要是通过观察来进行的。因此,社会学习也被称为观察学习(observational learning)或替代学习(vicarious learning)。

　　社会学习理论把学习分为两种:一种是参与性学习(enactive learning),是通过直接动手做体验行动结果进行的学习,这种通过直接经验获得行为反应模式的学习,也叫直接经验的学习。在学习过程中,那些能导致成功结果的行为被保留下来，而导致失败结果的行为则被舍弃。关于行为结果发挥的作用，班杜拉的观点与斯金纳的有所不同。斯金纳认为行为的结果直接增强或减弱行为，而班杜拉的参与性学习强调行为的结果能为学习者提供信息和激励，引发了学习者建立预期并塑造信念的过程，从而影响学习者的动机。这意味着，学习者对行为和结果关系的认知（即预期），而不是行为的后果本身，影响了学习。另一种是替代学习（即观察学习），是通过观察他人的行为及行为结果进行的学习，即观察他人的行为结果受到奖励还是惩罚获得的行为反应模式，而不必亲自动手做和体验行动结果，因此也叫间接经验的学习。

班杜拉以儿童的社会行为的习得为研究对象，进行了一系列重要的实验研究。在班杜拉的一项经典实验中，他让学前儿童观察成人示范的电影，影片中成人的行为具有很高的攻击性，对充气娃娃拳打脚踢，还朝充气娃娃扔东西。这部电影有三种不同的结局，每组儿童观看其中一个结局的影片版本。第一组儿童观看成人因为他们的攻击行为而受到奖励的版本；第二组儿童观看成人因为他们的攻击行为而受到惩罚的版本；第三组儿童是控制组，观看成人的攻击行为没有受到奖励或惩罚的版本。看完电影后，让儿童和充气娃娃玩。结果发现，那些看到成人的攻击行为受到奖励的儿童，比控制组儿童对充气娃娃表现出更多的攻击行为；而那些看到成人的攻击行为受到惩罚的儿童，比控制组儿童有更少的攻击行为。这说明，儿童的社会行为是通过观察习得的，尽管他们自己并没有主动参与。班杜拉进一步认为，看到成人攻击行为受到奖励和惩罚的儿童表现出不同程度的攻击行为，不是因为两组儿童的学习（可理解为知识的获得）存在差异。在成人榜样受到惩罚的条件中，儿童也学会了攻击行为，只是没有同样地表现出来。因此，成人攻击行为受到的奖惩结果，只是影响了儿童对这种行为的表现，而不是对这种行为的学习。

（二）观察学习的过程

班杜拉受到信息加工认知心理学的影响，把观察学习的过程分为以下四个阶段。

注意（attention）过程。观察学习始于学习者对示范者的注意，如果人们对榜样行为的重要特征不加以注意，就无法通过观察进行学习。班杜拉认为，注意过程决定着从大量的榜样影响中选择什么作为观察的对象，并决定着从正在进行的榜样活动中抽取哪些信息。

保持（retention）过程。观察者记住从榜样情境了解的行为，形成示范行为的内部表征。观察学习对示范行为的保持依存于两个储存系统：一个是表象系统；另一个是言语编码系统。这两个系统把示范行为以表象和言语形式储存于记忆中。在儿童早期，视觉表象在观察学习中起着重要作用，但在言语技能发展到一定阶段时，言语编码就成为主要的信息保存形式。

运动再生（reproduction）过程。也称动作再现过程，即再现以前观察到的示范行为，涉及运动再生的认知组织和根据信息反馈对行为进行调整等操作。在行为实施的初始阶段，反应在认知水平上得到筛选和组织。虽然如此，第一次再现的动作也可能有错误，于是需要根据外界反馈或自身内部反馈来调整动作。

动机（motivation）过程。再现示范行为后，观察学习者因表现出示范行为而受到强化或相信这样做能增加自身得到强化的机会，从而影响后继行为产生的动机。班杜拉认为，由于许多因素影响着观察学习，即使呈现最引人注目的榜样，也不会使观察者产生完全相同的行为。如果要使观察者最终表现出与榜样相匹配的反应，就要反复示范榜样行为，指导学习者如何再现这些行为，当学习者失败时从客观上给予指点，当他们成功时就给予及时的奖励（或强化）。

（三）强化模式

班杜拉认为行为的强化模式有三种，分别是直接强化（direct reinforcement）、替代强化（vicarious reinforcement）和自我强化（self-reinforcement）。直接强化是指观察者因表现出期望的观察行为而直接受到的强化，它为学习者提供信息和诱因。替代强化是指观察者因看到榜样行为受到强化而受到的强化。例如，电视上某明星因穿某个牌子的衣服或使用某个品牌的护肤品而风采迷人时，如果你知觉到或体验到她因受到注意而感觉到的愉快，那么这对你来说就是一种替代强化。自我强化是指学习者依照自己的标准对自己的行为表现满意而进行的自我奖励。自我强化很大程度上依赖于社会传递的结果。社会向个体传递某一行为标准，当个体自身的行为表现达到甚至超过这一标准时，就对自己的行为进行自我奖励。例如，一名学生为自己为期半年的外语学习设立了一个成绩标准，他将根据对自己成绩的评价而对自己的行为进行自我奖励或惩罚。

社会学习理论强调观察学习和替代强化在获得新行为中的作用。班杜拉认为，学习就是学习者通过观察示范者的行为及其结果而获得某些新的行为反应模式的过程。

（四）影响观察学习的因素

班杜拉总结出影响学习的三类因素：环境（资源、行动结果、他人与物理条件）、个体（信念、期望、态度与知识）和行为（个体行动、选择和言语表述）。他认

图 6 - 14　环境、个体和行为三者
　　　　　交互决定关系

为这三类因素互为因果，每两者之间都具有双向的互动和决定关系，因此这一理论又被称为三元交互作用论（见图 6 - 14）。

具体地说，影响观察学习的因素包括观察者因素、环境因素和行为本身的因素。

观察者因素。观察者的期望、信念、自我效能感、知识等认知因素对学习行为影响非常大。班杜拉认为，人们并不是简单地对刺激作出反应，而是对刺激加以解释，刺激是通过人们的预期作用而影响特定行为发生的可能性。如果人们想有效地活动，就必须预期到这些不同事件和行动的可能后果，从而相应地调整自己的行为。班杜拉又将预期分为两类：一类是对行为的结果预期，即人对自己特定行为将导致一定结果的估计；另一类是效能预期，即人们深信自己能成功地实现这些结果的把握。为此，班杜拉提出自我效能感的概念。自我效能感（self-efficacy）是指个体对自己能够有效地处理特定任务的主观评价。自我效能感与学习行为之间存在交互作用：自我效能感的高低直接影响个体的努力程度和学习行为，当观察者相信自己能够成功地模仿或执行一个特定行为时，他就会更多地关注和模仿该行为；而成功的行为结果（如取得好的学习成绩）又反过来强化个体的自我效能感。此外，个体的年龄、知识水平、态度等因素也影响个体的行为。个体随着年龄的增长，能更长时间地集中注意力，能运用一定的记忆策略保持信息，更善于调节自己的心理资源和行为。

环境因素。行为主义者非常强调外部环境，尤其是奖励等诱因对行为的影响。班杜拉也强调环境因素对学习行为的影响。环境资源、重要他人可能会影响观察学习，如有权威的人或技能熟练的人更有可能成为被模仿的对象，尤其是行为结果的直接强化和替代强化对观察学习影响较大，观察者会模仿那些能给他们带来奖赏的行为。

行为本身的因素。如果示范行为本身是有意义的、符合观察者的期望，观察者就会有意识地去模仿；如果示范行为对于观察者来说是适当的、可以模仿的，观察者认为有能力去模仿，观察者也会自觉或不自觉地去模仿；示范行为的

质量也会影响观察学习的效果。

三、社会学习理论在教育中的应用

班杜拉认为,人类的大部分行为是通过观察学习获得的。在学校生活和课堂示范教学中也存在大量的观察学习。因此,教师要明确意识到观察学习的重要意义,并按照观察学习的过程来指导学生的学习。

第一,在教学情境中确认适当的榜样,尤其是榜样行为中与学习目标有关的部分。班杜拉对最能引起儿童模仿的榜样的特点进行了研究,发现:(1)儿童喜欢模仿他心目中最重要的人物,作为主要他人的父母和教师最可能成为儿童模仿的对象;(2)儿童喜欢模仿与他同性别的人,通过模仿儿童认同和获得性别角色;(3)儿童喜欢模仿曾获得荣誉,出身于高层社会及富有家庭的儿童的行为;(4)在同级团体里,有独特行为甚至曾受到过惩罚的人,一般不是儿童喜欢的对象;(5)同年龄同社会阶层出身的儿童彼此之间喜欢相互模仿。教学中要根据儿童喜欢模仿的特点,为儿童选择适当的榜样,以引起儿童的注意和观察。另外,象征性榜样也能够发挥示范作用。美国一些学者研究的证据表明,了解历史名人(如海伦·凯勒、马丁· 路德·金)的生平,是让学生形成良好行为的一种简单有效方式。

第二,确立示范行为的机能价值。在教学中要确立示范行为的机能价值,对这种机能价值的预期可以增强学生对观察对象的注意。学生通常会注意对自己很重要、有意义的活动。为此,教师要阐明教学活动和示范行为的机能价值,使学生明确回答的意义。

第三,引导学习者对观察到的对象进行表征。尤其是在智慧技能和动作技能的教学中,教师要引导学生对观察到的对象进行适当的言语表征、图形表征或动作表征,以便对观察对象进行编码和储存,为正确模仿做好准备。

第四,引导学习者的认知和动作再造过程。在教学过程中,教师要向学生提供实践观察到的行为的机会,将头脑中有关榜样的表象和符号转化为外显的行为进行模仿练习,或在内心进行演练,并在信息反馈的基础上精心练习自己的模仿行为。

第五,给予及时反馈与强化以增强行为动机。正确反应的行为结果可成为有效强化物。班杜拉提出三种强化模式(即直接强化、替代强化和自我强化),它们都可以增强行为动机。在实际的教学中,有些学生会在内在动机的驱使下展现新技能,但有些学生则需要外部的诱因和强化。教师可以对学生的模仿行为给予直接强化,以增加该行为以后发生的概率;可以对示范行为进行强化,以使观察者产生替代强化;或引导学生对自己的良好行为进行自我强化。然而,教师和学校管理者必须对他们控制的奖赏(和惩罚)保持一贯性,不仅要有跨时间的一贯性,而且对不同学生也要一视同仁。一些证据表明,学生非常讨厌那些对不同学生采用不同奖惩标准的老师。

总之,学生通过观察、注意、表征、模仿练习和强化,可以使得观察和模仿的行为得以巩固下来。

四、社会学习理论与传统行为主义学习理论的比较

班杜拉的社会学习理论是对传统行为学习理论改造的产物,其吸收了传统行为主义学习理论的许多观点(如聚焦于可观察的行为和强化的概念)。然而,社会学习理论与传统行为主义学习理论也存在诸多差异。

首先,在学习的定义上,行为主义学习理论强调,行为的改变是刺激与反应建立联结的结果,而且学习通过经典性条件反射或操作性条件反射产生。社会学习理论则强调个体不需要直接体验环境刺激,其通过观察他人的体验来习得新行为,而且学习是个体或认知因素、行为与环境三者交互作用的结果。其次,关于学习(learning)与表现(performance)的关系,行为主义学习理论认为学习与表现是一回事,只有当个体表现出某种行为时才可以说发生了学习。社会学习理论则认为学习可以包含也可以不包含行为的变化,学习包括观察他人的行为获得知识但不一定表现出这些行为。再次,关于对强化的认识,行为主义学习理论认为人类和动物的行为直接由行为结果(或强化的作用)来塑造,而社会学习理论进一步强调强化很大程度上是一种间接的过程。具体来说,学习者的行为会因为榜样的行为受到强化而被驱动,就像其自身受到强化一样(这就是替代强化)。事实上,社会学习理论认为,即使学习者自身受到直接强化,这种强化也不像行为主义者眼中的强化那样直接,因为它受到认知因素的调节,而且一种适用于特定个体的强化可能并不适用于其他个体。

此外,在研究对象上,行为主义者多侧重于动物的探索性和尝试性的学习行为,在将动物的研究结果推广到人类行为中时,只能说明人类一些简单的行为,而班杜拉的社会学习理论直接以人为研究对象侧重于人的示范性和模仿性行为。在研究方法上,行为主义多采用严格的实验室研究,而班杜拉的社会学习理论主要采用现场研究。尽管如此,班杜拉的社会学习理论对行为主义学习

理论是必要而宝贵的补充,它使学习理论研究的成果更加丰富和充分。

五、对社会学习理论的评价

班杜拉的社会学习理论从 20 世纪 70 年代在西方崛起,关注社会行为的习得,而不是简单的刺激—反应行为,将认知过程引进自己的理论体系,把行为主义和认知派的学习理论加以融合,从而超越了行为主义的学习模式,形成了自己独特的社会认知理论。班杜拉的社会学习理论建立在严密的实验研究基础上,并且以人为研究对象,摒弃了行为主义用动物作为研究对象,使得研究结果更富有说服力。班杜拉强调观察学习的方式,并认为人的大多数行为都是通过观察学习获得的,而不是主要通过直接学习获得的,从而丰富了学习理论的研究成果。班杜拉关于环境、个体与行为三者交互作用的理论,强调期望、信念、自我效能感等个体因素对行为的影响,强调认知因素对行为的调节作用和中介作用,避免了行为主义学习理论中忽视认知的弊端,更加全面地阐释了影响行为的因素。班杜拉提出三种强化模式,而不是单一的直接强化模式,完善了强化学习原理。班杜拉的观察学习过程和示范教学过程,揭示了示范教学的一般规律,对于提高教学效果具有一定的现实意义。

【思考题】

1. 比较巴甫洛夫与斯金纳的条件反射理论。

2. 试述斯金纳操作性条件反射理论在教育中的应用。

3. 试述社会学习理论对当前教育工作的启示。

4. 比较班杜拉社会学习理论与传统行为主义学习理论。

【推荐阅读】

[1] 施良方.学习论——学习心理学的理论与原理.北京:人民教育出版社,1994.

[2] 鲍尔,希尔加德.学习论——学习活动的规律探索.邵瑞珍,等译.上海:上海教育出版社,1987.

[3] 爱德华·桑代克.教育心理学.刘万伦,译.北京:商务印书馆,2015.

[4] B.F.斯金纳.瓦尔登湖第二.王之光,樊凡,译.北京:商务印书馆,2016.

[5] 阿尔伯特·班杜拉.社会学习理论.陈欣银,李伯黍,译.北京:中国人民大学出版社,2015.

第七章

认知学习理论

【学习目标】

1. 掌握格式塔的顿悟学习理论。
2. 掌握布鲁纳、奥苏伯尔和加涅的学习理论。
3. 掌握布鲁纳、奥苏伯尔和加涅的教学观。
4. 能够根据认知学习理论及教学观指导教学实践。

到 20 世纪五六十年代，认知心理学兴起了。它的兴起有其特定的历史语境，既是心理学和社会发展的需要，也是哲学、科学尤其是自然科学、计算机科学等方面影响的结果。认知心理学非常关注人类的学习，重视人在学习或记忆新信息、新技能时的内部心理过程，注重学习理论在教学过程和教学策略方面的实际应用。认知心理学认为，学习不是简单的在强化作用下形成刺激—反应的联结，而是有机体通过积极主动的内部信息加工过程形成新的完形或认知结构。纵观认知学习理论的发展过程，从注重有机体学习全域的格式塔顿悟学习理论，到着重讨论学生学习的布鲁纳认知发现学习理论、奥苏伯尔认知接受学习理论，再到重视与教学理论结合的加涅的信息加工学习理论，认知学习理论经历了一个逐步完善、逐步清晰的发展过程。但是，值得注意的是，行为主义学习理论和格式塔学习理论都是建立在对动物实验研究的基础上，探讨的学习是广义的学习，即包括动物和人类的学习，而布鲁纳、奥苏伯尔和加涅探讨的学习主要是在教学情境下学生的学习。

第一节　格式塔学习理论

格式塔心理学（Gestalt psychology）是西方现代心理学的主要流派之一。1912 年在德国诞生，后来在美国得到进一步发展，与构造主义心理学相对立。格式塔心理学的代表人物有韦特海默、苛勒和考夫卡。"格式塔"在德文中意味着"整体"，它代表了这个学派的基本主张和宗旨。格式塔心理学反对把意识分析为元素，而强调心理作为一个整体、一种组织的意义，这是与构造主义大相径庭的。格式塔心理学认为，整体不能还原为各个部分、各种元素的总和；部分相加不等于全体；整体先于部分而存在，而且制约着部分的性质和意义。该学派很重视心理学实验，在知觉、学习、思维等方面开展了大量的实验研究，这些研究资料至今仍是心理学的重要财富。格式塔学习理论肯定了主体的能动作用，强调心理具有一种组织的功能，把学习视为个体主动构造完形的过程，强调观察、顿悟和理解等认知功能在学习中的重要作用。这些对个体的学习与教育具有重要的启示。

一、格式塔心理学的代表人物

（一）韦特海默生平

韦特海默（Max Wertheimer，1880—1943）（见图 7 – 1）于 1880 年 4 月 15 日出生在布拉格一个富裕的知识分子和艺术家家庭。在布拉格大学期间，韦特海默的兴趣从法律转向哲学。1904 年，在屈尔佩的指导下，以最优异的成绩在符茨堡大学获得博士学位。1904 年至 1910 年间，韦特海默在布拉格大学、维也纳大学和柏林大学拥有学术职位。1910 年至 1916 年，他在法兰克福大学任教。1913年发表了《关于运动知觉的实验研究》一文，标志着格式塔心理学的正式诞生。1916 年到 1926 年在柏林大学心理学研究所工作，1929 年返回法兰克福大学任专职教授。由于纳粹运动在德国引起了混乱，导致了学术自由的丧失。1933 年，韦特海默接受了社会研究新学院的职位，与家人移民到美国，直到 1943 年去世。

图 7 – 1　韦特海默

韦特海默在美国的十年硕果累累,发表了一系列论文,把格式塔心理学观点扩展到真理的意义(1934)、伦理(1935)、民主(1937)、自由(1940)等领域。可以看出,韦特海默提出的格式塔心理学已不仅仅是一种心理学体系,它是对诸如哲学、科学和教育等学术领域具有一种世界观的含义。1988 年 10 月,德国心理学会授予已故的韦特海默冯特奖章。获此殊荣代表着韦特海默的实验探索、理论贡献得到了社会的承认。

(二) 苛勒生平

苛勒(Wolfgang Köhler,1887—1967)(见图 7-2)于 1887 年 1 月 21 日出生在爱沙尼亚的里弗。他早期的正规教育是在德国的沃尔芬比特尔高级中学完

成的。1909 年,他在斯顿夫(Carl Stumpf,1848—1936)的指导下获得柏林大学哲学博士学位。此后,他担任法兰克福研究所心理学实验室的助理,不久任职于法兰克福大学。1913 年至 1920 年,他在加纳利群岛的特纳里夫岛上类人猿研究站工作。此后,苛勒回到德国,任哥廷根大学教授。1922 年,任柏林大学教授和柏林大学心理学研究所主任。从 20 世纪 20 年代到 30 年代初,是苛勒在柏林大学心理学研究所最具创造性的年代。但 1933 年,纳粹政府掌权,促进科学创新的良好气氛遭到了破坏。希特勒当权后立即策动改革,完

图 7-2 苛勒

全破坏了整个德国的大学体制。犹太教授和任何对国家社会主义不满的教授都被解雇,科学的理论、方法和问题的选择都越来越以与政治当权保持一致为基础。苛勒对祖国的态度发生了戏剧性的转变。1935年苛勒移居美国,在哈佛大学作了为期一年的讲座之后,他接受了斯沃斯莫尔学院的一个职位,在那里他一直待到 1958 年退休。

(三) 考夫卡生平

考夫卡(Kurt Koffka,1886—1941)(见图 7-3)于 1886 年 3 月 18 日出生在德国的柏林。1903 年,他进入柏林大学学习哲学,后来转向心理学。1908 年,在斯顿夫的指导下从柏林大学获得博士学位。自 1910 年起,他同韦特海默和苛勒在法兰克福开始长期的创

图 7-3 考夫卡

造性合作。考夫卡先后在符茨堡大学和法兰克福大学做助教,之后在基赞大学任职到 1924 年。20 世纪 20 年代中期,考夫卡曾数次访问美国,并做过几所学校的访问教授,之后于 1927 年到史密斯学院任职直至 1941 年去世。1922 年,考夫卡用英语写了一篇论格式塔心理学的文章。此文发表在《心理学公报》上,冠以"知觉:格式塔学说引论"之名。大多数美国心理学家错误地认为格式塔心理学家只对知觉感兴趣,这篇文章要负一定责任。1924 年考夫卡出版了《心灵的成长》一书,这是一本具有创造性和影响力的著作,他表明了格式塔心理学对发展心理学领域的关注。1935 年,他出版了《格式塔心理学原理》,此书意在全面、系统地阐述格式塔心理学。考夫卡将此书题献给苛勒和韦特海默,以感激他们的友谊和启发。

二、格式塔心理学的产生背景

格式塔心理学的出现是心理学内在历史进程的必然表现,也是德国整体观文化传统的必然产物。但是,直接催生格式塔心理学的是德国的社会背景、哲学思潮和心理学发展背景。

(一) 整体观的思想传统

格式塔心理学强调运用整体观研究心理。整体论思想在古希腊和古罗马时代就已出现。德国哲学家黑格尔(Georg Wilhelm Friedrich Hegel, 1770—1831)认为,人类历史的基本单位是国家和民族而不是个体,国家和民族并不仅仅是所有的个体成员简单相加,还包括文化、政治、经济、民族精神和风俗习惯等。因此,历史事件不能还原为个人行为,国家先于它的成员,同样整体也先于部分。这种文化传统成为格式塔心理学整体性的思想基础。

(二) 社会历史背景

20 世纪初,心理学的重心由欧洲开始移向美国,格式塔心理学的出现在很大程度上与当时德国的社会历史背景条件有关。德国自 1871 年实现全国统一后,经过二三十年的迅速发展,已经赶超了老牌的英、法等资本主义国家,一跃成为欧洲最强硬的政治帝国。后来更是妄图称霸世界、征服全球,使全世界归属于德意志帝国的整个版图中。在意识形态中,更强调主动能动、统一国民意志、加强对整体的研究。德国的政治、经济、文化、科学等领域的研究,都被迫适应这一背景和潮流,心理学自然也不例外,格式塔心理学不过是这一社会历史条件下的一种产物。

（三）哲学理论背景

格式塔心理学的产生受到德国哲学家康德（Immanuel Kant，1724—1804）的先验论和胡塞尔的现象学理论的影响。康德认为，人的经验是一种整体的思想，不能分析为简单的各种元素，心理对材料的知觉是在赋予材料一定形式的基础之上并以组织的方式来进行。康德的这一思想成为格式塔心理学的核心源思想，也成为格式塔心理学理论建构和发展的主要依据。格式塔心理学同样也采取了胡塞尔（Edmund Gustav Albrecht Husserl，1859—1938）的现象学观点，主张心理学研究现象的经验，也就是非心非物的中立经验。格式塔心理学把现象学作为他的理论基础，并以现象学的实验来研究心理现象。

（四）科学背景

19 世纪末 20 世纪初，科学界涌现了许多新发现，其中物理学场论思想的提出就是这一时期的一个重大发现，当时的科学界普遍接受了关于场的观念。物理学的场论对格式塔心理学有直接的影响。科学家把场定义为一种全新的结构，而不是把它看作是分子间力和斥力的简单相加。1875 年英国物理学家麦克斯韦（James Clerk Maxwell，1831—1879）提出了电磁场理论，认为场不是个别物质分子引力和斥力的总和，而是一个全新的结构，如果不参照整个场力，就无法确定个别物质分子活动的结果。在这一思想影响下，苛勒在《静止和固定状态中的物理格式塔》（1920）一书中，采取了物理学的场论，认为脑也是具有场特性的物理系统，从而论证知觉与人脑活动是同型的。

三、格式塔的顿悟学习理论

在学习领域，格式塔心理学提出顿悟学习理论。格式塔的顿悟学习理论建立在对黑猩猩的学习进行研究的基础上。苛勒于 1913 年至 1917 年用黑猩猩做了一系列实验，其中最著名的是叠箱实验和接杆实验。

叠箱实验：在房间中央的天花板上吊一串香蕉，黑猩猩站在地板上而不能拿到，房间的四周放了一些箱子。面对这样一个情境，黑猩猩开始采取跳跃的方式获取香蕉，但是没有达到目的。于是它不再跳，而是走来走去。突然它站在箱子前面不动，过一会儿。它很快把箱子挪到香蕉下面，爬上箱子，取到了香蕉。有时一个箱子不够，还能把两个或几个箱子叠起来（见图 7-4）。

图 7 - 4 叠箱实验

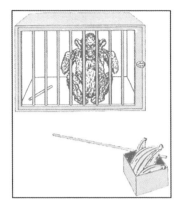

图 7 - 5 接杆实验

接杆实验：在黑猩猩的笼子外放有香蕉，笼子里面放有两根短竹杆，用其中的任何一根都够不着笼子外面的香蕉。然而，黑猩猩思考一会儿，突然将两根杆子像钓鱼竿一样接起来，够着了香蕉，把香蕉拨过来。黑猩猩一旦领悟杆子接起来与远处香蕉的关系时，就一次又一次把一根杆子插进另一根杆子的末端，以便能获得远处的香蕉（见图 7 - 5）。

对于黑猩猩的这些行为，苛勒的解释是，动物遇到问题时可能会审视相关的条件，也许还会考虑某种行动成功的可能性，当突然看出竹杆和箱子与远处香蕉的关系时，它便产生了顿悟，从而解决了这个问题。一旦发现了这一方法，它遇到类似情境就能够运用这种顿悟的经验。

根据这类实验观察的事实，格式塔心理学家认为，学习是对知觉情境的重新组织，也就是通过对学习情境中事物关系的理解构成一种完形而实现的，即顿悟学习（insight learning）。人在认知活动中需要把感知到的信息组织成有机整体，在头脑中构造和组织一种格式塔（或称为完形），对事物、情境的各个部分及其相互关系形成整体理解，而不是对各种经验要素进行简单的集合。这一过程不是渐进的尝试与错误的过程，而是突然的顿悟。也就是，通过对问题情境的观察，理解它的各个部分的构成及相互联系，分析出制约问题解决的各种条件，从而发现通向目标的途径。之所以产生顿悟，一方面是由于分析当前问题情境的整体结构，另一方面是由于心智能利用过去经验的痕迹和心智本身具有的组织功能，填补缺口或缺陷，因此服从于知觉的组织律。

后来有实验表明，只有在野外生活的黑猩猩才能解决此类问题，人工饲养的黑猩猩则不能解决此类问题。这说明,顿悟不是凭空产生的,必须有先前从事类似活动的经验。

四、格式塔学习理论在教育中的应用

格式塔学习理论适用于大部分教学环境,而在注重创新性的设计教学中更是广泛应用。在设计教学中,教师教学的首要任务是帮助学生通览设计任务提出的问题情境,使他们明白怎样去设计、为什么如此设计。学生不能依赖于教师的传授,单纯地记忆一些设计法则和以往设计当中解决问题的方法。设计学习就是要打破旧有知识和模式的束缚,努力掌握解决问题的原则,以举一反三,促进设计能力和水平的提高。

格式塔心理学家强调创造性思维在教学过程中的作用。教学过程中,知识的学习不应该是盲目的回忆或尝试,不是碎片到集合、从下到上的过程,而是从上到下在看到整个问题情境之后,从结构中发现问题。

五、对格式塔学习理论的评价

格式塔学习理论强调学习过程是有机体内部进行复杂的认知活动从而实现顿悟的过程,而不是通过尝试错误形成联结活动,主张从问题情境的整体出发去知觉、学习、记忆,反对刺激—反应的学习,这对认知心理学的发展起到重要的推动作用;它的知觉组织原则对学习和记忆问题有很大的作用。顿悟学习理论受到美国教育家的欢迎。在杜威领导下的进步教育承认个人有更多提出问题和解决问题的能力,儿童应当通过理解问题的结构,而不是对不理解的公式进行机械重复学习。在学习情境中,学习者构造和领会问题情境的方式非常重要,如果他们能利用过去的经验,确实正确看清了情境,他们就会产生顿悟。

格式塔的学习理论把学习完全归之于有机体自身的一种组织活动,从根本上否认对客观现实的反映过程,把认识看成是脑自生的东西,把知觉经验组织的作用归因于脑的先验本能,这是主观唯心主义的。同时把尝试错误学习与顿悟学习对立起来,完全否认尝试错误学习,也是不符合人类学习特点的。事实上,一项复杂的问题解决,往往需要顿悟和尝试错误这两种活动交替表现。尝试错误往往表现于外,较多地表现在行为特征和操作方式上;而顿悟往往表现在内,较多地表现在心理活动上。解决复杂问题的过程一般以尝试错误为始,

而以顿悟为终结。毋庸置疑,格式塔心理学在心理学史上留下了不可磨灭的痕迹,它向旧的传统挑战,并为以后认知心理学的发展奠定了基础。

六、格式塔学习理论与联结主义学习理论的比较

桑代克作为"教育心理学之父",他的学习理论在提出后的半个世纪里一直支配着美国该领域的研究。桑代克通过对动物学习行为的研究,提出了他的联结主义学习理论。格式塔学习理论与联结主义学习理论之间存在明显的对立。桑代克认为,从学习的过程来看,学习是一种尝试错误的过程,学习的实质是通过"尝试"在一定的情境与特定的反应之间建立某种联结。桑代克根据动物学习的研究结果,提出三条学习律——效果律、练习律、准备律。格式塔心理学认为,学习是对知觉情境的重新组织,也就是通过对学习情境中事物关系的理解和顿悟构成一种完形而实现的,即顿悟学习。从学习的结果看,学习并不是形成刺激—反应的联结,而是形成新的完形;从学习的过程看,学习不是简单地形成由此到彼的神经通路的联结,而是在头脑里主动积极地对刺激情境进行组织的过程,这种知觉的重新组织,不是渐进的尝试错误的过程,而是顿悟的过程。

格式塔心理学的顿悟学习理论的最大特点是用来反对桑代克的尝试错误学习理论,下面我们从四个方面来具体比较一下格式塔心理学的顿悟学习理论和桑代克的尝试错误学习理论。

第一,顿悟严重依赖情境条件,只有当学习者能够理解课题的各个部分之间的关系时顿悟才会出现。顿悟学习理论批评桑代克的尝试错误学习理论,认为桑代克谜箱中猫面对的情境太复杂,超出动物可以理解的范畴,它不可能一下子就能对整个情境理解清楚,这就迫使猫不得不进行盲目的尝试错误。也就是说,动物只要掌握并理解了情境条件,它就会顿悟而不会再去尝试错误。

第二,顿悟是跟随着一个阶段的尝试错误之后产生的。但苛勒指出,这种尝试的行为并不是桑代克所谓的盲目的、胡乱的冲撞,而是一种近似于行为假定的尝试程序,动物在尝试中验证自己的假定,并不断累积经验,从而最终出现顿悟。这一观点实际上是反对桑代的练习律和效果律,因为在桑代克看来,学习成功与否只取决于多次重复的动作和这些动作带来的结果。尝试错误学习理论认为,如果多次练习能使动作巩固,那么最终保留下来的应是盲目尝试的无效动作而不是最后的那个成功动作。至于效果律,格式塔心理学家认为,动物每次的成功动作都不完全相同,这就无法证明上一次的成功动作的效果能对下次的动作产生影响。

第三，顿悟是一种质变，它不需要量的积累。顿悟的这一特点与桑代克的尝试错误学习理论有很大的区别，尝试错误学习理论认为学习是一个渐进的量变过程。

第四，顿悟是可以迁移的，特别是在类似课题中顿悟可以高度迁移。格式塔心理学家认为，由顿悟获得的学习方法既能保持长久，又有利于把这种方法运用到新的类似课题中去，顿悟是迁移的一个决定因素。在迁移问题上，格式塔心理学家和桑代克也有明显的分歧。桑代克主张迁移的共同要素说，也就是说，只有当两个或两个以上的情境存在共同要素时，学习者从某一情境中获得的心理机能的改进才能影响到其他情境中心理机能的改进。格式塔心理学家则认为，迁移不是由于两个学习情境具有共同成分、原理或规则而自动产生的，而由于学习者顿悟了两个学习情境之间存在关系的结果，后人把这种迁移理论称为关系转换说。

第二节　布鲁纳的学习理论

布鲁纳是一位在西方教育界和心理学界都享有盛誉的学者，布鲁纳反对以S—R联结和对动物行为习得的研究结果来解释人类的学习活动，而是把研究重点放在学生获得知识的内部认知过程和教师如何组织课堂教学以促进学生发现知识的问题上。他的认知发现理论是当代认知派学习与教学理论的主要流派之一，对于20世纪60年代美国的课程改革以及当代我国的基础教育课程改革具有重要的意义。

一、布鲁纳生平

布鲁纳（Jerome Seymour Bruner，1915—2016）（见图7-6）于1915年10月1日出生于美国纽约的一个中产阶级家庭。1937年毕业于杜克大学。1941年获得哈佛大学心理学博士学位。第二次世界大战爆发后，布鲁纳在美国情报部门进行心理战术研究和宣传以及公共舆论的分析工作。1945年战争结束后，布鲁纳回到哈佛大学任教，并从事人的感知觉研究。此后，在瑞士心理学家皮亚杰的影响下，他开始研究思维过

图7-6　布鲁纳

程以及概念形成过程。1952 年布鲁纳任哈佛大学教授。1960 年,他与心理学家
米勒(George Miller,1945—　)一起创办哈佛大学认知研究中心,并担任该中心
主任(1961—1972),形成了以认知心理学研究为基础的教育思想。布鲁纳于
1959 年担任了美国科学院教育委员会主席。同年年底,美国科学院在伍兹霍尔
召开讨论中小学数理学科教育改革会议,布鲁纳担任会议主席。会后,他在题
为《教育过程》的小册子中综合了与会者的意见,阐述了结构主义教育思想。
1972—1978 年,布鲁纳任英国牛津大学心理学教授。1978 年退休返回美国。

　　从心理学的角度来看,他受皮亚杰、维果茨基、托尔曼等人以及格式塔心
理学的影响;从哲学的角度来看,他受皮尔斯、詹姆斯和杜威实用主义的影
响,尤其是杜威的影响。布鲁纳的主要著作有《教育过程》(1960)、《思维的研
究》(1956,与人合作)、《越超给定的信息:认知心理学研究》(1973)、《意义的
行为》(1990)等。布鲁纳特别强调学生的主动探索,主张学习的目的在于采
用发现学习的方式,使学科的基本结构转变为学生头脑中的认知结构。

二、布鲁纳的认知发现学习理论

(一)认知结构观

　　人类世界由大量可辨别的不同的物体、事件和人物组成。人类在长期的进
化过程中,形成了对外部环境繁杂多样的事物按照类别进行反应的能力。例
如,我们在猎取动物时,需要判断眼前的动物是一只可以捕捉的麋鹿还是凶险
的老虎;在收集食物时,需要熟练地分辨一朵蘑菇有没有毒;在采摘野果时,需
要判断是苹果还是橙子,还要判断它是否成熟或者是否早已腐烂。人类在适应
环境时,会对周围的各种物体、事件和人物进行分类,并根据它们所属的类别而
非独特性对它们作出反应。例如,一旦判定眼前的物体属于水果,我们就能推
断它具有水果具有的一切属性,才能采取对待水果的方式来对待它。这意味着
人并不是像行为主义主张的那样,遇到一个新刺激就作出反应(S—R),而是经
过大脑内部的认知(如分类)之后才作出反应(S—C—R)。

　　布鲁纳进一步认为,人如果要超越直接的感觉材料,则不仅仅要把感觉输
入归入某一类别并据此进行推理,还要根据其他相关的类别作出推理,这些相
关的类别就构成了编码系统。编码系统就是一组相互关联的、非具体性的类
别。例如,一提起食物,你能想到哪些东西?如果你将想到的东西罗列起来,实
际上就构成了一个相互关联的类别结构(见图 7-7)。

图 7 - 7　食物的类别编码系统

　　从这个例子可以看出,编码系统对相关类别作出有层次结构的安排,较高级的类别比较一般,较低级的类别比较具体。这种内在编码系统也就是认知结构,它是人用以感知外界的分类模式,是新信息借以加工的依据,也是人的推理活动的参照框架。编码系统是人们对环境信息进行分组和组合的方式,是在不断变化和重组的。在布鲁纳看来,学习是类别及其编码系统的形成或改变。例如,一名儿童经常跟随父母去餐馆吃饭,经过多次点餐,儿童将过去知道的子类食物联结在一起,形成了有关餐馆食物的编码系统:食物包括肉类、蔬菜类、主食类、水果类和饮料类,各类下面又存在许多不同的子类。这意味着儿童在这些经验中进行了学习。如果有一天他父母在点水果时,点了他以前并不知道的火龙果,那么他就学到了火龙果是一种水果,并根据水果类食物的属性推导出火龙果具有水果的一切属性。更为重要的是,他头脑中有关食物的编码系统也发生了改变:在新的编码系统中,水果类食物中多了一个新成员。可见,学习不是简单地接受眼前的信息,而是要将新信息与头脑中同类的事物联系起来,形成新的编码系统或改变原来的编码系统,推导出更多有意义的联系。这些对教学具有深刻的启示意义:学生获得信息本身并不是学习的目的,学习应该超越所给的信息。

　　(二) 发现学习

　　布鲁纳认为,让学生学习一般的原理固然重要,但更为重要的是发展学生解决新问题、探索新情境、发现新事物的态度和能力。布鲁纳极力倡导发现学习。发现学习(discovery learning)是指学习者通过自己探索寻找、独立思考获得新知识的过程。发现不只限于寻求人类尚未知晓的事物和行为,还包括现有的知识。发现学习的优点在于:(1) 有利于激发学生的智慧潜力,学习者自己提出解决问题的探索模型,学习如何对信息进行转换和组织,使他能超越这些信息;(2) 有利于激发学生的内在动机;(3) 有助于学生以后的独立求知与研究。

布鲁纳也认为,发现学习是需要一定条件的,最重要的是学习者要具备善于发现学习和训练有素的认知能力。布鲁纳还特别强调,认知需要和内部动机在知识学习中的作用。

布鲁纳认为,学习是一个主动形成和发展认知结构的过程,是在内在动机的推动下,学习者主动对新知识加以选择、转换、储存和应用的过程。他认为,学习过程可以分为知识的获得、转化和评价三个几乎同时发生的过程。新知识的获得是与已有知识经验、认知结构发生联系的过程,是主动认识和理解的过程,通过同化或顺应,新知识纳入已有的认知结构。在这个过程中,布鲁纳强调已有经验的作用。知识的转化是对新知识进一步分析和概括,使之转化为另一种形式,以适应新的任务,并获得更多的知识。知识的评价是对知识转化的一种检验,通过评价可以核对我们处理知识的方法是否适合新的任务,或者运用是否正确。布鲁纳认为,学生学习任何一门学科都有一连串的新知识,每一知识的学习都要经过获得、转化和评价三个过程。

三、布鲁纳的教学理论

基于他的认知发现学习理论,布鲁纳提出了他的教学理论。概括起来,他的教学理论主要有结构教学观、发现式教学观、内部动机教学观三个方面。

(一) 结构教学观

布鲁纳认为,要促进儿童的智力发展,就必须明确要解决内容结构中“教什么”的问题,也就是说,教材内容质量的高低是对儿童的智力发展具有决定性影响的重要因素。布鲁纳的结构改革理论认为,历来对于教材内容改革注重在量的方面,而忽视了质的方面。因此,往往出现两种错误倾向:一种是为了适应近代社会发展的多样化、复杂化的需要,力图毫无遗漏地把多种知识信息统统都网罗到教材中来,这样就造成教材内容包罗万象,教材分量日趋膨胀;另一种还是在教材内容量上的改革,把现代教材改革仅仅归结为精减、精选等办法。布鲁纳为了进一步突出对教材结构进行改革的重要性,在《教育过程》一书中再一次明确地强调“教材结构”和“学科结构”的概念,试图要人们持续、不停留地认真做好对“教材结构”和“学科结构”以及“量”和“质”的改革研究工作。

布鲁纳认为,学科的基本结构是学生掌握的主要内容。他说“不论我们选教什么学科,务必使学生理解该学科的基本结构”,教学的主要目的是促进学生对学科结构的一般理解。他从四个方面来论述学习学科基本结构的必要性:

（1）促进理解。懂得基本原理使得学科更容易理解。一旦弄清楚了学科的基本原理，其他特殊课题就能解决好。（2）利于记忆的保持。他说："除非把一件件事情放进构造好的模型里，否则很快就会忘记。详细的资料是靠简化的表达方式保存在记忆里的。学习普遍的或基本原理的目的，就在于保证记忆不会全部丧失，而遗留下来的东西可使我们在需要的时候把一件件事情重新构思起来。高明的理论不仅是现在赖以理解现象的工具，也是明天赖以回忆该现象的工具。"（3）增强迁移。理解更基本的原理和结构的意义就在于，把事物作为更普遍的事情的特例去理解，不仅学习特定的事物，而且还学习适合理解可能遇见的其他类似事物的模式。而这些模式就是迁移的基础，能进一步激发智慧。（4）引导知识体系形成。一门课程要在它的教学进展中，反复地回到学科基本观念，直到学生掌握体现这些观念的完整的知识体系。布鲁纳主张将学科的基本结构放在教材编写和课程设计的中心位置。

（二）发现式教学观

布鲁纳积极主张要实行自我发现行为和采取自我发现学习的方法。同时还明确指出，在应用发现行为和发现学习方法过程中，务必使学生理解教材的基本结构，要他们在掌握教材结构的基础上，再按照一定结构规律、结构顺序，进行自觉主动学习。教育工作者的任务是，把结论性知识转换成形成性的过程，设计学习活动，让学生亲身经历对知识的发现过程。

一般来说，发现学习的教学包括六个阶段：（1）提出和明确使学生感兴趣的问题；（2）使学生体验到问题某种程度的不确定性，激发学生探究的欲望；（3）提供解决问题的各种假设；（4）协助学生搜集和组织可用于作结论的材料，验证假设；（5）组织学生审查有关资料，得到应有的结论；（6）引导学生运用分析思维去验证结论，最终解决问题。

发现教学模式具有六个特征：（1）强调学生主动探究学习的过程。布鲁纳认为，教学不应该是围绕某一个知识项目进行教授，而应该是围绕一个问题情境展开探究活动，教学并没有固定的组织形式，这样可以最大限度地发挥学生的主体性和创造性。教师的作用在于帮助学生形成一种能够独立探究的情境，而不是提供现成的知识，因此教学中应以学生的发现学习为主，教师只起引导作用。（2）强调直觉思维。布鲁纳认为，直觉思维不是根据仔细规定好的步骤，而是采取跃进式的思维方式。直觉思维的形成过程一般不靠言语信息，也不靠教师的言语指导。直觉思维对于科学发现活动极为重要，教师在教学活动中要帮助学生形成丰富的想象，防止过早的言语化。（3）强调学习的内在动机。布鲁纳并不否认外部动机的作用，但是他更强调学习的内部动机，或把外部动机转化为内部动机。布鲁纳认为，发现活动有利于激发学生的好奇心，而好奇心是学生内部动机的原型。同时，布鲁纳又强调教师的及时反馈对于提高学生学习效率的重要意义。（4）强调信息的组织和提取。布鲁纳认为，人类记忆的首要问题不是储存而是提取。提取信息的关键是如何组织信息，知道信息储存在哪里和怎样才能提取。

（三）内部动机教学观

内部动机的教学观是布鲁纳又一个重要的教学理论观。它是促进和推动人们认知学习和发展智力的真正的动力，也是对教育心理学中存在的顽固堡垒外部动机说的一种最尖锐的挑战。布鲁纳认为，在人们学习过程中，有时适当地、适时地采用某些奖励或惩罚等措施，对于正在学习的人来说，确实也能收到一定的效应。不过，这种效应是暂时的、短暂的，也是很不巩固的。布鲁纳主张，学习者有一种真正的上进心，这种上进心是推动人们学习的真正动力，而这种上进心也不受赏罚的影响和制约。后来他在许多文章中主张，能激起学生动机的教育经验是，要使学习者主动地参加到学习中去，而且从个人方面体验到有能力来处理他的外部世界。

四、对布鲁纳学习理论的评价

布鲁纳是推动美国认知运动，特别是在以认知结构学习理论为指导改革教学的运动中极为重要的人物，在心理学为教育教学服务方面作出了显著的贡献。他克服了以往学习理论根据动物实验结果而推演到人的学习的种种缺陷，针对学生在课堂教学情境下学习各种知识的活动提出自己的学习与教学理论，把研究重点放在学生获得知识的内部认知过程和教师如何组织课堂以促进学生发现知识的问题上，强调学生的主动性，强调学生的认知过程，重视认知结构的形成，注重学习者的知识结构、内在动机、独立性与积极性在学习中的作用。

但是，他的学习与教学理论也有一些偏颇的地方。布鲁纳的学习与教学理论完全放弃知识的系统讲授，而以发现教学来代替，夸大了学生的学习能力，他认为"任何科目都能按某种正确的方式教给任何年龄阶段的任何儿童"，这其实是不可能的。发现学习在当时虽然有积极作用，然而人们指出，发现学习运用范围有限，从学习主体来看，真正能够用发现学习的只是极少数学生；从学科领域来看,发现学习只适合自然科学某些知识的教学,对于文学、艺术等以情感为基础的学科不是完全适用的;对教育者来说,发现教学没有现成方案,过于灵活,对教师知识素养和教学机智、技巧、耐心等要求很高,一般教师很难掌握,反而容易弄巧成拙;从效率上看,发现学习耗时过多,不经济,不适合在短时间内向学生传授一定数量的知识和技能的集体教学活动。

第三节　奥苏伯尔的学习理论

奥苏伯尔是美国认知派教育心理学家。奥苏伯尔有句名言——"如果我不得不把全部教育心理学还原为一条原理的话,我将会说,影响学习的唯一的最重要的因素是学习者已经知道了什么",并指出要"根据学生原有知识进行教学"。他认为,布鲁纳的理论过分强调发现式、跳跃式学习,轻视知识的系统性、循序渐进性,从而忽视系统知识的传授,会造成学生基础薄弱、教育质量滑坡的不良后果。他主张接受学习,提倡循序渐进,使学生按照有意义接受的方式获得系统的知识,形成良好的认知结构。

一、奥苏伯尔生平

奥苏伯尔(David Paul Ausubel,1918—2008)(见图 7 - 8)于 1918 年 10 月 25 日出生在美国的纽约布鲁克林。1939 年获宾夕法尼亚大学学士学位,次年在哥伦比亚大学获得心理学硕士学位。1943 年获布兰代斯大学医学博士学位,1950

年获哥伦比亚大学心理学博士学位。1950—1974 年任伊利诺伊大学教育研究所教授。1975 年转任纽约市立大学研究生院与大学中心教授。1976 年获得美国心理学会颁发的桑代克教育心理学奖,1978 年退休为名誉教授。奥苏伯尔主要关注学校学习理论的研究,同时在基础医学、临床医学等领域也有研究。主要著作有《意义言语学习心理学》(1963)、《教育心理学:一种认知的观点》(1968)、《学校学习:教育心理学导论》(1969)等。奥苏伯尔在教育心理学中最重要的一个贡献是他对有意义学习的描述。在他看

图 7 - 8　奥苏伯尔

来，学生的学习，如果有价值的话，应该尽可能地有意义。

二、奥苏伯尔的认知接受学习理论

针对布鲁纳的认知发现学习理论，奥苏伯尔提出了认知接受学习理论。接受学习是一种由教师引导学生接受事物意义的学习，其内容基本上是以定论的形式讲授给学生的。在接受学习中，要学习的内容大多是现成的、已有定论的、科学的基础知识，包括一些抽象的概念、命题、规则等，接受学习可以广泛适用于各门学科中。奥苏伯尔认为，接受学习是学生获得知识的一条极为重要的途径，因为学生学习的特点是以掌握人类已经取得的文化科学知识即间接知识为主的。这些知识都是作为定论的形式纳入一定的学科中的。学生要学习这些知识主要不是靠发现而是靠教师的语言传授。接受学习比发现学习更有效、更经济实惠，能保证学生获得系统的科学知识。

奥苏伯尔认为，接受学习的过程是认知同化的过程，也就是将新知识纳入原有的认知结构的过程；学习的结果是使原有的认知结构不断得到改组，一方面使新知识获得实际意义，另一方面使原有的认知结构发生相应的变化。同化是有意义接受学习的内在机制，因此奥苏伯尔的学习理论又被称为认知同化学习理论。

（一）学习类型的划分

针对接受学习被批评为机械学习的片面性，奥苏伯尔为给接受学习正名，对学习方式进行了划分。他根据学习方式将学习分为接受学习和发现学习，同时根据学习者是否理解材料的意义，将学习分为机械学习和有意义学习。接受学习是指学生接受教师传授的现成的知识与结论；发现学习是指学生通过独立解决问题获得知识与技能；机械学习是指没有理解学习材料的含义的学习；有意义学习是指在对学习材料理解基础上的学习。奥苏伯尔认为，接受学习未必就是机械学习，发现学习也未必就是有意义学习。学习可以划分为四种类型：有意义接受学习、机械接受学习、有意义发现学习、机械发现学习。可见，奥苏伯尔从理论上澄清了长期以来对接受学习的模糊认识，即把接受—发现的维度与机械—有意义的维度弄混淆了。奥苏伯尔反复强调，认为接受学习必然是机械的，发现学习必然是有意义的，这是毫无根据的。在他看来，无论是接受学习还是发现学习，都有可能是机械的，也都有可能是有意义的。奥苏伯尔认为，学生在学校里的学习主要是有意义接受学习。

（二）有意义学习的实质

奥苏伯尔提出，有意义学习的实质就是符号代表的新知识与学习者认知结构中已有的适当观念建立实质性的和非人为的联系。实质性的联系，是指新的符号或观念与学习者认知结构中已有的表象、有意义的符号、概念或命题建立内在联系，而不仅仅是字面上的联系。实质性的联系实际上就是一种非字面联系。詹姆斯在他的《给教师讲心理学》一书中，谈到过一个典型的事例：

> 我有一位朋友参观一所小学，应邀检查一下年轻学子的地理知识。她看了看课本，问道："假设你们在地上挖了一个1 000英尺深的洞，你们说这个洞底比上面热还是凉？"全班鸦雀无声，一片寂静。这时，教师说道："我敢肯定他们知道，我觉得你的问题问得不合适。我来问问。"于是，他拿起书本，问道："地球的深层处于什么状态？"这时全班一半同学都异口同声地答道："地球的深层都是熔岩。"

显然，学生没有学习其意义而只是机械地记住了这一信息，获得字面意义。这一信息对他们而言毫无用处，因为他没有和学生已有的其他信息建立起实质性的联系。非人为的联系，是指新知识与认知结构中有关观念之间建立一种合理的或符合逻辑关系的联系。如在掌握"平行四边形"的基础上，学习"矩形"这一概念，可以把矩形纳入平行四边形的范畴，把矩形看成一种特殊的平行四边形。矩形与平行四边形之间的联系就是非人为的联系。

（三）有意义学习的条件

有意义学习的产生既受学习材料性质的影响，也受学习者自身因素的影响。前者为影响有意义学习的外部条件，后者为内部条件。从外部条件来看，有意义学习的材料必须具有逻辑意义。这种逻辑意义指的是材料本身在人的学习能力范围内而且与有关观念能够建立非人为的和实质性的联系。根据这一外部条件，无意义音节的学习只能是机械学习。一般来说，学生所学的教科书或教材，是人类认识世界的概括，都是有逻辑意义的。

从主观条件来看，首先学习者必须具有有意义学习的心向，即积极主动地将新知识与认知结构中原有的适当知识加以联系的倾向。其次，学习者认知结构中必须具有适当的知识，以便与新知识进行联系。认知结构的三个特征会影响新知识的获得，即认知结构的可利用性、可辨别性和稳固性。认知结构的可利用性是指学生认知结构中能与新知识建立适当联系的有关概念是否可用，如果可利用，就为学习这些新知识提供了必要的固着点。随着学习材料的性质和学习者的认知结构的不同,可以形成派生或相关的类属学习(下位学习)、上位学习和并列结合学习。认知结构的可辨别性是指认知结构中的有关概念与新概念之间的区别程度,如果区别程度高,就不会产生概念混淆,新概念就可以作为独立的实体保持下来。在这里,一个合理的假定是,如果所学的那些新观念(如,佛教的教义)不能和认知结构中的原有牢固的观念(如,基督教的教义)清楚地区别开,那么这就表明有关佛教教义的意义在最初只具有很低的分离强度,而且出于减轻记忆的目的,它们可能完全为基督教的教义所代替,从而这种强度很快就会丧失。认知结构的稳固性,是指认知结构中起固定点的概念是否清晰、稳定,因为这将影响到为新知识提供固定点的强度,也将影响学生能否对新旧概念进行区别。最后,学习者必须积极主动地使这种具有潜在意义的新知识与他认知结构中有关的原有知识发生相互作用,导致原有的知识得到改造,新知识获得实际意义,即心理意义。

(四) 有意义学习的类型

有意义学习(meaningful learning)可以分为表征学习、概念学习和命题学习。

表征学习(representational learning)是学习单个符号或一组符号的意义,或者说学习它们代表什么。表征学习的心理机制是符号与它们代表的事物或观念在学习者认知结构中建立了相应的等值关系。如"狗"这个符号对幼小儿童是完全无意义的,但是在儿童多次与狗接触的过程中,逐渐学会了将狗这个符号与狗这种动物关联。

概念学习(concept learning)实质上是掌握同类事物共同的关键特征。例如,学习"四边形"这一概念,就是掌握四边形有四个角和四条相连接的边这样两个共同的关键特征,而与它的大小、形状、颜色等特征无关。

命题学习(propositional learning)是掌握概念或事物之间的关系,命题是以句子的形式表达的。命题可以分为两类:一类是非概括性命题,只表示两个以上的特殊事物之间的关系,如"北京是中国的首都"。这个句子里的"北京"代表特殊城市,"中国的首都"也是一个特殊对象的名称。这个命题只陈述了一个具体事实。另一类命题叫概括性命题,表示若干事物或性质之间的关系,如"圆的直径是它的半径的两倍"。这里的"圆""直径""半径"可以代表任何圆及其直径和半径,这里的倍数关系是普遍的关系。在命题学习中也包含概念学习,如果学生对一个命题中的有关概念没有掌握,他就不可能理解这一命题,命题学习必须以概念学习为前提。

(五) 学习动机

在学习动机方面,奥苏伯尔主要关注的是成就动机(achievement motivation),即学生试图获取好成绩的倾向。奥苏伯尔认为,成就动机主要由三方面内驱力组成,即认知内驱力、自我提高内驱力和附属内驱力。认知内驱力(cognitive drive)是指学生渴望认知、理解和掌握知识以及解决问题的倾向,它是成就动机三个组成部分中最重要、最稳定的部分,是一种基于学习者求知的需要,是来自学习任务本身,因此是一种内部动机。提高学生认知内驱力的最好方法之一是使学习情境具有吸引力,如果新的学习内容与学习者认知结构之间有适当的差距,就会使学生产生认知兴趣,表现出认知内驱力。自我提高内驱力(ego-enhancement drive)是一种想通过自身努力达到一定目标取得一定成就,从而赢得一定社会地位的愿望,因此是一种外部动机。学生的自我提高内驱力既指向获得眼前的学业成绩和名次,又指向未来的职业生涯。附属内驱力(affiliative drive)是指学生为了赢得教师和家长的赞许而表现出来的一种把学习搞好的需要,也是一种外部动机。附属内驱力强的学生由于对教师有高度的附属感,在班级里的成绩往往也比较好,对于低年级儿童尤其是这样。

奥苏伯尔认为,每个学生的成就动机都包含这三种成分,但这三种成分在不同学生身上的比重是不同的,它取决于学生的年龄、性别、社会文化、民族、个性等方面的因素。教师既要注意激发学生的认知内驱力,又要注意培养学生的自我提高内驱力和附属内驱力。

三、奥苏伯尔的教学理论

与接受学习相对应,在教学方法上,奥苏伯尔倡导讲授教学,即教师以一种有组织、有意义的方式将知识传授给学生。为此,教师需要对学习材料进行组织,教师给学生提供的材料应该是经过仔细考虑的、有组织的、有序列的、完整的形式,使学生接受的材料是最有用的材料。这种教学方式比较适合有意义的言语信息知识的学习。

(一) 讲授教学的要求

为了使讲授教学取得好的效果,讲授教学必须具备五项要求:(1)要求师生之间有大量的互动。教师在课堂上始终要求学生作出反应和思考,要抓住学生的注意。(2)大量利用例证。例证包括图解和图画,可以弥补言语信息理解的不足。(3)教学过程一般是演绎的。最一般的上位概念最先呈现,然后引出较具体的下位概念。(4)学习材料的呈现是有序的,最先呈现的是先行组织者。

奥苏伯尔认为学生的认知结构是影响学习的最重要的因素,所以在课堂教学中一个总的原则是根据学生原有的知识水平进行教学。为促进学生掌握新知识,应增强认知结构与新知识的联系,这可以从学习内容和对认知结构变量的控制两个方面来把握。从内容的安排上来说,应尽可能先传授学科中最大包摄性、概括性和最有说服力的概念和原理,以便学生能对学习内容加以组织和综合;另外要注意学习的渐进性,只有当学生掌握了有关概念、原理后再学新内容,也就是说只有当有关概念和原理达到一定的稳定性后,新知识才能被吸收、同化。从认知结构变量方面来说,奥苏伯尔认为主要有三个变量影响新知识的获得,这三个变量就是观念的可利用性、可辨别性和清晰性。他说:"教学过程的实质在于有意识地影响和操纵学生的认知结构变量,在于有效地控制被同化新知识意义的精确性、清晰和稳定性以及向新学习情境的可迁移性。"

(二)讲授教学的原则

奥苏伯尔认为,在课堂教学中为促进新旧知识的联系应遵循两个具体原则:逐渐分化原则;整合协调原则。

逐渐分化原则是先让学生学习最一般的、包摄性最广的概念,然后再让学生学习较特殊、较具体的概念和细节,以使学生能将下位观念类属于原有上位观念,这样不但使新知识获得意义,而且原有认知结构也得到改造。这种类属过程的多次出现,将导致认知结构的不断分化。这一原则指出知识的学习要从纵向的一面遵循由一般到特殊、由抽象到具体,通过逐渐分化,已有的概念和命题不断得到证实、充实、修饰、精确或限制。

整合协调原则要求教材的安排和组织应注意包摄水平相同的观点、原理的异同,要清楚地指出它们的联系和区别,要求对已有的认知结构中现有要素重新组合。这个原则是从横向的一面加强概念、原理、课题以至章节的联系,经过整合协调,已有的概念和命题得到修饰,认知结构被赋予了新的意义。

此外,为了促进学生对所学习的知识的掌握,奥苏伯尔还提出序列组织和巩固两条原则。序列组织原则强调,前面出现的知识应为后面出现的知识提供基础。巩固原则强调,在学习新内容之前必须掌握刚学过的内容,确保学生为新的学习做好准备,为新学习的成功奠定基础。

（三）先行组织者策略

奥苏伯尔就如何贯彻逐渐分化原则和整合协调原则，提出先行组织者策略。这是奥苏伯尔提出的一种重要的教学策略。先行组织者（advance organizer）是先于学习任务本身呈现的一种引导性材料，它要比学习任务本身具有更高的抽象、概括和综合水平，并且能清晰地与认知结构中原有的概念和新的学习任务关联。先行组织者策略是在向学生传授新知识之前，给学生呈现一个概括性强的引导性材料，作为新知识的固定点。根据先行组织者的作用，可分为陈述性组织者（expository organizer）和比较性组织者。陈述性组织者的作用是为新知识的学习提供起固定作用的旧知识。例如，教师在教授"钢铁"之前，先提出"合金"的概念，并比较合金与金属的异同和利弊，合金的抽象概括程度高于钢铁。比较性组织者（comparative organizer）在于比较新材料与已有认知结构中相类似的材料，从而增强似是而非的新旧知识之间的可辨别性。例如，教师在教授佛教知识之前，先比较佛教与基督教的异同。

四、对奥苏伯尔学习理论的评价

奥苏伯尔的认知接受学习理论注重有意义接受学习，突出了学生认知结构和有意义学习在知识获得中的重要作用，精细分析了有意义接受学习的实质、条件、机制、类型等，澄清了长期以来对传统讲授教学和接受学习的偏见，以及对发现学习和接受学习与有意义学习和机械学习之间关系的混淆。他提出的先行组织者策略对改进课堂教学设计、提高教学效果有重要的实用价值。

奥苏伯尔的有意义学习理论适合解释学生的知识学习，而且是陈述性知识的学习过程，不太适用于解释程序性知识的学习过程，如言语技能、操作技能、行为方式等方面的学习过程。他偏重学生对知识的掌握，而对学生能力的培养尤其是创造能力的训练和培养不够重视，而且过于强调接受学习与讲授方法，没有给予发现学习应有的重视。实际上，许多人都认为，在学生学习知识的活动中，有意义接受学习和有意义发现学习各具特色，各有所长，都是重要的学习方式，是相辅相成、互相补充的。

五、奥苏伯尔与布鲁纳学习理论的比较

奥苏伯尔和布鲁纳都重视学习，但是在对待学习问题上，他们各自又有一套理论和方法。奥苏伯尔倡导有意义言语接受学习，认为这是学生获取知识的

一种经济、有效的方法。布鲁纳则主张发现学习,认为通过自己的发现活动,既可使学生求得知识,不易忘记,又能培养学生的思维能力、创造能力。这两种理论看起来是极不相同的,但仔细研究后就会发现两者并不是完全对立的,而有许多地方是相同的或相似的。

(一) 相同或相似之处

其一,从理论基础上来分析,他们都用认知结构学说和同化理论来解释学生的学习。在他们看来,学习就是认知结构的组织和重新组织。在这个组织和重新组织的过程中,学生已有的知识经验(即原有的认知结构)的作用不可忽视,同时也必须注意学习材料本身内在的逻辑结构。奥苏伯尔认为,认知结构是按层次组织起来的,较高概括、抽象和包摄性的观念类属着较低概括、抽象和包摄性的从属概念及具体的事实数据。在学习的过程中当新材料进入认知领域便同认知结构中原有较高包摄性的观念发生相互作用,并类属它们之下。如果新知识能与认知结构中稳定的原有观念相联系,这种材料就有了可类属性,这时学习的材料就被同化到已有的认知结构中去,学生就获得了新知识的意义,同时这种类属过程又引起原有认知结构的不断分化。如果新学习材料不具有可类属性,那么学生对学习材料便只会孤立和片面地学习、记忆,这时材料就具有机械的性质。总之,他们认为具有内在逻辑结构的教材与学生原有的认知结构联系起来,这时新旧知识便发生相互作用,新材料在学生头脑中就会获得新的意义。这就是学习的实质。

其二,重视教材的合理组织,促进学习的迁移。认知心理学认为,学习的材料——教材是有自己的内在逻辑结构的。因此,如何组织教材,对学生的学习会产生重大影响。为了有利于学生的学习和迁移的发生,教师在教学中要做到两点:一是适当选择材料。注意不要在课堂上罗列过多的材料,要能把讲授的内容概括成精练的要点,讲清楚、讲透彻,使学生在学习时能提纲挈领,以便理解、吸收。奥苏伯尔指出:"组织教材时,务必使清晰、稳定而明确的意义得以显现。这既是一门科学,也是一种艺术。它要求教师进行创造性劳动,不是按照常规办事。"学生掌握了清晰、稳定而明确的意义和观念后,就很容易发生迁移。二是注意教材呈现的程序。认知心理学认为,人们关于某一学科的知识在头脑中组成一个有层次的结构序列,而在这个层次结构中,最概括的观念处在这个结构的顶点,下面是概括性较少的观念,较分化的从属观念和具体材料。根据这一点,教师教学中在呈现教材时要注意从整体到细节这样一个顺序。这样既能反映知识的逻辑结构,体现不断分化和综合贯通的原则,又能适合学生的认知功能的发展水平,还有利于知识的迁移。

其三,重视学生的内部动机,调动学生学习的积极性。布鲁纳和奥苏伯尔都非常重视学生的学习动机和调动学习的积极性和主动性。布鲁纳认为,学习的最好动机是对所学材料本身的兴趣。因此,他要求教师在教学中要注意增加教材本身的趣味,使学生有一种有所发现的感觉。布鲁纳也十分强调调动学生学习的积极主动性。他指出,认知过程是人主动地对感觉的事物进行选择、转换储存和应用的过程,是主动地学习环境、适应环境和改造环境的过程。这就要求教学不能只是讲授式的,使学生处于被动地接受知识的状态,而应当是假设式的,这样才能激发学生的求知欲望,吸引他们积极思考,去主动地发现知识。奥苏伯尔也非常强调学生的内部动机和调动学生学习积极性的问题,认为动机对学习来说非常重要,并明确指出"动机与学习之间的关系是相辅相成的,绝非一种单向性的关系"。这就克服了过去那种只看到"动机是学习的先决条件",却忽视了动机与学习之间辩证关系的倾向。谈到接受学习,人们往往错误地把它与机械的、被动的学习联系起来,这是不对的。他指出单是有潜在意义的材料,没有学生的积极主动性,不可能获得意义。获得是一个极为积极主动的过程,首先学生必须具有有意义学习的心向,其次学生必须积极主动地使具有潜在意义的新知识与其认知结构中有关的旧知识发生相互作用,以使旧知识得到改造,新知识获得了实际意义。因此,有意义接受学习是学生积极主动参与的一种活动方式。

其四,强调掌握学科的基本结构、基本原理和概念的重要性。认知心理学家非常重视掌握学科的基本结构、基本原理和概念,认为这是学生继续深入学习本门学科的前提条件。如果学生没有掌握住某门学科的结构、基本原理和概念等,那么对他以后学习新材料,记忆和保持新材料都将带来困难。众所周知,布鲁纳十分重视学科的结构,认为每一学科都有特定的基本概念、原理和命题,这些基本概念、原理和命题则是科学结构的主要成分,学习主要是掌握这些东西。布鲁纳说:"不论我们选教什么学科,务必使学生理解该学科的基本结构。"在这个问题上,奥苏伯尔赞同布鲁纳的看法。奥苏伯尔认为为了使有意义接受学习顺利进行,就必须找出那些决定学科基本结构的"强有力的观念"和"组织原理",因为这些"观念"和"原理"是其他事实、概念和原理赖以附着的骨架。因此,学生认知结构中是否有可供利用的有关概念、观念和命题,就成了影响学习获得和长期保持知识的重要认知结构变量,它们制约着后来对知识的掌握和理解。奥苏伯尔说:"教学过程的实质在于有意识地影响和操纵学生的认知结构变量,在于有效地控制被同化的新知识意义的精确性、清晰和稳定性以及向新学习情境的可迁移性。"因此,教师在教学中要强调学生对于学科基本结构、原理和概念的理解和掌握。要做到这一点,教师必须想方设法给学生讲清楚。

(二) 差异或不同之处

上面主要论述了发现学习与接受学习的相同之处。可以看出,两者并不是完全对立的,而是有许多共同之处的。但是,发现学习与接受学习的差异又是客观存在的。

其一,强调的学习内容不一样。在发现学习中,学习的内容不是以定论的形式由教师直接呈现给学生,而是教师只呈现给学生一些材料,这些材料可能已被人类发现过,也可能未被人类发现过。但是,这些材料对学生来说是新的知识,是他以前没有学到过的。而有意义接受学习则不同,要学习的全部内容是以定论的形式呈现给学生的,这些内容是人类已经发现过的,而且已把它们概括为科学的定理、公式、法则、定义等,同时纳入相应的学科,成为该学科内容的一个组成部分。

其二,学习方式也不同。布鲁纳强调发现学习。他指出,教材要与教法相结合,学习学科的基本结构就要广泛地使用发现学习。他认为学生在学习中的探索过程与科学家一样,需要独立发现,学习应该是一个主动的过程。他反对传统讲解式的教学,主张教学应当是假设式的,只有这样才有利于学生发现知识。在发现学习中,它的主要特点是不把学习的主要内容提供给学习者,而必须由学习者自己独立发现。而在接受学习中,学习任务不涉及学习者任何独立的发现,只需要他将学习材料加以内化,以便日后的某个时刻可以再现并运用。奥苏伯尔说,教师不应幻想学生借自己的力量去发现这些原理。对于学生来说,这些显而易见的原理也许是极不明显的,他们不易发现这些原理。

其三,学习过程也极不相同。在发现学习的过程中,学生必须首先对教师提供的材料、既定的信息序列重新安排,使它们与自己已有的认知结构相统一,并进一步组织或转换这个综合体,以便发现手段与目的物中间的隐蔽关系。因此,在这个过程中,学生必须对教师提供的原始材料进行一系列的加工、改造,然后才能把它们与已有的旧知识联系起来,使学习材料具有心理意义。而在接受学习过程中,主要是学生如何将学习材料加以内化的问题。奥苏伯尔认为,在学习过程中内化主要有三种水平:下位学习或类属学习、上位学习和并列结合学习。有意义学习过程的实质就是新旧意义的同化。总之,从学习的心理过程来看,发现学习的心理过程要比接受学习的心理过程更复杂、更高级一些。

其四,学习结果也不同。有意义接受学习的结果更偏向于获得言语信息知识,而发现学习的结果更强调学生发现问题和解决问题的能力的提升。

其五,知识学习的效率也有差别。由于在发现学习中,主要是依靠学生自己独立发现,加上学生原有基础知识不一样,还要受到学生主观条件的影响,因此要花费大量时间,而学生学到的知识却很少,也比较零碎。与此相反,有意义接受学习则克服了这一缺陷,它运用起来就比较经济、实惠,既省时间又能使学生获得大量知识,是学生获取知识的有效途径。

第四节　加涅的学习理论

信息加工认知心理学是一种新的心理学范式,是认知心理学在借鉴计算机科学技术和人工智能科学,以及反思行为主义心理学在研究人类复杂认知过程失误的基础上发展起来的。其基本假设是把人的认知系统看成一个信息加工系统,它强调心理学要恢复对人的各种认知过程的研究,并根据对认知过程的研究提出相应的认知模式和信息加工模式。信息加工认知心理学认为,学习既有串行加工的过程,又有并行加工的过程。相对于早期的格式塔心理学,信息加工认知心理学被视为现代认知心理学,也被视为狭义的认知心理学。

一、加涅生平

加涅(Robert Mills Gagné,1916—2002)(见图 7-9)是美国教育心理学家。1916 年 8 月 21 日出生于美国马萨诸塞州北安多弗,从中学时代起,加涅就立志要学习心理学,将来做一位心理学家。1933 年,加涅进入耶鲁大学主修心理学。1937 年,他又进入布朗大学攻读研究生,并改读实验心理学。1939 年和1940 年,加涅先后获得了布朗大学的理科硕士学位和哲学博士学位。1940 年,加涅在康涅狄格女子大学任教,开始对人类学习进行研究,但因资金不足以

图 7-9　加涅

及需要到部队受训而中断。1958年,他应聘到普林斯顿大学担任心理学教授,重新开始研究学习问题。1962—1965年,加涅在美国科研工作协会担任研究主任,还担任了加利福尼亚大学伯克利分校教育心理学教授。从1969年起,加涅担任了佛罗里达州立大学教育系教授。加涅在美国心理学界享有盛誉。1974年获得桑代克教育心理学奖,1982年又获美国心理学会颁发的应用心理学奖。加涅的理论代表现代认知学习理论的新动向、新发展。主要著作有《学习的条件与教学论》(1965,1970,1979,1985)、《教学设计的原理》(1974,1979)、《知识的获得》(1962)等。他对学习和教学心理方面的研究比较系统,且自成体系,是一位将学习理论和教学理论进行有机结合的典范。

二、加涅的信息加工学习理论

加涅的学习理论是在联结主义和认知观点相结合的基础上,运用现代信息论的观点和方法,通过大量实验研究工作建立起来的。他的学习理论受到世界许多国家的心理学界、教育理论界及实际工作者的普遍重视和广泛采纳,概而言之主要有如下五个方面。

(一) 学习的信息加工模式

1974年,加涅根据现代信息加工理论提出了学习过程的基本模式。这一模式展示了学习过程中的信息流程(见图7-10)。

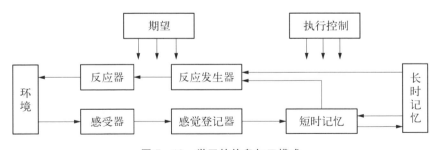

图 7-10 学习的信息加工模式

第一部分是信息流。该信息加工模式显示,来自学习者环境中的刺激作用于人的感受器,并通过感觉登记器进入神经系统。信息最初在感觉登记器中进行编码,最初的刺激以映像的形式保持在感觉登记器中,保留的时间一般为0.25—2秒。当信息进入短时记忆后再次被编码后而储存下来,短时记忆中信息的保持时间也很短,一般保持2.5—20秒。如果学习者作了内部复述,信息在短时记忆里就可以保持得久一点,但也不超过1分钟。经过复述、精细加工和组织等编码,信息被转移到长时记忆中进行储存,以备日后的回忆。从短时记忆进入长时记忆的信息有可能被检索出来并回到短时记忆,这部分记忆又称为工作记忆。当新的学习部分地依赖于对学生原先学过的东西的回忆时,这些原先学习的东西就从长时记忆中检索出来并重新进入短时记忆。从短时记忆或长时记忆中检索出来的信息要通过反应发生器。反应发生器具有信息转换或动作的功能,从反应发生器中传来的神经传导信息使效应器活动起来,产生一个影响学习者环境的操作行为。这种操作使外部的观察者了解原先的刺激发生了作用,确信学习者确实学到了什么。

第二部分是控制结构。在整个信息加工过程中,控制结构起着极为重要的作用,期望和执行控制共同发挥着激活和调节信息流程的功能。期望是学生期望达到的目标,即学习动机,正因为具有学习动机教师的反馈才有强化作用。执行控制是已有的经验对现在学习过程的影响,决定哪些信息从感觉登记器进入短时记忆、如何进行编码、采取何种策略等。控制结构可以看成是元认知成分。

(二) 学习的过程

学习过程是一个从不知到知的活动过程,根据学习的信息加工模式,加涅将学习过程分为下述八个阶段(见图 7-11)。

动机阶段。要使学习得以发生,首先应该激发起学习者的动机。学习动机是学习者在学习发生以前就建立的预期。加涅认为,学习的准备工作是由教学来完成的,教学用引起学生兴趣的方法激发学生的动机。

了解阶段。该阶段学习者的心理活动主要是注意和选择性知觉。具有较高学习动机的学习者容易接受外部刺激,使外部信息进入自己的信息加工系统,并储存到自己的记忆中。但是,并不是所有的外部刺激都能够被学习者接受,在知觉过程中,学习者会依据他的动机和预期对信息进行选择,他会把自己的注意放在那些与自己的学习目标有关的刺激上,而忽视掉那些与学习目标无关的刺激。

获得阶段。对外部信息一旦开始注意和知觉,学习活动就可进入获得阶段。在此阶段,学习需要将新信息和以前习得的信息联系起来,将短时记忆中的信息进行意义编码,把信息转化成概念的形式,并将这一信息输入到记忆库中。

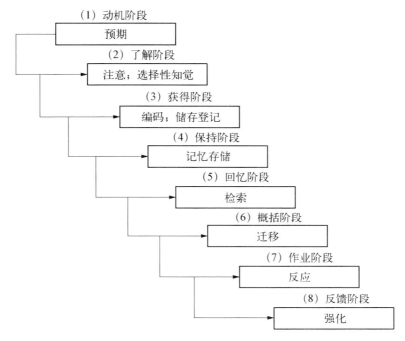

图 7－11　加涅的学习阶段的划分

保持阶段。通过复述过程,将习得的信息保持在长时记忆中。如果对学习材料作适当安排,可以减少干扰,提高信息保持的程度。

回忆阶段。学习者利用环境中的有利线索,将存储在长时记忆中的信息加以提取。教师可以利用各种方式使学生得到提取线索,这些线索可以增强学生的信息回忆量。

概括阶段。学生把已经获得的知识迁移到新的情境中去。教师必须让学生在不同情境中进行学习,并提供在不同情境中运用提取过程的机会。更为重要的是,要引导学生概括和掌握其中的原理和原则。

作业阶段。一个完整的学习过程只有通过作业才能反映学生是否已习得需要的内容。教师要提供各种形式的作业,使学习者有机会表现他们的操作。

反馈阶段。这是对操作的效果进行评价的过程。在教学过程中,教师应及时给予反馈,让学生知道自己的作业是否正确,从而强化学生的学习动机。

(三) 学习的层次

加涅认为,人类的学习是复杂多样的,是有层次性的,总是由简单的低级学习向复杂的高级学习发展,构成了一个依次递进的层次与水平。而简单的低级学习是复杂高级学习的基础。

1968 年,他把人类的学习分为八个层次:(1)信号学习。主要是指学习对某种信号刺激作出一般性的反应,属于巴甫洛夫的经典性条件反射,包括不随意反应和情绪反应,这是最低级层次的学习。(2)刺激—反应学习。加涅认为,这一层次的学习类似于桑代克的尝试错误学习和斯金纳的操作性学习。这种学习使一定的情境或刺激与一定的反应相联结,并得到强化。它只涉及一个刺激与一个反应之间的单个联络,而且刺激与反应是统一地联结在一起的。(3)连锁学习。这是一种成系列的单个"S—R"的结合的学习。有些连锁学习是由肌肉反应组成的,而有些连锁学习完全是言语的。(4)言语联结学习。这是指语言学习中言语的连锁化,包括字词形声义的联想和言语顺序的学习。(5)辨别学习。这是指学习者对某一特别集合中的不同成分作出不同反应的学习。(6)概念学习。这是指对事物的共同特征进行反应的学习。其中,有些概念可以通过学习者与环境的直接接触来获得,但有些概念则要运用语言对事物进行分类、归纳和概括才能获得。(7)原理(规则)学习。这是对概念间关系的认识或理解。(8)解决问题学习。这是规则学习的一个自然的扩大,是一种高级规则的学习。

加涅把前四类作为学习的基础形式,总称联想学习。在对学习层次进行更深入的研究之后,加涅于 1971 年又把学习的八个层次压缩为六个层次,即连锁学习、辨别学习、具体概念学习、意义概念学习、规则学习、高级规则学习。1977年后,他又把学习层次提炼为五个层次,即联结与连锁学习、辨别学习、概念学习、规则学习、高级规则学习。

(四) 学习的结果

加涅把学习结果看作学生性能的改变,并把学习结果分为五种类型:(1)言语信息,即学生掌握的是以言语信息传递的内容,它指能够表述一种观念或一组概念的才能,是我们通常说的知识,即"知道是什么"的知识。(2)智慧技能,即个体运用符号与环境发生相互作用的性能。智慧技能包括从简单的辨别到概念、规则、高级规则等不同的层次,是知道"如何去做"的能力。读、写、算都是中小学生运用心智技能最广泛的科学领域。(3)认知策略,是学习者用来指导或者管理自己的注意、学习、记忆和思维的能力,是控制学习者自身内部技能的能力。在信息加工模式中,认知策略起着执行监控的功能,在学习者应对环境事件的过程中对自己的内部行为的控制,即对个体自身的认知活动的监控。(4)态度,是指学习者获得了能影响个体行为选择的心理状态,也是学习的结果。态度影响个人对某类事物、事件或人物采取某种行为。在他看来,人的行动是受态度影响的,但态度又是人的动作的结果。(5)运动技能,是将各种相关动作组织成一个连贯的精确的完整动作的能力。

　　这五种能力作为学习的结果反映了学生通过学习形成的变化,这些变化既有认知方面的,又有态度、动作技能方面的,比较全面。

(五)学习的条件

　　加涅认为,学习的条件包括学习的内部条件和学习的外部条件。

　　内部的学习条件包括学习者固有的内部状态(包括先天的以及先天与后天相互作用发展形成的,如工作记忆容量、智商和人格特质)和已习得的性能(如言语信息、智慧技能、认知策略、动作技能和态度)。加涅在《教学设计的原理》一书中,对五种学习类型所需的必要条件和辅助条件作了较为详细的归纳(见表7-1)。

表7-1　学习的内部条件

学习结果类型	必 要 条 件	辅 助 条 件
言语信息	按意义组织的一组语言信息	言语技能、认知策略、态度
智慧技能	较简单的智慧技能(规则、概念、辨别)	态度、认知策略、言语信息
认知策略	特殊的智慧技能	智慧技能、言语信息、态度
态度	智慧技能(有时)、言语信息(有时)	其他态度、言语信息
运动技能	部分技能(有时)、操作程序规则(有时)	态度

　　不同的学习结构还需要不同的外部条件。例如,某人具有学习10个外语单词的能力倾向,另一个人具有学习负数乘法的能力倾向,这两个学习活动的外部条件显然是不同的。对于单词的学习需要对单词进行多次重复,而对于负数乘法的学习,重复不会取得相似的效果。学习者要习得的是两种不同的能力倾向,他们需要不同的先前能力倾向,而且需要不同的外部学习条件。表7-2罗列了五种学习的外部条件。

表 7－2　学习的外部条件

学习结构类型	外　部　条　件
言语信息	(1)变化语调或突出字体的特征,以吸引注意;(2)分块呈现信息;(3)提供有意义的背景,促进信息有效编码;(4)提供线索促进有效检索和迁移。
智慧技能	(1)突出特征吸引注意;(2)控制内容在短时记忆限度之内;(3)促进回忆已学的必备技能;(4)排列组合(列)必备技能,提供言语指导;(5)经常练习,定期复习;(6)创设多种情境促进迁移。
认知策略	(1)示范说明策略;(2)提供运用策略的多种机会;(3)对策略的效果进行反馈。
态度	(1)建立对态度的期望;(2)使学生认同榜样人物;(3)安排个人行为选择;(4)提供成功的反馈,或显示榜样的反馈。
运动技能	(1)提供对动作程序的指导;(2)重复训练;(3)及时反馈动作的准确性;(4)鼓励运用脑力训练。

三、加涅的教学理论

关于教学,加涅有三方面的观点:第一,不管教是否存在,学习都会发生。我们可以通过规划教学事件来影响学习,即我们的规划不会导致学习的发生,但有助于学习者的学习。第二,学习过程有阶段性,对某个学习阶段有效的教学事件可能对另一个学习阶段是无用的,所以应审慎地操作不同的教学事件。第三,教学事件应依据学习目标的类型予以规划,如对动作技能的学习,有效的教学不会促进认知策略的发展。这三方面的观点构成了加涅教学设计原理的基础。该理论强调教学应根据学习结果的类型和学习过程的阶段性谨慎系统地进行设计。

教学设计乃是规划教学系统的合理有序的过程,其中包括定义教学系统,说明学习结果,考察学习者的特征,分析学习任务排列教学顺序,规定教学事件,选择教学方法、媒体及形式,评定业绩等。加涅提出教学设计要回答三个主要问题:(1)确定教学的结果目标是什么;(2)如何开展教学形式;(3)怎样对教学效果进行评价。把影响教学的各种因素纳入一个统一而有序的设计过程,即教学系统设计。

加涅的教学理论是建立在他的学习理论的基础上的,这里主要从教学目标、教学过程、教学方法、教学评价等方面阐述加涅的教学理论：（1）教学目标。加涅把五种学习结果作为教学目标。同时，加涅认为这五种学习结果是跨学科的，学校的每一门学科都可以按照五种学习结果制定具体的教学目标。（2）教学过程。对应八个学习过程，加涅将教学过程划分为八个阶段，即告知目标与指引注意、提示回忆原有知识、呈现教材、提供学习指导、引出作业、提供反馈、促进保持和迁移。（3）教学方法。教师选择的教学方法包括教材呈现的方式、师生互动的方式和教学媒体的选择和运用等。加涅认为，教师可以根据教学目标中确定的学习结果类型及某类学习所处的学习阶段，选择最适合的教学方法。（4）教学评价。加涅认为，教学评价应依据教学目标进行。因此，教学目标的设定和明确陈述是教学设计的关键。

加涅对教学目标、教学过程、教学方法、教学结果的测量与评价作出的系统而明确的阐述，形成了独特的教学理论思想。加涅也是把学习理论与教学理论有机结合较为完备的人，为教学心理学的研究与发展奠定了良好的基础。

四、对加涅学习理论的评价

加涅的学习理论受到世界许多国家的心理学界、教育理论界及实际工作者的普遍重视和广泛采纳，这些研究成果对于教学设计具有非常重要的价值。

加涅的贡献主要表现在三个方面：（1）对教育理论中长期含糊不清的许多概念作了明确的解释。加涅区分了习得的性能与心理测量学测得的能力。加涅对学习结果与教学目标进行了划分，也避免了教学目标描述的抽象性，为我们教学设计提供可操作性的指南。加涅对知识与技能作了科学的解释。在加涅看来，技能可分为智慧技能、认知策略、动作技能三类。信息加工认知心理学用程序性知识来解释一切习得的技能。加涅认为，智慧技能不是一种单一的形式，而是由简单到复杂，分为辨别、概念、规则和高级规则四个层次。（2）建立了一个具有鲜明特色的学习论新体系。加涅在最近一版的《学习的条件和教学论》（1985）中阐明每一类学习的性质、有效学习的条件以及它们的教育含义，从而构成了一个具有鲜明特色的学习论体系。（3）将学习与教学相结合，为教学心理学的建立奠定基础。加涅通过研究学习的分类，使各门学科的教学目标得以明确，使教学结果的测量和评价更加科学；通过研究学习过程，使教学过程有据可依；通过明确教学目标所述的学习结果的类型、智慧技能的层次性和学习所处的阶段，可以帮助选择合适的学习方法；通过弄清楚各类学习所需的内外部条件,给教学的整体规划指明了方向。加涅也提出了一套教学设计的原理和技术。加涅的教学设计原理可以概括为一句话:根据不同的学习结果类型创设不同的学习的内部条件并相应安排学习的外部条件。在这一基本思想指导下,还可以衍生出许多具体的教学设计原理。因此,加涅是将学习与教学相沟通的典范。

当然,任何一种学习论和教学论都有其局限性,加涅的理论也不能避免。比如,他强调学习的作用,而很少考虑到对发展的作用;他强调对学习类型作分析,对复杂现象进行分解,但对于如何由个别成分合成复杂的心理能力研究不够,他把能力归结为大量有组织的知识,这有一定的片面性,同时在能力的构成因素上,只看到知识的作用,而忽视了思维和智慧技能的作用是不正确的;他强调学习的顺序是由下位到上位、从局部到整体,但有时学习顺序并非完全如此;加涅的理论可能在自然科学和数学这样的规范学科中应用,但在语文这样非规范性学科中的应用似乎较难。加涅关于教学过程的序列虽然有一定的道理,但序列的编排难免带有经验主义的成分。虽然,加涅的理论存在着不足和很多未说清楚的方面,但绝不会掩盖他的教学心理学思想的光辉。

【思考题】

1. 比较格式塔学习理论与联结主义学习理论并说明它们的教育意义。
2. 比较布鲁纳与奥苏伯尔学习理论并说明它们的教育意义。
3. 试分析加涅的学习理论与教学理论对教育改革的意义。

【推荐阅读】

[1] 布鲁纳.布鲁纳教育论著选.邵瑞珍,等译.北京:人民教育出版社,2018.

[2] 刘济良.比较布鲁纳发现学习与奥苏伯尔接受学习的异同.心理学探新,1988(1):55-60.

[3] 白晋荣.发现学习与接受学习的比较.河北师范大学学报(教育科学版),2000(1):102-105.

[4] 加涅.学习的条件与教学论(第四版).皮连生,王映学,郑葳,等译.上海:华东师范大学出版社,2022.

第八章

人本主义学习理论

【学习目标】

1. 了解人本主义心理学的产生背景。
2. 理解人本主义心理学的基本观点。
3. 掌握人本主义的学习观和教学观。
4. 能够阐述人本主义学习理论对于当今教育改革的现实意义。

人本主义心理学(humanistic psychology)是 20 世纪五六十年代兴起的一个心理学流派,它因反对行为主义的机械的环境决定论和精神分析的性本能决定论,被称为心理学的"第三势力"。人本主义心理学主张,心理学应该把人当"人"来研究,并主张研究完整的人,而不是把人的各个从属方面(如行为表现、认知过程、情绪障碍)割裂开来加以分析;主张从行为者而不是从观察者的角度去解释和理解行为,尤其关注人的情感、需要、知觉、信念、尊严与价值等,以发展人性、开发潜能、促进自我实现为人生的目标。本章在分析人本主义心理学的产生背景与形成标志、人本主义心理学的基本观点以及对人本主义心理学的评价的基础上,重点阐述人本主义学习理论和教学理论,并结合我国教学实际分析了人本主义心理学及其学习理论对我国教学改革的影响。

第一节　人本主义心理学的 产生与基本观点

本节内容作为人本主义心理学的概述,主要分析人本主义心理学的产生背景与形成标志,人本主义理论的基本观点以及对人本主义心理学的评价。这可以帮助我们更好地理解人本主义的学习观和教学观,同时也可以帮助我们学会如何把人本主义学习理论运用到当今的教育改革之中。

一、人本主义心理学的产生背景与形成标志
(一)人本主义心理学的产生背景

人本主义心理学作为心理学的第三势力,其产生具有那个时代的社会背景、哲学背景和心理学背景。

1. 人本主义心理学产生的社会背景

人本主义心理学是 20 世纪五六十年代产生于美国的一个心理学流派,它的产生与美国当时的社会历史条件有着密切关系。首先,第二次世界大战以后,美国的科学技术和社会经济发展迅猛,人们的物质生活水平得到很大提高,但是面临着严重的社会危机,如吸毒、少年犯罪、道德沦丧、种族歧视和高失业率等,这种高物质水平与严重社会问题的巨大反差导致许多人精神空虚和压抑,感觉自己更像是机器一样在运转,进而丧失了对生命意义和生命价值的追求,严重者甚至会沦落为精神病患者。同时,在 20 世纪 60 年代,由于社会矛盾比较突出,许多年轻人表现出对现实的不满,他们宣扬个人主义,注重个人欲望的满足,逐渐兴起一场反主流的文化运动。由于缺乏积极的、健康的价值观,这些年轻人常常在狂乱之后陷入更深的无价值感之中。而青少年价值感的沦丧对学校教育提出了严峻的挑战,社会各界纷纷要求改革传统的学校教育,反对灌输式教学,要注重自我价值和尊严,注重开发人的潜能。面对上述的社会问题、教育问题,用外部行为和操作强化来解释的行为主义和用潜意识与性本能来解释的精神分析都难以令人满意,于是注重人的内在的价值和需求,关注人的潜能开发,强调恢复人性的人本主义心理学便应运而生。

2. 人本主义心理学产生的哲学基础

人本主义心理学是以存在主义哲学为理论依据,以现象学为方法论基础的。

存在主义是一种哲学上的非理性主义思潮,它认为人存在的意义是无法经由理性思考而得到答案的,因而强调个人、独立自主和主观经验。存在主义哲学起源于 19 世纪丹麦哲学家克尔凯郭尔(Søron Aabye Kierkegaard,1813—1855),他反对以黑格尔为代表的理性主义哲学,主张以非理性的个人存在取代客观物质和理性意识的存在。存在主义哲学真正得以形成与发展要归功于德

国哲学家雅斯贝尔斯（Karl Jaspers,1883—1969）、海德格尔（Martin Heidegger,1889—1976）以及法国哲学家萨特（Jean-Paul Sartre,1905—1980）、梅洛-庞蒂（Maurice Merleau-Ponty,1908—1961）等人。海德格尔等人用现象学方法探讨了本体论的存在,把人类看作能够意识到自己存在的存在,主张应该通过主客体关系的分析来理解人的存在及其实质。萨特的存在主义哲学思想大致有三点：(1)"存在先于本质。"这是萨特的格言。在萨特看来,人像一粒种子偶然地飘落到这个世界上,没有任何本质可言,只有存在着。人不是别的东西,而仅仅是他自己行动的结果。(2)"自由选择。"人在这个世界上是自由的,人的行动选择是自由的。萨特认为,人没有义务遵守宗教信仰或某个道德标准,但人却有选择的自由。同时自由与责任是不可分的,当个人对自己作出选择时就负有绝对的责任。个人的本质是自由选择的结果,那么由此产生的责任自然应当由自己去担负,将责任归于社会或他人是荒谬的。(3)"世界是荒诞的。"人偶然地来到了这个世界上,面对着瞬息万变、没有秩序、没有理性、不合理的客观外界,人会感到处处受到限制和阻碍,会感觉到这个世界是荒诞的。存在主义哲学思潮在20世纪流传非常广泛,对人本主义心理学产生重要影响。人本主义与存在主义一样都强调研究人类的真实的内在自我,都强调对人生意义和价值的研究,都强调意向性在人格和行为研究中的重要意义,反对脱离实际的、忽视人性的研究取向。

　　现象学（phenomenology）是20世纪在西方流行的一种哲学思潮。狭义的现象学是指德国哲学家胡塞尔（Edmund Husserl,1859—1938）创立的哲学流派,其学说主要由胡塞尔本人及其早期追随者的哲学理论构成。胡塞尔现象学是在德国哲学家、心理学家布伦塔诺（Franz Brentano,1838—1917）的意向性心理哲学的影响下创立的。胡塞尔通过对意向结构进行先验还原分析,分别研究不同层次的自我、先验自我的构成作用和诸主体间的关系以及自我的"生活世界"等内容。现象学的根本方法是反思分析,在先验反思过程中存在着意向对象和与其相应的诸自我之间盘结交错的反思层次。胡塞尔后期的现象学最终演变为更彻底的主观先验唯心主义,其目标是使现象学还原深化为"纯粹意识"或"纯自我",以便使知识的"客观性"或"确定性"建立在纯主观性的基础上。广义的现象学首先是指这种哲学思潮,其次还包括直接和间接受其影响而产生的种种哲学理论以及20世纪西方人文学科中运用的现象学原则和方法论的体系。现象学主要不是一套内容固定的学说,而是一种通过"直接认识"来描述现象的研究方法,其基本特点主要是通过回到原始的意识现象,描述和分析观念的构成过程,以此获得有关观念的、规定性(意义)的、实在性的明证。现象学的现象既不是客观事物的表象,亦不是客观存在的经验事实或"感觉材料",而是一种不同于任何心理经验的纯粹意识内的"现象",包括感觉、回忆、想象和判断等一切认知活动的意识形态。

受现象学观点的启示,早期的人本主义心理学家把现象学看成一种研究主体直接经验和内省报告的方法。如奥尔波特(Gordon Willard Allport,1897—1967)认为现象学是研究独特人格结构的最恰当的工具;马斯洛(Abraham Harold Maslow,1908—1970)认为现象学方法更适合研究人类个体的现象,因为它更强调自我的内在感受;罗杰斯(Carl Ransom Rogers,1902—1987)也是以现象学为基础来进行他的以人为中心的心理治疗;罗洛・梅(Rollo May,1909—1994)更是通过其意向性研究发展了现象学方法。总之,人本主义心理学家通过运用现象学方法探讨了人类本性等无法用实证的方法进行研究的心理学核心内容,推动了心理学研究的进展,最终也使得人本主义心理学成为影响深远的一个心理学流派。

3. 人本主义心理学产生的心理学背景

由于美国主流心理学派行为主义以及在北美大陆影响广泛的精神分析理论都无法解释、更难以解决美国 20 世纪中叶出现的社会现实问题和个人精神价值沦丧等问题,使得心理学研究饱受诟病。于是,心理学领域内部一部分持人文主义观的心理学家对当时居于主流地位的心理学——行为主义和精神分析进行了批评,批评他们脱离或歪曲对人性的研究。行为主义由于排除了对人的心理的研究,被批评为"没有头脑的心理学"或"没有心理的心理学",由于行为主义心理学家大多用动物作被试,将动物(尤其是老鼠)学习得到的规律直接推广到人的身上,因而被批评为"把人看作更大的老鼠"。精神分析虽然是以心理作为研究对象,但是它以精神病患者作为研究对象,以潜意识作为其理论根基,因而被批评为"把人看成是病态的""人是受本我驱使的"。可见,无论是行为主义还是精神分析,都没有把人当正常人看待,认为人与动物相似。于是,在心理学内部,主张心理学研究应该恢复对人性的关注的呼声越来越高。而同时在心理学领域中,以现象学方法为基础的注重整体研究的格式塔心理学以及注重对自我结构进行探讨的人格理论此时正好为心理学研究指明了新的研究方向。如人格心理学家奥尔波特就注重对健康成熟的人格发展与特征进行了系统阐述,

注重对人的本性的深入研究,从而形成他的关于人格结构及其组织的人本主义
人格理论。奥尔波特的研究也直接推动了人本主义心理学的发展,奥尔波特本
人也被公认为人本主义心理学的先驱。此外,还有一大批持人本主义思想的心
理学家对人本主义运动作出了积极的贡献,使得人本主义心理学成为影响心理
学研究取向和发展的"第三思潮"。

(二) 人本主义心理学的形成标志

人本主义心理学的形成以 1961 年《人本主义心理学杂志》和 1963 年美国人
本主义心理学会的建立为标志。人本主义心理学的代表人物有马斯洛、罗杰斯
和罗洛·梅等。

从 20 世纪 50 年代初开始,人本主义心理学的主要创立者马斯洛就开始与
一些有共同想法的心理学家建立联系,探讨人本主义观点。在马斯洛的通讯名
单上就有 100 多人,这些人的观点相当一致,他们是后来《人本主义心理学杂志》
的第一批订户和赞助者,也是美国人本主义心理学会的最早成员。在《人本主
义心理学杂志》创刊和美国人本主义心理学会创立过程中,萨蒂奇(Anthony J.
Sutich,1907—1976)是马斯洛的主要助手。萨蒂奇写信给马斯洛,说名单上的许
多人都建议创办一种杂志,在与马斯洛达成共识后,萨蒂奇开始为杂志寻找一
个合适的名字,并组建一个临时编辑委员会。到 1961 年春天,《人本主义心理学
杂志》正式出版,萨蒂奇任主编。随着人本主义心理学队伍的不断壮大,马斯洛
和萨蒂奇等人认为有必要成立人本主义心理学组织,于是在 1963 年的夏天,在
奥尔波特的赞助下,美国人本主义心理学会在费城正式成立,参加会议的共有
75 位心理学家,布根塔尔(James F. T. Bugental,1915—2008)任第一任主席,马
斯洛致开幕词。这次大会的成立标志着人本主义心理学的正式诞生。

1964 年夏,美国人本主义心理学会在洛杉矶召开了第二次年会,参会者增
加到 200 多人。到 1966 年,会员增加到 500 多人,真正成为有影响力的心理学
的第三势力。1969 年,美国人本主义心理学会改名为人本主义心理学会,成为
一个国际性组织。1971 年,美国心理学会第 32 分会——人本主义心理学会正
式建立,至此,人本主义心理学经过 10 年的努力,终于获得美国心理学的承认。

二、人本主义心理学的基本观点

虽然人本主义心理学家在具体研究方向、研究内容与方法上起初还存在许多
分歧,但是经过多年的努力,他们已经初步形成了一些共识。下面通过对人本主

义心理学基本观点的阐述,我们可以从总体上了解人本主义心理学的基本思想。

（一）把人的内在意识经验作为心理学的研究对象

人本主义心理学家强烈反对行为主义把意识排除在心理学研究的范围之外,主张要通过对刺激与反应之间发生的各种意识现象的分析来研究独特的人,强调要把具体的人类的自我体验置于心理学研究的重要位置上。需要注意的是,人本主义心理学强调的对意识经验的研究不同于冯特用内省法对意识内容的研究,也不同于弗洛伊德用精神分析的方法去研究潜意识。人本主义心理学主张从整体上去探讨个体的意识经验,主张对现实生活中健康人的意识(而不是潜意识)进行分析,而且强调自我意识的重要性。可见,人本主义心理学重新恢复意识经验在心理学研究中的地位,丰富了对人的精神生活的研究,具有重要的现实意义。

（二）人本主义心理学的人性观

人本主义心理学家非常重视对人性的研究,他们把人性看作心理学研究的核心。人本主义心理学的人性观具有三个方面的内容:(1)人性是持续不断成长着的。人本主义心理学家认为,人是一种正在成长过程中的存在,因为人具有一个不断发展的内在组织——动机,它会不断地指导着人的自我结构趋向完善。奥尔波特认为,健康人格和动机是一种永无止境的成长过程。罗杰斯认为,每个人的内心深处都有一种想保存、提高和再造自己的倾向。人性是不断追求自我发展的,因此自我实现是人生永恒的追求。(2)人性是善的。人本主义心理学家反对弗洛伊德的性恶论,他们认为人类有机体有能力进行自我指导,在自我实现的动机驱使下,在适当的成长环境下,人性就能够不断地向着健康的方向发展。(3)人性是自主的。人本主义心理学家认为,人性是能够自我选择的。为了能够通过成长过程达到自我实现的目的,一个人必须认识到自己的最终责任,并通过自主选择与自我发展相符合的路径和方法,克服现实中的限制,充分开发自己的潜能,才能最终达到自我实现。奥尔波特提出"动机的功能自主性原则"与马斯洛提出的"自我整合与自我实现"都表明人性是自主的。

（三）人本主义心理学的价值观

人本主义心理学家反对占统治地位的学院心理学一味地强调科学主义和技术而不研究人的价值,主张把价值研究作为心理学的研究对象。人本主义心理学的价值观是一种自主的、有意向的、趋向健康成长的价值体系,它的基本趋向是保持真实的、自由的、自主的、自我选择和自我决定的、积极向上的。不过,不同的人本主义心理学家持有的价值观并不相同。马斯洛和罗杰斯持有的是自然主义价值观,奥尔波特持有的是现象学价值图式,而罗洛·梅持有的是存在主义价值观。

(四)人本主义的人格动力观

马斯洛反对对人进行静态的、条块分割式的研究,于是提出整体动力学的研究原则。他在《动机与人格》一书中指出:"这里要阐述的一般观点是整体论的而不是原子论的,是功能型的而不是分类型的,是能动的而不是静态的,是动力学的而不是因果式的,是目的论的而不是简单机械论的。"可见,马斯洛主张对人进行研究时,不能孤立地研究其某一部分,而应该把人作为一个统一的独特的整体来研究,因为人本身是一个高度统一的整体。同时,人不是一个孤立的系统,而是与周围环境相互联系、相互作用的系统,因此对人进行研究时,不能只从静态的、因果式的角度去研究,而应该从动态的、动力学的角度去研究。在对人格进行研究时,要运用整体分析法,把人格的综合特征作为一个具有复杂结构的整体和具有整体功能作用的表现,来分析各部分之间的关系。

马斯洛的人格动力观以他对人类需要的理解为依据。马斯洛认为,需要的性质决定着动机的性质,需要的强度决定着动机的强度。他认为人类的需要是多种多样的,从大的方面划分,可以分为基本需要和成长性需要两类。这两类需要根据对人直接生存意义和生活意义的大小,由低级到高级分别为生理需要、安全需要、归属与爱的需要、尊重的需要、认知需要、审美需要和自我实现的需要。其中,前四种为基本需要,后三种为成长性需要。马斯洛认为,基本需要如果不能得到满足,就会变得越来越迫切和焦虑,因而强度会越来越大,而一旦基本需要获得满足,强度就会降低;而成长性需要的满足并不会降低其强度,还可能会有更强的需要。另外,马斯洛认为,需要是分层次的,从低层次需要到高层次需要的满足是逐级上升的,较高级层次的需要是在较低级层次的需要满足之后才会出现的。同时他也指出,这只是一般模式,实际上它并不完全按照台阶式的排列那样刻板,会存在许多种例外。

(五)人本主义的心理治疗观

罗杰斯的以人为中心疗法(person-centered therapy)代表着人本主义心理治疗的主要趋向。以人为中心疗法是以现象学和存在主义哲学为基础。假定人在本质上是可信赖的;人具有不需咨询师的直接干预就能了解及解决自己困扰的极大潜能;只要能投入咨询关系中,人们就能朝向自我引导的方向成长。人的本性是积极的,从根本上说是社会性的,是向前运动的,是理性的,是现实的。如果给来访者提供一种最佳的心理环境或心理氛围,他们就会动员自身的大量资源去进行自我理解,改变他们对自我和对他人的看法,产生自我指导行为,并最终达到心理健康的水平。罗杰斯反对精神分析疗法把心理治疗的重点集中于"过去"经验,而注重"此时此地"的表现;反对把人看成是患者,认为人是有责任的、有自我意识的、具有自我调节能力的人。因此,心理治疗不是对"异常"的治疗,而是帮助来访者学会自我调节、自我解决问题。

从治疗的目标来看,罗杰斯认为治疗的目标不是矫正异常、减少症状和痛苦,而是发展积极的生活方式,减少人格冲突,增强人格整合力量,提高自我整合能力与自尊,使来访者成为一个自由的健康成长的人。从治疗的过程和要求来看,罗杰斯认为治疗者与来访者之间建立的良好的心理氛围是治疗能否成功的关键。罗杰斯认为,如果给来访者提供一种最佳的心理环境或心理氛围,他们就会倾其所能,最大限度地去进行自我理解,改变他们对自我和对他人的看法,产生自我指导行为,并最终达到心理健康的水平。为此,罗杰斯要求治疗者放弃其权威性,相信来访者具备自我矫正的能力。治疗者的任务在于创设一种温暖、友谊、令人可以接受的气氛,以使来访者享受到被尊重的体验。正是来访者,而不是治疗者决定了治疗和咨询过程的进行。因此,在治疗的过程中,治疗者应该对来访者要真诚一致,要具有同理心或移情性理解,要给予来访者无条件积极关注,即对来访者给予信任、接纳、倾听、期望和支持。而来访者也要真诚一致,要能够知觉和体验到治疗者的理解和积极关注,与治疗者建立富有建设性的交流关系。在这种良好的氛围下,来访者可以自由表达自我的焦虑和脆弱,治疗者通过移情性的倾听、接纳和支持,并给予来访者真诚理解和积极关注,鼓励来访者接受真我,进行自我整合,进而促进自我全面成长,成为积极向上的人。

(六)人本主义心理学的研究方法

在心理学研究的方法论上,存在着两种研究范式,一种是以科学主义和实证主义为基础的客观的实验范式,另一种是以人文主义和现象学为基础的主观的经验范式。持有这两种不同研究范式的人经常相互指责,争论不休。人本主义心理学家在方法论问题上采取折中主义的态度,在具体研究方法上兼收并蓄,持较为开放的态度。如马斯洛、罗杰斯和罗洛·梅等人在心理健康研究和心理治疗中曾采用个案分析、临床观察、谈话疗法等方法,也用过心理测验、实验仪器等手段进行辅助治疗或研究。不过,人本主义心理学家不赞同对人的心理进行静态的、原子论的分析,受格式塔心理学的影响,他们主张用动态的、整体的观点研究社会活动中的人。人本主义心理学家持有的折中融合、兼收并蓄、整体分析的态度和方法论取向,为全面理解人类本性提供了一种有益的参考。

三、对人本主义心理学的评价

人本主义心理学作为一种思潮在国际社会已经得到广泛重视,但是国际心理学界对此的评价却褒贬不一、毁誉参半。总的来说,人本主义心理学把心理学的研究范围扩展到人类精神生活的各个方面,对当时心理学的发展起到重要作用,但是对自身理论的论证严重不足。

(一)人本主义心理学的贡献

总的来说,人本主义心理学具有以下四方面贡献。

第一,人本主义心理学反对行为主义的生物还原论和机械决定论,反对精神分析的反理性论的观点,注重对健康人格的研究,注重对人性的研究,关注人的情感、态度、价值观、潜能、需要、人格等方面,从而在更高层次上恢复对意识经验的研究,因而扩大了心理学研究范围,丰富了人格心理学理论和自我理论、价值理论,促进心理学理论的发展。

第二,在研究方法上,人本主义心理学反对以方法为中心,主张以问题为中心来选择方法,认为心理学必须有效地解决真善美等复杂且重要的问题。人本主义心理学突破行为主义以研究动物的模式来研究人的心理,突破精神分析心理学只关注变态人群,主张把健康人群作为研究对象。人本主义心理学突破传统的心理学用原子论去探讨意识的结构,而主张把意识经验作为一个整体进行研究。这些方法论思想对于探讨人性和人的高级精神层面的特性提供了较好的示范。

第三,人本主义心理学在心理治疗实践中,首创以人为中心疗法的治疗理论与方法。以人为中心疗法强调来访者自己在治疗过程中的责任与能力,强调和谐的咨询关系在治疗过程中的作用,主张咨询者运用接纳、倾听、共情和支持等技术,这对当今的心理治疗实践仍然具有很强的指导意义。

第四,人本主义心理学家罗杰斯将其人格理论和治疗理论扩展到教育领域,提出"以学生为中心"的"非指导性教学"模式,强调尊重学生,发挥学生的主观能动性,关注学生的情感—态度—价值观等非认知因素方面的发展等,这些教学观念对当今教育改革仍然产生很大的影响。

(二)人本主义心理学的不足

人本主义心理学过分强调人性中的自然因素,带有生物决定论的色彩。人本主义心理学过分强调人性善的一面,过分夸大人的主观能动性和人的"绝对自由",过分夸大自我选择、自我调节的作用,因而陷入自由主义和个人主义的泥潭。人本主义心理学以自我为中心的人格理论片面强调先天潜能的作用,强调自我选择、自我设计与自我实现,因而难以对人格的本质作出正确的解释,也使其自我实现的思想陷于乌托邦的境地。人本主义心理学把个人价值的实现与社会价值的实现相对立,而且夸大了两者的对立,忽视社会因素在自我价值实现中的作用。事实上,个人价值必须通过社会得以显现,自我实现必须依靠社会条件的支持。人本主义心理学在研究方法上以存在主义和现象学为理论基础,其思想观念上带有主观唯心主义倾向。人本主义心理学注重对心理现象作整体的描述,相对忽视运用实验的方法探讨心理的内在机制,这不符合心理科学发展的趋势,因而难以走得更远。

第二节　人本主义学习理论

人本主义心理学家将其人格发展理论和心理治疗理论扩展到教育领域,形成具有人本主义特色的学习理论。尤其是罗杰斯在其《学习的自由》一书中系统地阐述了他的人本主义学习观和教学观,论述了学习目标、学习内容、学习方式和途径、学生观、师生关系观、教学模式等方面。

一、人本主义学习观
(一)成为"自由的人""完整的人""自我实现的人"的学习目标

面对外部世界的复杂多变,罗杰斯认为学习的目标应该是能够成为适应外部世界的变化,学会如何学习的"自由的人"。罗杰斯这里所指的"自由"不是指通常意义上所讲的自主地选择事物,而主要是指敢于涉猎未知的、不确定性的领域,能够自己抉择的勇气。"自由的人"具体是指:能够从事自发的活动,并对这些活动负责任的人;能够理智地选择和自定方向的人;是批判性的学习者,能够评价他人所作贡献的人；获得有关问题解决知识的人；更重要的是，能够灵活地和理智地适应新的问题情境的人；在自由地和创造性地运用经验时，融会贯通某种灵活处理问题方式的人；能够在各种活动中有效地与他人合作的人；不是为他人赞许，而是按照他们自己的社会化目标工作的人。

罗杰斯认为，现代学校要么只注重学生外在的行为表现，要么只重视学生心智的发展，而忽视学生情感的发展，忽视学生内在的需要、信念、价值等精神层面的发展。罗杰斯批判指出，如果学生的学习只表现在外部的行为改变，类似于只涉及人的四肢；如果学生的学习只涉及心智，那只是一种发生"在颈部以上"的学习，不涉及情感和个人意义，这些都与完整的人无关。因此，罗杰斯的教育理想是要学生成为"躯体、心智、情感、精神、心力融为一体"的人，他称之为完整的人（whole person），也就是整体人格得到充分发展的人。

关于人的发展，人本主义心理学家更为关注人的情感、需要、尊严与价值等，以发展人性、开发潜能、促进自我实现为人生的目标。马斯洛认为，越是高级的潜能越具有人性的特征。马斯洛用潜能来说明人性的价值，认为潜能的发挥就是价值的实现。马斯洛认为，自我实现者具有发自内心的追求潜能发挥的倾向，他们无一例外都是全身心地投入到某一事业上的人，他们愿意在自己的事业上充分挖掘自己的潜能，寻求自己的"存在价值"。马斯洛把自我实现看作是人的本质存在，这种本质存在是超越物质需要的高度精神境界。马斯洛在《存在心理学探索》一书中将自我实现定义为"不断实现潜能、智能和天资；完成天职或称之天数、命运或秉性；更充分地认识和承认人的内在天性；在个人内部不断趋向统一、整合或协同动作的过程"。自我实现具有五方面的本质特征：（1）自我实现是在人的各种需要得到充分满足之后才能出现的高级需要，这是人的真正的存在状态；（2）自我实现的人是完全自由的，支配他们行为的因素是来自主体内部的自我选择；（3）自我实现的人在其非常喜爱的工作中显示其巨大的潜能；（4）自我实现的人是摒弃了自私、狭隘观点的人；（5）自我实现的人是人的创造性的最终实现。马斯洛把创造潜能的实现看成是人的最高级需要的满足，是人生追求的最高目标。这一目标的实现就可以称之为自我实现。

（二）内在的学习动机

马斯洛认为，单纯依靠强化和条件作用的学习是一种机械的、被动的学习。学习活动不是由学生自己决定的，而是由教师强制的，学生只是在强化作用下对个别刺激情境作出零碎的反应而已，学生所学的知识缺少个人意义。同时，马斯洛认为儿童先天具有内在的学习动机,学习是人的固有能量的自我实现的过程。马斯洛认为,所有的人都具有学习动机,只不过有的人未必把学习动机指向学业方面。可见,马斯洛把需要看成是学习的内在动机。他说,需要是个体成长的内驱力,如果学习对于学生具有个人意义,学生就会自觉地、主动地、积极地学习。在马斯洛的需要层次理论中就有认知的需要,同时自我实现的需要是一种使他的潜力得以实现的倾向,是高级的成长的需要,也是学习的内在动力。

(三) 有意义学习

根据学习对于学习者的个人意义,罗杰斯把学习分为有意义学习(significant learning)和无意义学习(insignificant learning)两种。与奥苏伯尔对学习的划分一样,这两种学习分别处于意义连续体的两端。其中,无意义学习是指学习材料对于学习者来说没有个人意义,仅仅涉及心智,不涉及情感,与完整的人无关。这类学习学得吃力,容易遗忘。有意义学习是指一种涉及完整的人的学习,是一种使学习者的行为、态度、人格以及在未来选择行动方针时发生重大变化的学习。这种学习不仅仅是一种增长知识的学习,而且是一种与每个人各部分经验都融合在一起的学习。例如,一个刚学会走路的小孩,当他的手碰到火炉的时候,他就学会"烫"这个词的意义,同时他也学会以后对所有的火炉当心。这种学习就是有意义学习。

罗杰斯认为,在传统的学校教育里,学生在课堂学习的许多内容,对于学生来说无个人意义,只涉及心智,是一种"颈部以上"的学习,与完整的人无关,因而学生学得吃力,感觉枯燥无味,学过以后也很快就会忘记。罗杰斯批判这种学校教育,认为传统的学校教育把儿童的身心分开了,儿童的心(mind)到了学校,躯体和四肢也跟着进来了,但是他们的感情和情绪只有在校外才能得到自由表达。因此,罗杰斯提倡有意义学习,认为"有意义学习把逻辑与直觉、理智与情感、概念与经验、观念与意义等结合在一起"。当学生以这种方式学习时,就成为一个完整的人了。

罗杰斯认为,有意义学习主要包括四个要素:(1)学习具有个人参与的性质,即整个人(包括情感和认知两方面)都投入学习活动中;(2)学习是自我发起的,即使推动力或刺激来自外界,但要求发现、获得、掌握和领会的感觉却是来自内部的;(3)学习是渗透性的,即它会使学生的行为、态度乃至人格都会发生变化;(4)学习是由学生自我评价的,因为学生最清楚某种学习是否符合自己的需要,是否明了自己原来不太清楚的某些方面。

因此,罗杰斯认为,人是他自己行为的决定因素,而不从属于他的环境,人是可以对他的生活性质作出自由选择的。这是一种自由选择论,与行为主义的环境决定论相冲突。

(四) 在真实的情境中学习

罗杰斯认为,促进有意义学习的最有效方式之一是让学生直接体验实际问题、生活问题、伦理和哲学问题、个人问题和严峻的问题,而这可以通过设计各种场景,让学生扮演各种角色,让学生在真实的情境中学习、体验。这是非常有效的途径,因为学生总是要处理他们遇到的、体验到的问题。为此,教师应该为学生构建一种真实的问题情境,使他们经历将来他们会真正遇到的问题。罗杰斯批判传统的学校教育正在把学生与生活中所有的现实问题隔绝开来,认为这种隔绝对于有意义学习构成一种障碍,应该去除,让学生直接面对各种现实问题。

二、人本主义教学观
(一) 以学生为中心的师生观

与罗杰斯以来访者为中心疗法相对应,在教学情境中,罗杰斯提出以学生为中心。罗杰斯认为,儿童先天具有内在的学习需求,环境中的许多因素都在向他们挑战,他们对此感到好奇,并渴望发现、认识和解决,教师的作用就在于帮助学生发现、认识和解决他们遇到的问题。罗杰斯批判传统教育中,"教师是知识的拥有者,而学生是知识的被动接受者;教师可以通过讲演、考试,甚至嘲弄等方式来支配学生的学习,而学生无所适从;教师是权力的拥有者,而学生只是服从者"。这是一种"壶与杯"的教育理论,教师(壶)拥有知识,学生(杯)是消极的容器,知识可以灌入其中。因此,罗杰斯主张废除"教师"这一角色,代之以"学习的促进者"这一角色。教师的任务不是教学生学习知识(这是行为主义强调的),也不是教学生怎样学(这是认知理论强调的),而是为学生提供各种学习资源,提供一种促进学习的气氛,让学生自己决定如何学习。罗杰斯在《学习的自由》一书中对教师的角色和任务进行了描述:(1) 促进者帮助引出并澄清学生希望做的东西;(2) 帮助组织学生已认可的经验,并提供广泛的学习活动与学习材料;(3) 教师作为一种灵活的资源为学生服务;(4) 建立接受的课堂氛围;(5) 作为学习的参与者参与学习活动;(6) 主动地与小组成员分享他们的感情和思想;(7)教师认识并承认自己的缺点。可见,在罗杰斯那里,师生是平等的,是学习活动的参与者和分享者。

(二)注重良好师生关系的建立

罗杰斯认为,建立良好的师生关系(促进者与学习者的关系)也是为学生提供一种促进学习的气氛。他将心理治疗中咨询师与来访者(患者)的关系遵循的原则引进到教学中作为师生关系应该遵循的原则:(1)真诚一致,学习的促进者表现真我,没有任何矫饰、虚伪和防御;(2)共情,也译移情,指学习的促进者能设身处地地从学习者的角度思考,了解学习者的内在需求、情感体验,与学习者共情;(3)无条件积极关注,学习的促进者尊重学习者的情感和意见,关心学习者的方方面面,不带任何私利,不以学习者的某些特点、品质或价值为取舍,完全从学习者成长的角度出发。在良好的师生关系氛围中,学生可以自由地学习,自由地表达他们的思想和情感,从而使他们的个性得以张扬,情感得以体验,创造性得以发挥,人格得以和谐发展。

(三)提出非指导性教学模式

在"以学生为中心"的教学思想指导下,罗杰斯将心理治疗中的"非指导"模式扩展到教学中,提出"非指导性教学模式"。这种教学模式是以学生为中心,采用开放式的课堂模式,学习内容和方式可以部分由学生确定,或学生与教师商定,学生有较大的选择权和自治权。在这种自由的、开放的课堂环境中,学生自由地从事他们喜欢的活动,教师采用"非指导"的方式,教师的作用是鼓励和引导他们的活动。

在非指导性教学模式下,为了达到理想的教学效果,教师必须做到八个方面的要求:(1)教师与学生共同承担责任,一起制订课程计划和管理方式等内容。(2)教师要提供各种各样的学习资源,包括自己的学习经验或其他经验、书籍、参考资料以及社会实践活动。(3)让学生单独或同学们一起形成学习计划,把探寻自己的兴趣作为自己重要的学习资源。(4)提供一种促进学生学习的良好氛围。(5)学习的重点是学习过程的持续性,至于学习的内容则是次要的。一堂课结束的标志不是学生掌握了"需要知道的东西",而是学会了怎样掌握"需要知道的东西"。(6)学习目标由学生自己确定,为达此目标需要对学生进行"自我训练",用自我训练代替外部训练。(7)对学生的评价由学生作出,教师及其他学生对某一学生的自我评价要予以热心反馈,以促进自我评价的客观性。(8)促使学习以一种更快的速度更加深刻地进行下去,并渗透到学生广泛的生活和行为中去,使学生的情感、理智沉浸在这一过程的始终。

可见,非指导性教学模式与传统的教师讲学生听、教师主导学生服从、只注重学生知识的掌握而忽视学生情感态度价值观的教学模式大相径庭,它在一定程度上对我国的基础教育新课程改革产生重要的指导作用。

三、人本主义学习理论与教学改革

人本主义学习理论主张以学生为中心,强调学生的主动性和主体性,强调个性化教育和情感教育等,这些思想对当今教育教学改革都产生了深远的影响。以下将根据人本主义学习理论谈谈该理论对当今教育教学改革的借鉴意义。

第一,人本主义心理学反对行为主义的机械还原论、精神分析本能的生物决定论和认知心理学的计算机信息加工论,关注对人性的研究,强调人的需要、尊严与价值。这建议我们在教育教学中要首先把学生当人看待,要深刻地认识到学生是有思想、情感、尊严和价值的,不能把学生当成实验的白鼠、受本能驱使的动物、被动接受知识的容器和机械加工信息的机器。

第二,人本主义心理学批判行为主义只关注行为的习得与改变,批判认知心理学只关注认知发展,它们都只关注人的片面发展,没有把人作为"完整的人"来看待,因而强调完整的人的发展,尤其关注情感、态度、价值观、潜能等方面的发展。这提示我们在教育教学中要注重学生的全面发展、多方面素质的发展,把情感—态度—价值观作为教育教学的主要目标之一。

第三,人本主义心理学强调个人的尊严与价值,强调个性发展,强调潜能的开发和创造性能力的提升,这提示我们在教育教学过程中要加强对学生的个性化教育,注重学生的个体差异,充分开发学生的潜能和创造力,努力促进学生自我价值的实现。

第四,人本主义学习理论提出有意义学习的主张,认为传统的教学只关注学生知识的掌握、认知的发展,而忽视学生情感的发展,所学的知识与未来的生活实际相脱离,对未来的人生发展毫无意义。因此,提倡在真实情境中学习,学习那些对未来发展有意义的内容,开展能够提升问题解决能力的活动,以促进发现问题和解决问题的能力。这些思想对于当今教育倡导的教学生活化、注重学生实践能力的培养等教育观念具有重要的启发意义。

第五，人本主义学习理论反对行为主义运用机械的外部强化手段来操控学生的学习，把学生看成是消极被动的，转而注重激发学生的内在需要和兴趣，注重激发学生学习的主动性和积极性，这对于当今教育要注重学习内在兴趣和潜能优势，激发学生内在的学习动机具有重要的指导意义。

第六，人本主义学习理论的师生观主张以学习者为中心，让学生自我指导、自由学习，而教师只是促进者、引导者、辅助者。这种师生观突出了学生的主体地位和中心地位，对于改变传统的灌输式教学方式、师道尊严式的说教、教师作为权威者而学生作为服从者的师生不平等的互动模式都具有积极意义。因为学生是学习的主体，是教学效果的受益者和体现者，教学活动的结果最终都落实在学生身上，而学生是有情感、有尊严、有思想意识的人，同时个体间又是有差异的，因此教师引导学生自主学习、自由学习，更符合学生发展的需求，更能够促进学生的发展。

第七，人本主义学习理论非常强调建立良好的师生关系和创设轻松的课堂氛围的重要性。罗杰斯把咨询关系的重要性和要求迁移到教学中，强调教师要与学生建立良好的师生关系，要为学生创设轻松和谐的课堂氛围，使学生能够在轻松的氛围中自由地学习。这种主张对于我国教育改革也产生了积极的影响。我国基础教育新课程改革也强调教师要注重与学生建立良好的师生关系，为激发学生的主动性和创造性提供良好的心理环境。

第八，人本主义学习理论强调教育评价要尊重学生，要以学生为中心，注重学生的全面发展，强调学生的自我评价和参与性评价，这些对于改革传统的评价内容和方法都具有重要的现实意义。传统的评价方式和内容主要是通过考试的方式来评价学生知识掌握的情况。这种评价方法既不全面，也不客观。人本主义学习理论认为，要以完整的人的发展为目标，把学生多种素质纳入评价内容之中。如学生积极的学习态度、创新精神、分析与解决问题的能力以及正确的人生观、价值观等都应该成为评价的内容。同时，评价的主体也不再仅仅是教师、领导或专家，学生自己也可以参与到学习评价的过程中来。罗杰斯就提出，学生可以参与决定他们的分数，教师和学生之间可以就什么样的表现能获得什么样的分数达成一种理解，形成一种契约。另外，学生也可以在书面详细评价的基础上来给自己评分。根据人本主义的评价观，学生持客观的自我评价，可以帮助他们找到学习过程中存在的优点和不足，这样更有利于学生自觉主动地学习。可见，人本主义的评价观有利于调动学生的学习积极性，提高学生的参与度,促进学生健康人格的发展。人本主义的评价观与当今教育倡导多元评价、过程性评价和学生自我评价的理念是一致的。

【思考题】

1. 简述人本主义学习理论的基本观点。
2. 试述人本主义学习理论对当今教育改革的意义。

【推荐阅读】

[1] 龚浩然,主编.心理学通史第五卷:外国心理学流派(下).济南:山东教育出版社,2000.

[2] 马宝元.人本主义学习理论及其对我国基础教育改革的启示.鞍山师范学院学报,2004,6(4):97-100.

[3] 宋莉.人本主义学习理论及其对素质教育的启示.聊城大学学报(社会科学版),2006(3):121-122.

[4] 王江华.人本主义心理教育观在基础教育课程改革中的应用.四川教育学院学报,2012,28(8):99-102.

第九章

建构主义学习理论

【学习目标】
1. 理解什么是建构主义。
2. 掌握建构主义的知识观和学习观。
3. 掌握建构主义的学生观和教学观。
4. 理解建构主义对当今教学改革的意义。

第一节　建构主义学习理论的形成与发展

　　建构主义(constructivism)是一种主观主义的认识论思潮,它强调事物的意义不是由事物本身决定的,而是由人建构起来的,人是以原有的知识经验来建构对事物和现实世界的理解和解释的。自 20 世纪 80 年代以来,建构主义思潮迅速影响到各个学科,成为一种新的方法论思路和研究范式。建构主义思潮对教育学、心理学也产生了重大影响,在国内外教育领域,言必称"建构主义"一时间成为一种时尚。建构主义学习理论和教学理论被看成是对传统学习理论和教学理论的一场革命。建构主义在我国曾被看作基础教育新课程改革的基础理论,对于我国的课程改革产生重要的影响。本节将简述建构主义的产生背景和类型,为正确理解本章后面的建构主义学习理论和教学理论提供铺垫,也为理解为什么建构主义能够成为我国基础教育新课程改革的基础理论提供帮助。

一、建构主义学习理论的产生背景

建构主义学习理论的产生有其深刻的社会背景、哲学背景、科学背景和心理学背景。

（一）社会背景

自 20 世纪 60 年代以后，由于科学技术的迅猛发展，带来了社会生产和社会生活上的巨大变化。知识化、信息化、系统化的发展实现了由工业型社会向知识型社会的转变。知识型社会是以知识生产和知识创新为核心的。在知识经济时代，由于创新被看成人类文明进步的动力，因而创新型人才、个性化人才成为社会急需的人才，于是要求学校培养充满个性化的和具有创新精神、创新能力的新型人才。而建构主义学习理论和教学理论恰好符合这种社会需求和时代精神。

（二）哲学背景

建构主义作为一种主观主义的认识论思潮，自然是有其深厚的哲学背景。在西方哲学史上，维柯、贝克莱（George Berkeley，1685—1753）、康德、叔本华（Arthur Schopenhauer，1788—1860）等人的思想都对建构主义产生重要影响。意大利哲学家维柯（Giovanni Battista Vico，1668—1744）曾提出"真理即创造"的论断，认为我们应当"创造"真理而不是发现真理，因为创造才是人的真正本性。维柯指出，人只能认识它自己创造的东西。人之所以能够认识人类历史，是因为人创造了人类历史。同时，维柯认为真理是可变的，因为不可变的东西是无法创造的，而无法创造也就无法被认识。维柯的论断正好符合建构主义的"我们知道的一切是我们建构的"命题。因此，维柯被激进建构主义代表人物格拉塞斯菲尔德（Ernst von Glasersfeld，1917—2010）称为清楚描述建构主义的第一人。

德国哲学家康德则认为理性是人类认知的最高阶段。康德这里所说的"理性"是一种绝对的、无条件的、超越现象世界去把握自在之物的先天认识能力。他认为，一切科学知识都必须是一种把普遍必然性的思维形式与感性经验的内容结合起来的理性判断。康德认为，哲学认识论的核心问题是"知识何以可能"的问题，而解决知识何以可能的正确方法是建构性的"新生论"。这就是要舍弃只强调感觉经验和归纳法的"经验论""自然发生论"以及只强调天赋观念和演绎法的"唯理论""预成论"，而主张把感性与知性、先天的观念形式与后天的经验内容、归纳法与演绎法结合起来，以实现认识的双向运动，即人在认识世界的同时也在认识自身,人在建构和创造世界的同时也在建构和创造自身。康德还认为,人理解的概念或结构必须由人的心理来提供,而不可能来自被理解的事物本身,认识主体必须通过内部建构的法则去组织经验来认识世界,而不可能被动地、原原本本地把客观世界的表象直接投射到头脑中。这种以主体为中心的认识论原则后来被激进建构主义直接继承下来了。

此外,当代建构主义也深受后现代哲学思潮的影响,后现代主义对真理、客观性、因果性、合理性等所持的怀疑主义、相对主义态度对当代建构主义也产生了重要的影响。

(三)科学背景

建构主义是多学科交叉渗透发展的结果。自 20 世纪五六十年代起,信息论、系统论、控制论、耗散结构论、突变论、协同论、自组织理论等系统科学的兴起,以及计算机科学、网络学习、人工智能、联结主义、认知科学、认知神经科学等学科的发展,为建构主义的产生奠定了坚实的科学基础。尤其是多媒体网络学习为师生之间、生生之间的交互式学习提供了良好的学习环境,也为超时空的合作学习创造了良好的条件。而这些正是建构主义学习理论追求的最理想的学习环境。正因为如此,建构主义学习理论受到教育信息技术的普遍重视。

(四)心理学背景

在 20 世纪上半叶,行为主义学习理论在心理学中占统治地位。随着社会科学技术的不断发展,传统的强调练习、强化、模仿的行为主义学习方式难以适应知识经济社会不断发展对创新人才的要求,于是到 20 世纪 60 年代以后,随着认知心理学的兴起,特别是像布鲁纳和奥苏伯尔等人具有明显建构主义倾向的认知心理学的兴起,为当代建构主义学习理论的形成架起了一道宽敞通畅的桥梁。

二、建构主义学习理论的形成

在建构主义学习理论的形成过程中,皮亚杰、维果茨基是公认的先驱,受皮亚杰认知结构理论的影响,布鲁纳和奥苏伯尔的信息加工理论明显带有建构主义色彩,对当代建构主义学习理论的形成具有重要的促进作用。

(一)皮亚杰的建构主义

皮亚杰从发生认识论的视角对建构主义学习理论进行了最早的、较为系统的论述。皮亚杰的建构主义学习理论主要表现在三个方面：（1）知识来源于动作。关于知识是如何获得的问题，皮亚杰的发生认识论认为，知识来源于动作，动作的本质是主体对客体的适应，而适应的本质是主体与客体环境取得平衡。可见，主体借助动作与客体相互作用是主体获得知识的主要手段。（2）学习是在主客体相互作用的活动中形成的。皮亚杰认为，认识并不发生于主体自身（先验预成或自我反思），也不发生于客体本身，而是发生于主客体之间的相互作用。学习者是在与客体的相互作用过程中进行学习，从而获得关于客体的知识的。（3）学习的实质是主客体双向建构的过程。在主体适应环境的过程中，主体一方面通过动作来认识客体的外部属性、本质特征以及客体间的联系，另一方面通过动作间的协调来实现从外部动作到借助物理工具进行运算再到借助符号工具进行运算的转变，从而促进认知结构的改变。皮亚杰用同化与顺应来揭示主客体间相互作用的方式和学习机制。可见，皮亚杰的发生认识论蕴含着丰富的建构主义学习论思想。

（二）维果茨基的建构主义

维果茨基社会文化历史观从辩证唯物主义和历史唯物主义的视角探讨个体知识的获得。他认为，个体是在活动中借助语言与他人（成人或年长的同伴）进行交往来获得知识的，而主体在与他人交往过程中不可避免地要受到社会历史文化的影响。根据维果茨基的理论，活动、交往、语言符号是个体获得知识的手段和方式。同样，学习就是在教学活动中通过师生之间、生生之间的交往与合作来实现对社会文化的内化的。可见，皮亚杰更为强调主客体之间的相互作用，而维果茨基更强调人与人之间的相互作用。因此，皮亚杰的建构主义被称为个体建构主义（或认知建构主义），而维果茨基的建构主义被称为社会建构主义。

（三）布鲁纳的建构主义

布鲁纳一方面受到皮亚杰和维果茨基的建构主义思想的影响，另一方面以信息加工理论为指导，来阐述他的建构主义学习理论。他认为，学习的实质是认知结构的组织与重新组织，学习的过程是一种积极建构的过程，是新旧知识之间相互作用的过程。布鲁纳提倡的发现学习就是一种积极建构式的学习。他认为，学习者应该像科学家那样用自己的头脑去探索知识，以达到对新知识的理解和掌握。布鲁纳认为，学生的发现学习与科学家对未知世界的探索其实质都是把现象进行重新组织与转化，从而实现超越现象的认知与领悟。可见，布鲁纳的学习理论带有明显的建构主义色彩。

（四）奥苏伯尔的建构主义

奥苏伯尔的同化学习理论虽然在学习方式上与布鲁纳的发现学习理论明显不同，但是从学习的过程来看，两者都具有明显的建构主义倾向。它们都以信息加工理论为指导，都赞同学习的过程是新旧知识之间相互作用的过程，都需要学习者去积极建构。只不过，布鲁纳的发现学习更为强调认知主体在情境中的主动探索，而奥苏伯尔的接受学习更强调学习者运用原有的认知结构去理解和同化新知识。从学习的目标上看，布鲁纳的发现学习更为强调学习者对新知识的发现、转化与应用，而奥苏伯尔的接受学习更强调学习者对新知识的理解与巩固。布鲁纳和奥苏伯尔可以被看成是信息加工建构主义的代表人物。

三、建构主义学习理论的发展

建构主义是多学科交叉发展的结果，由于不同的学者受到不同的学科和思想的影响，因而形成不同的建构主义倾向。甚至有的学者认为，有多少个建构主义者就有多少个建构主义理论。可见，建构主义不是一个统一的学派，而是由多个流派构成。根据知识是完全由认知主体自我建构还是在承认客观现实的基础上的主动建构，可以将建构主义分为激进建构主义和温和建构主义；根据知识是由认知主体单独建构的还是由个体间协商建构的，可以将建构主义分为个体建构主义和社会建构主义；根据认知主体在建构过程中系统的开放或封闭程度，可以将建构主义分为内生性建构主义和外生性建构主义；根据认知主体建构的目的是生存性的还是发展性的，可以将建构主义分为生存性建构主义和发展性建构主义。根据20世纪90年代美国佐治亚大学教育学院组织的"教育中的新认识论"系列研讨会中的讨论结果，他们把建构主义学习理论划分为六大主要流派，即激进建构主义、社会建构主义、社会文化认知理论、信息加工建构主义、社会建构论和控制论系统观。

激进建构主义的代表人物是格拉塞斯菲尔德，其思想来源于皮亚杰的两条基本原则：（1）知识不是个体通过感觉或交流而被动接受的，而是通过认知主体依据自己的经验而主动建构的；（2）认识的机能是适应自己的经验世界，帮助组织自己的经验世界，而不是去发现本体论意义上的现实。因此，激进建构主义认为，世界的本来面目无法知道，人们知道的只是自己的经验，而知识的作用在于帮助个体解决具体问题，或者提供关于世界经验的一致性解释，知识主要在个体与经验世界的对话中得以建构。激进建构主义重视个体与其物理环境相互作用,较少关注学习的社会性。

社会建构主义是以维果茨基的理论为基础。和激进建构主义相比,社会建构主义温和地质疑了知识的确定性与客观性,强调知识不仅通过个体与物理环境的相互作用,而且通过社会性的相互作用来建构。社会建构主义认为,儿童知识经验发展的基本途径就是,在与成人或比他稍成熟的社会成员的交往活动(特别是教学活动)中,依靠他们的帮助,解决自己还不能独立解决的问题,理解体现在成人身上的"自上而下的知识",并以自己已有的知识为基础获得新知识的意义,从而把"最近发展区"变成现实的发展。

社会文化认知理论也受维果茨基的影响,将学习视为一种建构过程,关注学习的社会性,但它更为注重知识(或学习)与文化、历史、风俗习惯背景的密切关系,强调知识的来源是不同的社会实践活动。学习应该像实际活动一样展开,在为达到某种目标而进行的实际活动中,解决遇到的实际问题,从而学习某种知识。

信息加工建构主义虽然坚持信息加工的基本范型,但倾向将知识视为学习者建构的结果,而不是事先以某种先验形式的存在。不仅强调原有知识在新信息编码表征中的作用,而且重视新经验对原有知识的影响,强调知识的双向建构。主张一方面要提供建构理解所需的基础,另一方面要留给学生广阔的建构空间,让他们针对具体情境采用适当的策略。信息加工建构主义是强调知识之间相互作用的建构主义。

社会建构论也是建立在维果茨基理论的基础之上,但它更强调社会对个体发展的影响。该理论将社会置于个体之上,在大社会层面而不只是在心理水平上研究社会交往对个体学习的影响。该理论认为,知识根本不存在于个体内部,它属于社会,并以文本的形式存在,而所有的人都以自己的方式解释文本的意义。社会建构论关注人际的语言交流,将谈话视为人们形成新意义、发现已有意义符号的心理工具,并且正是这些谈话方式组成了人类的经验。

控制论系统观是以循环控制的思想为基础,它不仅关注人与外界的相互作用与反馈,而且强调自我反省。学习者被视为一个积极主动的观察者与反省者,而不是站在世界之外的静止旁观者。学习者处于一定的社会之中,他们之间存在着复杂的相互作用,并以提问、看与听等方式来循环认识某些现象。

可见,建构主义存在多种形式,但总的来说,所有的建构主义都信奉基本的知识观、学习观、学生观和教学观。

第二节　建构主义学习理论的主要内容

建构主义学习理论主要包括建构主义的知识观、学习观、学生观和教学观。建构主义作为一种认识论思潮，其主要探讨人是如何认识世界的，即探讨人是如何获得知识的，所以知识观是建构主义的基本观点。建构主义作为一种后现代思潮是对传统的学习观和教学观的一场革命，它给现代学习观、学生观、教学观赋予了一种全新的意义。本节将对建构主义学习理论作详细介绍。

一、建构主义的知识观

建构主义的知识观是对什么是知识、怎样看待知识、如何获取知识等问题的解释和回答。建构主义以批判客观主义为立足点提出自己的知识观。知识不是由认知主体被动获得，而是由认知主体主动建构的结果，这是建构主义的首要信条。

建构主义对知识的阐述有：（1）知识不是对现实的客观反映和准确表征，只是人们借助符号系统对客观现实作出的一种"解释"与"假设"，它不是问题的最终答案和标准答案。因此，知识不是静止不变的，而是发展的、演化的。（2）不存在绝对的终极真理，知识是个人经验的合理化。建构主义认为，人们是在根据自己有限的知识经验来建构知识的意义，因而人们无法确定他们建构出来的知识是否就是世界的最终写照。知识并不能准确无误地概括世界的规律和法则，它只是个人经验的合理化。在具体的问题解决中，知识不可能一用就灵，而是要针对具体的问题情境对原来的知识进行加工改造。（3）知识总是内在于主体的，不可能以实体的形式存在于个体之外，每一个学习者对知识的理解只能够由他自己基于自己的经验背景而建构起来，并取决于特定背景下的学习过程。（4）知识不是被动接受的，而是认知主体积极建构的。（5）生存是掌握知识的目的。知识不是被发现的，而是主体为适应环境而发明的工具、手段，掌握知识的目的不是探究和掌握真理，而是生存。（6）社会建构主义强调知识是个体与他人经由磋商并达成一致的社会建构。激进建构主义虽然强调知识是个体主动建构的，而且只是个人经验的合理化，但这种建构不是随意的任意建构,而是需要与他人磋商并达成一致来不断地加以调整和修正,在这个过程中,不可避免地要受到当时社会文化因素的影响。

由此可见,建构主义知识观强调知识的主观性、相对性、个体性、情境性、工具性等性质。

二、建构主义的学习观

建构主义的学习观是关于学习的实质、学习的内容、学习的目标、影响学习的因素等方面问题的观点。

(一)学习的实质

建构主义学习观对学习实质的理解表现在以下四方面。

其一,学习是认知结构的改变过程,同化和顺应是学习者认知结构改变的两种途径或方式。通过同化—顺应—同化—顺应的循环往复,实现平衡—不平衡—平衡的相互交替,不断促进认知结构的重组与发展。

其二,学习是主体建构的自组织循环系统。学习在整体上是一个封闭的循环系统,没有起点也没有终点。在建构主义看来,思维和学习不是由外部决定的,而是通过已有的结构规定的。

其三,学习是主体主动建构自己知识的过程,而不是被动接受的。如果没有主体的主动建构,知识不可能由别人传递给主体,主体也不会对别人传递的知识原封不动地全部吸收。主动的关键就在于,主体会根据自己先前的知识经验来衡量他人提供的各种知识并赋予其意义。

其四,社会建构主义理论认为,知识是个体与他人经由磋商并达成一致的社会建构。因此,"科学"的学习必须通过对话和沟通的方式,大家提出不同看法以刺激个体反省思考,在交互质疑和辩论的过程中以各种不同的方法解决问题,澄清其中存在的疑虑,逐渐形成"正式"的"科学知识"。

(二)学习的内容

关于学习的内容,建构主义认为,学习内容不应该事先被确定下来和系统化,学习的内容包含在学习环境中(包括教学材料、教室、媒体和其他辅助工具、学校等),每一个体从各自的现状出发,学习那些认为是重要的、想要的、有用的东西。如情境性学习理论强调,学习应该在与现实情境相类似的情境中进行,以解决学生在现实生活中遇到的问题。因此,学习的内容要选择真实性任务,不能对其作简单性处理以远离现实情境。情境学习理论家主张要弱化学科界限,强调学科间的交叉。教师并不是把已经准备好的内容教给学生,而是在课堂上展示出与现实中专家解决问题相类似的探索过程,并指导学生探索,探索所需要的工具往往隐含在情境当中。在此探索过程中,学习者常常要进行合作、讨论。以布兰斯福德(John Bransford)为首的旺达比尔特认知技术小组设计了一种录像教材,被称作"加斯帕问题解决系列"(the Jasper Woodbury Problem Solving Series)。该系列教材共包括 12 个历险故事,主要以发现和解决问题为核心的。每一个录像都包含约 17 分钟的历险故事,而且总是以提出各种挑战性的问题而结束。故事中会镶嵌一些用以解决历险中遇到的问题的数据以及典型的问题解决方法的示范,以帮助学生更好地解决历险故事中的挑战性问题。学生在解决这些问题时会运用到数学的问题解决与推理,也会涉及科学、社会学、文化与历史学等学科,同时他们需要合作、交流、互动。因此,这种问题情境可以激发学生的探究兴趣和求知欲,训练他们综合运用多种学科知识解决问题的能力。

(三) 学习的目标

建构主义认为,学习的目标是"保证学习者作为自生产系统去应付生活",即培养能够在现实生活世界中灵活应用知识的能力。前面在知识观中强调,生存是掌握知识的目的,即掌握知识不是为了探究和掌握真理,而是为了生存,为了能够在现实生活中应用知识解决问题,从而更好地适应社会发展。

(四) 影响学习的因素

建构主义认为,影响学习的关键因素包括六个方面:(1)先前经验的作用。因为学习是在先前经验的基础上进行的。(2)真实情境的作用。因为学习总是离不开一定的情境,知识也总是在一定的情境中才有意义。(3)协作与对话的作用。学习是学习共同体间的协商与对话。建构主义将协作、对话建立在合作学习的平台上,通过合作学习来实现。(4)情感的作用。情感是学习的发动机和调节器,情感参与主体的认知与建构,也体现主体的力量。(5)错误与失败的意义。在学习过程中,出现错误是正常的,出现错误和对错误的反省是学生有效学习不可缺少的一部分。当错误发生时,学生可以集体讨论错误,分析原因,使错误得到纠正,这将有助于学生反省认知,有助于学习者对知识的建构。(6)评价的作用。评价应该成为学习环境整合的、持续的、浑然一体的部分,学习者本人是学习的最好评价者。

可见,建构主义学习理论强调学习者自身的主动建构、情境的作用、情感的作用、相互合作的作用,不同于传统学习观的强调接受、记忆的作用。

三、建构主义的学生观

与建构主义的知识观和学习观相对应,建构主义学生观具有以下三方面的特点。

其一,强调学习者的经验。建构主义理论认为,知识是主体个人经验的合理化。在学习过程中,学习者先前的知识经验至关重要。学生不是空着脑袋进入教室的,由于生活的积累,他们已形成一些观念,当问题呈现在他们面前时,他们能用自己的认知能力形成对问题的某种解释。因此,建构主义认为,教学不能无视学生的经验,而是要把学生现有的知识经验作为新知识的生长点,引导学生从原有的知识经验中生成新的知识经验。

其二,注重以学习者为中心。既然知识是个体主动建构的,无法通过教师的讲解直接传输给学生。因此,学生就必须主动地参与到学习过程中来,要根据自己先前的经验来建构新知识的意义。教学不是知识的传递,而是知识的处理和转换。教师不是简单的知识呈现者,更应该重视学生自己对各种现象的理解,据此引导学生丰富或调整自己的理解。这样,传统的老师"讲"学生"听"的学习方式就不复存在了。

其三,尊重学习者个人意见。既然知识并不是说明世界的真理,只是个人经验的合理化。因此,建构主义理论主张不以正确和错误来区分人们不同的知识概念。

四、建构主义的教学观

建构主义的教学观是以建构主义知识观、学习观为指导的。这里主要介绍建构主义教学目标、教学活动、教学过程、教学模式等。

(一)建构主义教学目标

建构主义教学目标强调,要把"理解认知过程"和有用的"意义建构"作为教学的中心目标。建构主义认为,主体在生存过程中和感知过程中所做的就是建构有用的概念,教学目标就是尽可能激励和支持这种建构的过程。同时,要把社会化和文化适应作为教学目标。社会化和文化适应是生活在社会文化共同体里的每个儿童发展成熟的必然归属,也是现代教育的中心目标之一。

(二)建构主义教学活动

关于教学活动,建构主义极力主张要建立和组织好教学活动,并认为一个好的教学活动应具备五个特点:(1)教学应在一个丰富的教学环境中进行,复杂的多维度的教学活动可建立多元的联系,产生多元的理解视角。(2)教学活动应能保证学习者在真实的情境中,从复杂的真实的问题中建构新知识。(3)教学活动要创设一个丰富的学习环境,学习者能有足够的自我建构的空间去建构知识并积累生活经验。(4)教学活动应保证学习者在他的学习中总是处于最近发展区。(5)教师应能按照学生的经验世界和认知结构来组织教学活动,促进学习者的自主精神和首创精神。

(三)建构主义教学过程

关于教学过程,建构主义强调教学过程是建构和理解的过程。教学是在教师的促进下学生积极主动地建构自己的理解过程。教学就是促进学生已有的知识、态度和兴趣与新的经验发生相互作用,通过这个相互作用,学生从其自身内部建构自己的理解。因此,教学不是传授者与接受者之间简单的、直接的过程,而是一个循环的、反省的、互动的过程。

(四)建构主义教学模式

建构主义教学模式是建构主义教学理论在现代教育技术的支持下产生的,目前具有广泛影响的教学模式有抛锚式教学模式、认知学徒制教学模式、随机通达教学模式和支架式教学模式。

其一,抛锚式教学模式。该模式是指为学生创设一个完整的、真实的问题情境,使学生在情境中产生求知欲,凭借自己的主动学习、生成学习和亲身体验,并通过镶嵌式教学以及学习共同体中成员的互动、交流、合作,从而达到学习目标的教学活动过程。抛锚式的"锚"指的是支撑课程与教学实施的支撑物,它通常是一个故事、一段历险或学生感兴趣的一系列问题情境。抛锚式教学模式的特点是学习与教学活动要围绕某一个"锚"来进行设计。抛锚式教学的目的是使学生适应日常生活,学会独立识别问题、提出问题、解决真实问题。因此,教师要创设能够有利于学生进行持续探索的、有意义的问题情境,提供有利于学生解决问题的各种信息资源(如专家是如何把知识作为工具来识别问题、表征问题和解决问题的),从而帮助学生通过不同的视角识别、发现和解决真实问题情境中的问题。

其二,认知学徒制教学模式。该模式主张学生在真实的现场活动中获取、发展和使用认知工具来进行特定领域的学习,强调把学习者和真实世界联系起来。学徒制强调经验活动在学习中的重要性,并突出学习内在的、固有的、依存于背景的、情境的和文化适应的本质。认知学徒制教学的具体过程一般包括:

专家或教师示范——学生讨论问题——教师指导、提供支持——教师逐渐减少指导——学生独立练习、解决问题。认知学徒制教学模式一方面强调演示专家处理、解决复杂问题的过程和策略，另一方面又强调学生在学习活动中的认知和元认知（自我调节和监控）的作用。

其三，随机通达教学模式。该模式的基本思想来源于建构主义的认知弹性（又译"认知灵活性"）理论，该理论的宗旨是要提高学习者的理解能力和知识迁移能力（即灵活运用所学知识的能力）。随机通达式教学要求对同一内容的学习在不同时间、不同情境下、为不同目的、用不同方式进行多次呈现，分别着眼于问题的不同侧面，使学生对概念知识获得新的理解。随机通达式教学的基本特征是在不同情境下、从不同角度建构知识的意义和理解，由此获得广泛、可灵活迁移的、高级的、非结构性知识。这是一种旨在获得高级知识、培养认知弹性的教学。

其四，支架式教学模式。该模式源于维果茨基最近发展区的思想。这种教学模式是借用建筑业使用的"脚手架"概念比喻基础知识的概念框架，其实质是利用基础知识概念框架作为学习过程中的脚手架。支架式教学是通过提供一套恰当的概念框架帮助学生理解特定知识、建构知识的意义的教学模式，借助概念框架，学生能够独立地探索并解决问题，独立地建构知识的意义。因此，支架式教学的重点是要求教师能为学生提供有利于学生建构对知识理解所必需的概念框架，为此，事先需要把复杂的学习任务加以分解，以帮助学生逐步理解问题，从而通过这种脚手架的支持作用不断地把学生的智力从一个水平提升到另一个更高的智力水平。

建构主义教学模式强调以学生为主体，重视问题情境的创设，重视学生具体经验的获得，重视学生的认知失调、体验、反馈等过程，强调互动合作学习等，是建构主义教学思想在教学活动中的集中反映。

第三节　建构主义学习理论与
教学改革

建构主义在我国的传播主要是在21世纪初，这一时期正是我国开展基础教育新课程改革的大好时期，于是建构主义学习理论与我国基础教育新课程改革结下了不解之缘,并成为我国基础教育新课程改革的基础理论之一,建构主义也因此在我国教育领域风靡一时。在当时的教育领域,言必称建构主义甚至成为一种时尚,各种教育杂志刊登了大量关于建构主义学习理论、教育模式以及在各个学科教学中应用的文章。因此,我们在学习建构主义学习理论的时候,有必要了解建构主义学习理论是如何对我国课程与教学改革产生影响的。

一、建构主义学习理论对我国基础教育新课程改革的推动作用

建构主义作为一种带有后现代思潮的认识论,具有后现代具有的革命性。这种革命性表现在对传统的哲学观、传统的知识观、传统的文化、传统的教育等进行了彻底的解构,然后再重构一套新的概念体系或思想。我国基础教育新课程改革正是借用了建构主义的革命性一面,对传统的课程与教学模式进行解构,然后再重构一套符合新时代发展对创新人才要求的、解放人性的、符合学生可持续发展或终身发展要求的新课程体系和新教育体系。这从教育部印发的《基础教育课程改革纲要(试行)》(教基〔2001〕17 号)提出的改革内容可以看出。

《基础教育课程改革纲要(试行)》明确指出:要改变课程过于注重知识传授的倾向,强调形成积极主动的学习态度,使获得基础知识与基本技能的过程同时成为学会学习和形成正确价值观的过程;要改变课程结构过于强调学科本位、科目过多和缺乏整合的现状,整体设置九年一贯的课程门类和课时比例,并设置综合课程,以适应不同地区和学生发展的需求,体现课程结构的均衡性、综合性和选择性;要改变课程内容“难、繁、偏、旧”和过于注重书本知识的现状,加强课程内容与学生生活以及现代社会和科技发展的联系,关注学生的学习兴趣和经验,精选终身学习必备的基础知识和技能;要改变课程实施过于强调接受学习、死记硬背、机械训练的现状,倡导学生主动参与、乐于探究、勤于动手,培养学生搜集和处理信息的能力、获取新知识的能力、分析和解决问题的能力以及交流与合作的能力;要改变课程评价过分强调甄别与选拔的功能,发挥评价促进学生发展、教师提高和改进教学实践的功能;要改变课程管理过于集中的状况,实行国家、地方、学校三级课程管理,增强课程对地方、学校及学生的适应性。由此可见,我国基础教育新课程改革正是运用了建构主义的“解构—重构”的方法来设计和实施的。这也表明,建构主义学习理论对我国基础教育新课程改革起到了强有力的推动作用。

二、建构主义学习理论对我国传统学习观和教学观的解构与重构

依据建构主义学习理论和我国《基础教育课程改革纲要（试行）》的内容，以下将从教学目标、教学内容、教学过程与方式、评价方式、师生观等方面来分析建构主义学习理论是如何对我国传统学习观和教学观产生影响的。

（一）对传统教学目标的解构与重构

我国传统的教学目标是注重学生掌握基础知识和基本技能，俗称"双基"。而建构主义知识观认为，知识不是一成不变的，而是动态变化的；掌握知识不是为了探究和掌握真理，而是为了生存，为了能够在现实生活中更好地应用知识以解决问题、适应社会发展。于是，建构主义教学观强调，要把"理解认知过程"和有用的"意义建构"作为教学的中心目标。因此，我国《基础教育课程改革纲要（试行）》提出："要改变课程过于注重知识传授的倾向，强调形成积极主动的学习态度，使获得基础知识与基本技能的过程同时成为学会学习和形成正确价值观的过程。"据此，我国《基础教育课程改革纲要（试行）》提出了"三维目标"：知识—技能、过程—方法、情感—态度—价值观。可见，新课程改革提出的"三维目标"正是在对传统的"双基"教学目标解构之后重构的结果。

（二）对传统教学内容和教材的解构与重构

我国传统的教学内容是基于分科教学和国家制定的教学大纲事先确定下来的，以各门课程的教材形式呈现出来的。学生学教材，教师教教材。教材是学生学习和教师教学的主要内容。而建构主义知识观认为，知识总是内在于主体的，不可能以实体的形式存在于个体之外，每一个学习者对知识的理解只能基于他自己的经验背景来建构。建构主义学习观认为，学习内容不应该事先被确定下来和系统化，学习内容包含在学习环境中（包括教学材料、教室、媒体和其他辅助工具、学校等），每一个体从各自的现状出发，学习那些认为是重要的、想要的、有用的东西。情境学习理论强调，学习的内容要选择真实性任务，以解决学生在现实生活中遇到的问题，因此要弱化学科界限，强调学科间的交叉。于是，传统的教学内容与教材被完全解构了。而我国《基础教育课程改革纲要（试行）》也指出，"要改变课程结构过于强调学科本位、科目过多和缺乏整合的现状，设置综合课程，以适应不同地区和学生发展的需求"，"要改变课程内容过于注重书本知识的现状，加强课程内容与学生生活以及现代社会和科技发展的联系，关注学生的学习兴趣和经验，精选终身学习必备的基础知识和技能"。可见，建构主义学习理论对我国传统的教学内容的改革产生了重大的影响。

（三）对传统的教学过程与方式的解构与重构

传统的教学过程主要是教师讲—学生听的单向传输过程，是采用一种被称为"灌输式"的方式进行，学生完全是被动地接受知识。而建构主义知识观认为，学习不是被动接受知识的过程，而是认知主体积极建构的过程。学习需要认知主体根据自己先前的知识经验来建构他人提供的各种知识并赋予其意义。为此，建构主义教学观强调，教学过程应该是学生在教师促进下积极主动地建构自己的理解的过程，即让自己已有的知识经验与新经验发生相互作用，从而建构自己的理解。因此，教学不是传授者与接受者之间单向的、直接的过程，而是一个循环的、反省的、互动的过程。建构主义教学观提倡的抛锚式、支架式、认知学徒制等教学模式都是强调学习者是学习的主体，学习是学习者积极主动地建构知识的过程。我国《基础教育课程改革纲要（试行）》也指出："要改变课程实施过于强调接受学习、死记硬背、机械训练的现状，倡导学生主动参与、乐于探究、勤于动手，培养学生搜集和处理信息的能力、获取新知识的能力、分析和解决问题的能力以及交流与合作的能力。"目前，在我国基础教育的教学中，这一点已经深入人心，教师在教学过程中都非常重视把调动学生学习积极性、引导学生主动学习作为教学的重点。可见，建构主义学习理论对于我国的教学过程和教学方式产生了深远的影响。

（四）对传统考试和评价方式的解构与重构

在传统的教学过程中，考试是衡量学生学习情况的唯一手段和方式，有的教师甚至把考试作为管理学生、控制学生的有效手段。考试的内容也仅仅是考察学生对知识机能的掌握情况。有的教师甚至故意出一些偏题、怪题为难学生，因而学生对于考试又惧又恨。而建构主义知识观认为，知识不是对现实的客观反映和准确表征，知识是个人经验的合理化，不存在绝对的终极真理，所以也就不存在问题的标准答案。这样，传统的考试方式就被建构主义观彻底地解构了。

建构主义学习观强调，评价应该成为学习的部分，学习者本人是学习的最好评价者。同时强调情感的作用，强调情感参与主体的认知建构，体现了主体的力量。此外，建构主义学习观还强调错误与失败的意义，因为对错误的反省是学生有效学习的一部分。于是，建构主义者要求对评价的内容、评价主体和评价方式进行重构。我国《基础教育课程改革纲要（试行）》指出："要改变课程评价过分强调甄别与选拔的功能，发挥评价促进学生发展、教师提高和改进教学实践的功能。"在评价的内容方面,要实施多元评价,不仅要评价学生的知识、技能掌握情况,还要评价学生的学习方法和策略的运用情况以及情感、态度、价值观的体验与改变情况;在评价的方式上,不仅要进行终结性评价,还要进行过程性评价、诊断性评价;不仅要有量的评价,还要有质的评价;在评价主体上,不仅是教师或教学管理人员对学生的评价,学生也要参与到评价的全过程中。可见,建构主义学习理论对传统的评价方式进行了多方面的改革,为科学的、多元化的评价奠定了很好的基础。

(五) 对传统师生观的解构与重构

传统的师生观受儒家文化"师道尊严"的影响,师生之间在人格上是不平等的。教师是"传道、授业、解惑"者、权威、管理者,而学生是受教者、被管理者。在教学过程中,教什么、怎么教、考什么、怎么考都是由教师决定的,学生无权过问。因此,教师是主导,是控制者,学生只是服从者、被控制者。而建构主义学习理论认为,知识是个体主动建构的,无法通过教师的讲解直接传输给学生,学生必须主动地参与到学习过程中来,并根据自己先前的经验才能建构新知识的意义。于是,传统的老师"讲"学生"听"的学习方式就被彻底解构了。建构主义学习理论要求教学活动要以学生为中心,学生参与到教学活动的设计、实施与评价,教师只是引导者、辅助者。我国《基础教育课程改革纲要(试行)》也强调要重建人道的、和谐的、民主的、平等的、相互理解的、双向互动的师生关系。

综上可见,建构主义学习理论通过对传统的学习观与教学观的解构,对现代教育改革产生重大影响。我国基础教育新课程改革借用了建构主义学习理论的革命性思想和一些新的教学理念,对我国传统教育教学中的一些过时的、不合理的思想和做法进行了解构,重构了一套新课程改革的理念和教学模式,从而在全国掀起了浩浩荡荡的课程改革运动,对于我国整个教育发展都产生了非常重要的深远的影响。

三、建构主义学习理论的中国化

建构主义学习理论是继认知学习理论之后的另一种具有深远影响的学习理论,它深化了关于知识、学习的本质性认识,对教学改革也产生深远的影响。然而,建构主义的知识观、学习观、学生观和教学观在思想根基上充满着主观经验主义、实用主义以及相对主义和怀疑主义的倾向,有些观点可以借鉴,有些则值得商榷。因此,在教学实践的应用上应该采取慎重的态度,要注意建构主学习理论的中国化。

　　建构主义学习理论的中国化就是将建构主义学习理论与中国的具体实际相结合,构建一套符合中国特色的社会主义教育体系。建构主义学习理论的中国化就是要批判性地吸收有利于我国教育改革和发展的先进的学习理论和教学思想,如:知识是在主客体相互作用的活动中建构起来的;学习是学习者的新旧知识之间相互作用的过程;强调学生在学习过程中的主动性、积极性、主体性等;强调合作学习;提倡情境性教学;等等。同时,建构主义学习理论的中国化也要求我们看到建构主义的片面性和反科学性,如:否认真理、否认知识的客观性和可认知性;过分夸大学生在学习过程中的主观性,而否认教师在教学活动中的主导性;过分强调知识和学习的个体价值而忽视其社会价值;等等。因此,我们要用辩证唯物主义和历史唯物主义观点以及当代科学观来审视形形色色的建构主义,正确处理主观知识与客观知识、感性经验与理性经验之间的关系,正确处理学习与教学、学生与教师的关系,正确对待个体创造与社会创造、个体价值与社会价值之间的关系。其实,我国《基础教育课程改革纲要(试行)》提出的新的教育理念许多也是建构主义学习理论中国化的结果。我们在今后的教育改革和教育实践中仍然要坚持建构主义学习理论的中国化:在知识观上,要坚持主观知识与客观知识的结合,既要尊重学习者的主观经验,也要尊重科学知识和客观真理;在学习观上,既强调学习者的主动建构、自主探究学习,也要强调师生之间、学生之间的合作学习,同时还不能忽视接受学习的合理性和优势;在课程建设方面,需要将学科课程与实践课程、综合课程相结合,必修课程与选修课程相结合,国家课程与地方乡土课程、校本特色课程相结合;在师生关系方面,既要强调学生在学习过程中的主动性、主体性,也不能忽视教师在教学过程中的主导性,要把教师主导与学生主体结合在一起;在教学观上,要根据学生学习情况采用多样化的教学方式。在教学评价方面,要实施多元评价:既要评价学生学的方面,也要评价教师教的方面;既要评价学生知识、技能的获得情况,也要评价学生的学习方法、学习策略的掌握与运用情况,同时还要关注学生情感、态度价值观的体验与变化;既要注重对学习结果的评价,也要注重对学习过程的评价;既包括教育管理者、教师的评价,也要包括学生的自我评价以及学生对教师的评价。只有将建构主义学习理论与中国的当代现实的教育实践相结合,才能有效地促进中国教育的快速发展。

【思考题】

1. 简述什么是建构主义。
2. 评述建构主义的知识观和学习观。
3. 评述建构主义的学生观和教学观。
4. 评述建构主义学习理论对当今教学改革的意义。

【推荐阅读】

［1］莱斯利斯特弗，杰里盖尔，主编.教育中的建构主义.高文，徐斌艳，程可拉，等译.上海：华东师范大学出版社，2002.

［2］陈琦，张建伟.建构主义与教学改革.教育研究与实验，1998(3)：46－50＋72.

［3］冯海英，柴会平.关于建构主义指导中国教育改革的理性思考.兰州教育学院学报，2014，30(4)：83－85.

［4］徐静竹.建构主义学习理论与我国当前的教学改革.青岛大学师范学院学报，2003(1)：62－65.

［5］李召存.建构主义学习理论及其对当前课堂教学的启示.石家庄师范专科学校学报，2003(2)：66－68.

［6］刘万伦.建构主义教学思想及其在我国的本土化问题.比较教育研究，2005(7)：7－11.

参 考 文 献

Armstrong，T. (1994). Multiple Intelligences：Seven Ways to Approach Curriculum. *Educational Leadership*，November，1994，26－28.

Brubacher，J. W.，Case，C. W.，& Reagan，T. G. (1994). *Becoming a reflective educator: How to build a culture of inquiry in the schools*. Newbury Park，CA：Corwin Press.

Osterman，K. F.，& Kottkamp，R. B. (1993). *Reflective practice for educator: Improving schooling through professional development*. Thousand Oaks，CA：Corwin Press.

B.F.斯金纳.瓦尔登湖第二.王之光,樊凡,译.北京：商务印书馆,2016.

J.H.弗拉维尔,P.H.米勒,S.A.米勒.认知发展(第四版).邓赐平,刘明,译.上海：华东师范大学出版社,2002.

阿尔伯特·班杜拉.社会学习理论.陈欣银,李伯黍,译.北京：中国人民大学出版社,2015.

爱德华·桑代克.教育心理学.刘万伦,译.北京：商务印书馆,2015.

白晋荣.发现学习与接受学习的比较.河北师范大学学报(教育科学版),2000(1)：102－105.

鲍尔,希尔加德.学习论——学习活动的规律探索.邵瑞珍,等译.上海：上海教育出版社,1987.

彼得·史密斯,等.理解孩子的成长.寇彧,等译.北京：人民邮电出版社,2006.

布鲁纳.布鲁纳教育论著选.邵瑞珍,等译.北京：人民教育出版社,2018.

常宇秋,岑国桢.霍夫曼的道德移情及其功能述略.上海师范大学学报(教育版),2000,29(5)：11－13.

陈会昌.道德发展心理学.合肥：安徽教育出版社,2004.

陈琦,张建伟.建构主义与教学改革.教育研究与实验,1998(3)：46－50＋72.

段琳琳.浅谈学生的气质差异及其对学校教育的启示.新课程学习(中),2012(6)：8－9.

方展画.罗杰斯"学生为中心"教学理论述评.北京：教育科学出版社,1990.

冯海英,柴会平.关于建构主义指导中国教育改革的理性思考.兰州教育学院学报,2014,30(4)：83－85.

龚浩然,主编.心理学通史第五卷：外国心理学流派(下).济南：山东教育出版社,2000.

郭本禹.道德认知发展与道德教育.福州：福建教育出版社,1999.

郝红英.埃里克森与毕生人格发展.太原：山西人民出版社,2018.

加涅.学习的条件与教学论(第四版).皮连生,王映学,郑葳,等译.上海：华东师范大学出版社,2022.

科尔伯格.道德发展心理学：道德阶段的本质与确证.郭本禹,何谨,黄小丹,谢冬华,等译.上海：华东师范大学出版社,2004.

莱斯利斯特弗,杰里盖尔,主编.*教育中的建构主义*.高文,徐斌艳,程可拉,等译.上海：华东
　　师范大学出版社,2002.

李召存.建构主义学习理论及其对当前课堂教学的启示.*石家庄师范专科学校学报*,2003
　　(2)：66 - 68.

林菁.弗洛伊德和埃里克森人格发展理论比较.*福建师范大学学报(哲学社会科学版)*,1988
　　(4)：125 - 132.

刘济良.比较布鲁纳发现学习与奥苏伯尔接受学习的异同.*心理学探新*,1988(1)：55 - 60.

刘万伦,戴敏燕.智力研究的演变与展望.*浙江师范大学学报(社会科学版)*,2015(3)：
　　70 - 76.

刘万伦.建构主义教学思想及其在我国的本土化问题.*比较教育研究*,2005(7)：7 - 11.

罗伯特·斯莱文.*教育心理学：理论与实践(第 7 版)*.姚梅林,等译.北京：人民邮电出版
　　社,2004.

马宝元.人本主义学习理论及其对我国基础教育改革的启示.*鞍山师范学院学报*,2004,6
　　(4)：97 - 100.

马丁·L.霍夫曼.*移情与道德发展：关爱和公正的内涵*.杨韶刚,万明,译.哈尔滨：黑龙江
　　人民出版社,2003.

马斯洛.*存在心理学探索*.李文湉,译.昆明：云南人民出版社,1987.

马斯洛.*动机与人格*.许金声,程朝翔,译.北京：华夏出版社,1987.

默里·托马斯.*儿童发展理论(第六版)*.郭本禹,王云强,等译.上海：上海教育出版
　　社,2009.

施良方.*学习论——学习心理学的理论与原理*.北京：人民教育出版社,1994.

宋莉.人本主义学习理论及其对素质教育的启示.*聊城大学学报(社会科学版)*,2006(3)：
　　121 - 122.

托马斯·费兹科,约翰·麦克卢尔.*教育心理学：课堂决策的整合之路*.吴庆麟,等译.上海：
　　上海人民出版社,2008.

王光荣.发展心理学研究的两种范式——皮亚杰与维果茨基认知发展理论比较研究.*华中
　　师范大学学报(人文社会科学版)*,2014(5)：164 - 169.

王江华.人本主义心理教育观在基础教育课程改革中的应用.*四川教育学院学报*,2012,28
　　(8)：99 - 102.

肖巍.女性的道德发展——吉利根的女性道德发展理论评述.*中国人民大学学报*,1996,10
　　(6)：54 - 59.

谢弗.*发展心理学：儿童与青少年*.邹泓,等译.北京：中国轻工业出版社,2005.

熊哲宏,李其维.论儿童的文化发展与个体发展的统一——维果茨基与皮亚杰认知发展理
　　论的整合研究论纲.*华东师范大学学报(教育科学版)*,2002(1)：1 - 11.

徐静竹.建构主义学习理论与我国当前的教学改革.*青岛大学师范学院学报*,2003(1)：
　　62 - 65.

许政援.*儿童发展心理学*(第 2 版).长春：吉林教育出版社,2002.

张治忠,马纯红.皮亚杰与科尔伯格道德发展理论比较.*扬州大学学报(高教研究版)*,2005
(1)：71 - 75.

钟启泉.*差生心理与教育*.上海：上海教育出版社,1994.

周龙影,欧阳华.从多元智能理论看因材施教.*江苏大学学报(高教研究版)*,2003(3)：
16 - 19.

图书在版编目（CIP）数据

心理发展与教育 / 刘万伦，贾磊主编. — 上海：上海
教育出版社，2024.5
上教心理学教材系列
ISBN 978-7-5720-2671-3

Ⅰ.①心… Ⅱ.①刘… ②贾… Ⅲ.①儿童心理学 – 教
育心理学 – 高等学校 – 教材 Ⅳ.①G44

中国国家版本馆CIP数据核字(2024)第093657号

责任编辑　谢冬华
封面设计　郑　艺

上教心理学教材系列
心理发展与教育
刘万伦　贾　磊　主编

出版发行　上海教育出版社有限公司
官　　网　www.seph.com.cn
地　　址　上海市闵行区号景路159弄C座
邮　　编　201101
印　　刷　上海龙腾印务有限公司
开　　本　700×1000　1/16　印张 18　插页 1
字　　数　295 千字
版　　次　2024年5月第1版
印　　次　2024年5月第1次印刷
书　　号　ISBN 978-7-5720-2671-3/B·0064
定　　价　69.80 元

如发现质量问题，读者可向本社调换　电话：021-64373213